Frank Schwaderer

Integrierte Standort-, Kapazitäts- und Technologieplanung von Wertschöpfungsnetzwerken zur stofflichen und energetischen Biomassenutzung

Integrierte Standort-, Kapazitäts- und Technologieplanung von Wertschöpfungsnetzwerken zur stofflichen und energetischen Biomassenutzung

von
Frank Schwaderer

Dissertation, angenommen von der Fakultät für Wirtschaftswissenschaften
des Karlsruher Instituts für Technologie (KIT)
Tag der mündlichen Prüfung: 27. Juni 2012
Referenten: Prof. Dr. rer. nat. Otto Rentz,
PD Dr. Nicolaus Dahmen

Impressum

Karlsruher Institut für Technologie (KIT)
KIT Scientific Publishing
Straße am Forum 2
D-76131 Karlsruhe
www.ksp.kit.edu

KIT – Universität des Landes Baden-Württemberg und
nationales Forschungszentrum in der Helmholtz-Gemeinschaft

KIT Scientific Publishing 2012
Print on Demand

ISBN 978-3-86644-919-0

Inhaltsverzeichnis

Abbildungsverzeichnis

Tabellenverzeichnis

Abkürzungen

BM	Biomasse
BtL	Biomass to liquid
ct	Eurocent
De	Demand (Energiebedarf)
DT	Dampfturbine
DTr	Drehtrommeltrockner
DME	Dimethylether
DSS	Decision Support System
ECLIPTIC	Modeling of Energy Conversion and Local Framework for Integrated Planning of Transportation, Investments and Capacities
EDSS	Environmental Decision Support System
el	elektrisch
evap.	evaporated
EP	Endprodukt
FM	Feuchtmasse
FT	Fischer-Tropsch
GAMS	General Algebraic Modeling System
GD	Größendegression
Ges	Gesamt
GIS	Geographisches Informationssystem
GVE	Großvieheinheit
H	Enthalpie
Int	Inter (Stoffstrom zwischen Technologiepfaden)
k	Wärmeübertragungskoeffizient
Mt	Megatonne
MD	Mitteldruck
ND	Niederdruck
NPV	Net present value (Kapitalwert)
PWÜ	Plattenwärmeübertrager
Q	Wärmemenge
RS	Reststroh

RSd	Reststroh, vorbehandelt
RV	Rohrverdampfer
RWÜ	Rohrbündelwärmeübertrager
SNG	Synthetic Natural Gas
SCN	Supply Chain Network
SCM	Supply Chain Management
STr	Stromtrockner
Su	Surplus (bereitgestellte Energie)
th	thermisch
TM	Trockenmasse
US	Stofftrennungs-/ -umwandlungsschritt
VS	(Biomasse-)Vorbehandlungsschritt
WLP	Warehouse Location Problem
WRH	Waldrestholz
WRHd	Waldrestholz, vorbehandelt
ZP	Zwischenprodukt

1 Ausgangslage und Zielsetzung der Arbeit

1.1 Problemstellung

Die weltweit ansteigende Energienachfrage, die Verknappung nicht-erneuerbarer Ressourcen, höhere Kosten bei der Förderung schwer erreich- und ausbeutbarer Quellen sowie die Erderwärmung infolge von anthropogen verursachten Treibhausgasemissionen stellen wesentliche Motive der steigenden Bedeutung der industriellen Nutzung von Biomasse als Alternative zu klassischen Kohlenstoffträgern dar.

Obwohl bereits 10 % der weltweiten Energienachfrage durch die Nutzung von Biomasse gedeckt wird, stehen noch große ungenutzte Potenziale zur energetischen und stofflichen Biomassenutzung zur Verfügung (z.B. Bauen et al. (2009)). Von großer Bedeutung sind die Nutzung land- und forstwirtschaftlicher Reststoffe und Überschüsse sowie der Anbau von Energiepflanzen. Dabei kann eine nachhaltige Produktion und die Vermeidung einer Konkurrenz zur Nahrungsmittelproduktion bspw. durch den Anbau auf landwirtschaftlich nicht nutzbaren Flächen sichergestellt werden.

Vor diesem Hintergrund ist die Entwicklung neuer Prozesse bzw. die Weiterentwicklung bestehender Verfahren zur energetischen und stofflichen Nutzung von Biomasse Gegenstand zahlreicher Forschungsaktivitäten. Grundsätzlich sind nach der Erfassung oder Ernte der Biomasse und deren Transport zu einem Sammelplatz oder Zwischenlager je nach Biomasseart und Anforderungen nachfolgender Prozesse zunächst verschiedene Schritte zur Biomassevorbehandlung notwendig (z.B. Waschen, Schälen, Zerkleinern und Trocknen). Die Produktion der Endprodukte erfolgt durch einen bzw. mehrere Stoffumwandlungs- und -trennungsprozesse. Neben elektrischer Energie, Wärme, festen, flüssigen und gasförmigen Brennstoffen wird die Herstellung von Grundstoffen für die chemische Industrie aus Biomasse untersucht. Führt die Vorbehandlung der Biomasse zu einer Erhöhung der Energiedichte bzw. weist ein Zwischenprodukt eine höhere Energiedichte auf und kann wirtschaftlich transportiert werden, können die Prozesse entkoppelt und ein mehrstufiges Wertschöpfungsnetzwerk in Betracht gezogen werden. Kuppelprodukte, z.B. Rückstände wie Press- und Gärreste, können bspw. einer energetischen Verwertung, gegebenenfalls an einem anderen Anlagenstandort, zugeführt werden.

Die mögliche Umsetzung solcher Prozessketten geht demnach mit Entscheidungen zur Gestaltung eines Wertschöpfungsnetzwerkes einher. Die Bewertung der Wirtschaftlichkeit hängt dabei von den Kapazitäten, Standorten und der verteilten oder zentralen Anordnung der Produktionsschritte und damit verbundenen Wechselwirkungen zwischen den Prozessen sowie der eingesetzten Biomasse ab. Die Abbildung der Prozessketten erfordert deren techno-ökonomische Beschreibung. Zu ermitteln sind der spezifische Rohstoffverbrauch und die Produktausbeute in Abhängigkeit der Biomasseart, die Investitionen der einzelnen Anlagenkomponenten und deren Abhängigkeit von der Kapazität sowie die jeweils benötigte bzw. durch eine energetische Verwertung oder durch die Nutzung von Prozesswärme bereitgestellte elektrische und thermische Energie.

In jüngster Zeit widmen sich daher mehrere Autoren Problemen der strategischen Planung und Gestaltung biomassebasierter Wertschöpfungnetzwerke (Kerdoncuff (2008), Dunett et al. (2008), Leduc et al. (2008), Koch (2009), Zamboni et al. (2009), Kim et al. (2011) und Schattka (2011)). Bisher wird jedoch kein Ansatz zur strategischen Planung biomassebasierter Wertschöpfungsnetzwerke vorgelegt, der die kostenminimale Gestaltung eines Wertschöpfungsnetzwerkes in Abhängigkeit der aufgezeigten technologischen, regionalen und ökonomischen Wechselwirkungen verfolgt. Daraus ergibt sich die im folgenden Abschnitt dargestellte Zielsetzung der vorliegenden Arbeit.

1.2 Zielsetzung und Lösungsweg

Die vorliegende Arbeit verfolgt das Ziel, folgende Aspekte in einem integrierten strategischen Planungsansatz für Wertschöpfungsnetzwerke zur stofflichen und energetischen Biomassenutzung zu berücksichtigen:

- Abbildung mehrerer Biomassearten und der Verteilung des Aufkommens in einer Region sowie biomassespezifischer Prozessauslegung,
- Berücksichtigung regionaler Rahmenbedingungen bezüglich Transport und Kosten,
- Kontinuierliche Modellierung der Kapazitäten unter Berücksichtigung der Investitionen und Größendegressionseffekte,
- Integration von Technologieauswahlentscheidungen und Abbildung entscheidungsrelevanter Massen- und Energieströme sowie der Energieversorgung der Anlagen und
- Demonstration der Leistungsfähigkeit und der Praxisrelevanz des Ansatzes anhand einer umfassenden Fallstudie, die einen übertragbaren Ansatz zur Planung und Bewertung biomassebasierter Wertschöpfungsnetzwerke liefert.

Zur Erreichung der genannten Ziele wird der folgende Lösungsweg beschritten:

In Kapitel 2 wird der Hintergrund der vorliegenden Arbeit erläutert. Hierzu werden in Abschnitt 2.1 und Abschnitt 2.2 die ökonomischen, ökologischen und rechtlichen Rahmenbedingungen biomassebasierter Wertschöpfungsketten dargestellt. Abschnitt 2.3 liefert einen Überblick möglicher Biomassenutzungspfade und dient in Abschnitt 2.4 der Ableitung wesentlicher Anforderungen an die Standort-, Kapazitäts- und Technologieplanung biomassebasierter Wertschöpfungsnetzwerke im Rahmen dieser Arbeit.

Die methodischen Grundlagen der Arbeit und die wissenschaftliche Einordnung liefert Kapitel 3. Dazu werden, aufbauend auf der Einordnung in die strategische Unternehmensplanung (Abschnitt 3.1) und betriebliche Standortplanung (Abschnitt 3.2), integrierte Standort- und Kapazitätsplanungsmodelle charakterisiert. Die Modelle werden anhand der eingesetzten Lösungsverfahren klassifiziert und im Hinblick auf ihre methodische und inhaltliche Relevanz für die vorliegende Problemstellung analysiert (Abschnitt 3.3). Danach werden für diese Arbeit relevante Methoden der stoff- und energiestrombasierten Technologieplanung (Abschnitt 3.4) und der Investitionsschätzung (Abschnitt 3.5) dargestellt. In Abschnitt 3.6 werden die bestehenden Arbeiten mit einem Beitrag zur strategischen Planung und Bewertung biomassebasierter Prozessketten diskutiert und von der vorliegenden Arbeit abgegrenzt.

In Kapitel 4 wird das entwickelte gemischt-ganzzahlige lineare Standort-, Kapazitäts- und Technologieplanungsmodell ECLIPTIC[1] beschrieben. Hierzu werden zunächst die Modellterminologie und -struktur (Abschnitt 4.1) und die Zielfunktion (Abschnitt 4.2) angegeben. Die Abschnitte 4.3 und 4.4 liefern die Modellierung der Stoff- und Energieströme und deren Bilanzierung im Modell. Die Modellierung der Biomassepotenziale und der Distribution der Endprodukte wird in Abschnitt 4.5 vorgestellt. Schließlich wird die modellendogene Abbildung der Investitionsschätzung unter Berücksichtigung von Größendegressionseffekten in Abschnitt 4.6 beschrieben. In Abschnitt 4.7 wird eine dynamische Version des entwickelten Modells vorgeschlagen.

In Kapitel 5 wird die Fallstudie zur exemplarischen Anwendung des entwickelten Modells dargestellt. Hierzu werden zunächst die Biomassepotenziale geschätzt und mit Hilfe eines Geographischen Informationssystems räumlich abgebildet, eine Vorauswahl möglicher Produktionsstandorte durchgeführt und Annahmen bezüglich der Senken für den Produktabsatz getroffen (Abschnitt 5.1). Abschnitt 5.2 liefert die Kosten für die Bereitstellung der Biomasse am Aufkommensort. Die einzelnen Prozesse der im Rahmen der Fallstudie betrachteten Wertschöpfungskette werden in Abschnitt 5.3 und darauf aufbauend deren Stoff- und Energiebilanzierung in Abschnitt 5.4 beschrieben. Dazu werden technologische Alternativen auf Basis von Literaturdaten und des Einsatzes von Fließschemasimulationsmodellen im entwickelten ECLIPTIC-Modell abgebildet. Die Abbildung der gesamten Wertschöpfungskette wird in Abschnitt 5.5 beschrieben. Die erforderlichen Daten zur Investitionsschätzung werden in Abschnitt 5.6 und die Kosten- sowie Erlösparameter in Abschnitt 5.7 erläutert.

---

[1]Modeling of Energy Conversion and Local Framework for Integrated Planning of Transportation, Investments and Capacities.

Die Ergebnisse der Anwendung des Modells auf die Fallstudie werden in Kapitel 6 darge-stellt. Dazu werden zunächst die Ergebnisse des Basisszenarios erläutert (Abschnitt 6.1). In Abschnitt 6.2 wird die Abhängigkeit der Lösung von ökonomischen Parametern untersucht. Die Auswirkungen ausgewählter Annahmen werden anhand entsprechender Szenarien in Abschnitt 6.3 analysiert.

In Kapitel 7 werden das entwickelte Modell und die Fallstudie (Abschnitt 7.1) sowie die Ergebnisse der Modellanwendung (Abschnitt 7.2) zusammenfassend diskutiert und mögliche Ansatzpunkte für auf der vorliegenden Arbeit aufbauenden Forschungsaktivitäten vorgestellt (Abschnitt 7.3).

Kapitel 8 schließt die Arbeit mit einer Zusammenfassung ab.

2 Rahmenbedingungen biomassebasierter Wertschöpfungsnetzwerke

Biomasse hat traditionell eine große Bedeutung als Rohstoff für zahlreiche Produkte und zur Bereitstellung von Wärme. Seit einigen Jahren werden verstärkt energetische und stoffliche Nutzungsmöglichkeiten von Biomasse diskutiert und umgesetzt, welche die Substitution nicht-erneuerbarer Kohlenstoffträger verfolgen. Die ökonomischen und ökologischen Treiber und Rahmenbedingungen dieser Entwicklung werden in Abschnitt 2.1 dargestellt. In Abschnitt 2.2 werden die rechtlichen Rahmenbedingungen der Biomassenutzung in der Europäischen Union und in Deutschland skizziert. Abschnitt 2.3 liefert einen Überblick zu möglichen biomassebasierten Prozessketten. Darauf aufbauend werden in Abschnitt 2.4 Anforderungen an die strategische Planung dieser Prozessketten abgeleitet.

2.1 Ökonomische und ökologische Rahmenbedingungen der stofflichen und energetischen Biomassenutzung

Aus ökologischer Sicht wird die Nutzung von Biomasse zur Ersetzung konventioneller Kohlenstoffträger vor allem wegen der möglichen Reduktion fossiler CO_2-Emissionen befürwortet (Nguyen und Gheewala (2010), Gold und Seuring (2011)).

Im Rahmen ökologischer Bewertungen, bspw. durch eine Ökobilanzierung nach DIN EN ISO 14040, werden Umweltkategorien wie Klimawandel, Versauerung, Eutrophierung oder Landnutzung für bestimmte biomassebasierte Wertschöpfungsketten bewertet (z.B. Kerdoncuff (2008), Koch (2009) und Haase (2012)). Inwieweit sich in den einzelnen Kategorien Einsparungen erzielen lassen, hängt von der betrachteten Prozesskonfiguration, dem Referenzprodukt und den zugrunde gelegten Annahmen, bspw. den Anbaumethoden und -gebieten der Biomasse, ab.

Aus ökonomischer Sicht werden biomassebasierte Produktionsprozesse durch den erwarteten Anstieg der weltweiten Energienachfrage, sich mittel- und langfristig verknappende nicht-erneuerbare Ressourcen bzw. steigende Kosten durch die Erschließung von neuen Vorkommen, welche mit vergleichsweise größerem Aufwand gefördert werden müssen, getrieben. Ziel kann auch die Erreichung einer größeren Unabhängigkeit von Importen und die Sicherung der Rohstoffbasis darstellen. Eine weitere Motivation liegt nach Elghali et al. (2007) in der gezielten Förderung der regionalen Entwicklung, vor allem durch Schaffung neuer Arbeitsplätze.

Der Beitrag von Biomasse zur Deckung der weltweiten Energienachfrage beträgt heute etwa 10 % bzw. $50 \cdot 10^9$ GJ/a (Bauen et al. (2009)). Bis 2050 wird eine Verdopplung der Energienachfrage und ein Biomasseanteil zwischen 5 % und 25 % erwartet. Die nachhaltig produzierbare Biomasse wird von Bauen et al. (2009) im Jahr 2050 zwischen $200 \cdot 10^9$ GJ/a und $500 \cdot 10^9$ GJ/a geschätzt. Zugrunde liegen Potenziale für land- und forstwirtschaftliche Reststoffe, forstwirtschaftliche Überschüsse, Energiepflanzen, die auf Böden geringerer Qualität und/oder mit moderater Wasserknappheit produziert werden, Energiepflanzen, die auf landwirtschaftlich nutzbaren Böden produziert werden und Annahmen zu höheren Flächenerträgen.

Demzufolge ist in den kommenden Jahrzehnten mit einem weltweiten Anstieg der Bedeutung der Biomassenutzung zu rechnen. Die Realisierung der hierzu notwendigen Produktionsanlagen erfordert geeignete Instrumente zur Bewertung und Planung.

2.2 Rechtliche Rahmenbedingungen

In der Europäischen Union und Deutschland ist die verstärkte Nutzung von Biomasse Gegenstand mehrerer Richtlinien, Gesetze und Verordnungen.

Die Richtlinie 2009/29/EG des Europäischen Parlaments und des Rates zur Förderung der Nutzung von Energie aus erneuerbaren Quellen (Erneuerbare-Energien-Richtlinie) formuliert als Gesamtziel für die EU einen Anteil von erneuerbaren Energien am Bruttoendenergieverbrauch in Höhe von 20 % im Jahre 2020. Für Deutschland wird als nationales Ziel die Erhöhung des Energieanteils aus erneuerbaren Quellen von 5,8 % im Jahre 2005 auf mindestens 18 % im Jahre 2020 festgeschrieben. Mit der Erneuerbare-Energien-Richtlinie wird außerdem die Biokraftstoffrichtlinie der Europäischen Gemeinschaft (2002/30/EG) aufgehoben und ein Anteil von Kraftstoffen aus erneuerbaren Energien von 10 % bis zum Jahr 2020 für jeden Mitgliedsstaat vorgeschrieben.

Die Erneuerbare-Energien-Richtlinie definiert Nachhaltigkeitskriterien für Biokraftstoffe und flüssige Brennstoffe. Die Kriterien umfassen eine untere Grenze für die Einsparung von Treibhausgasemissionen und den Ausschluss der Nutzung von Flächen wie Primärwald, Naturschutzgebiete, gefährdete Ökosysteme, Grünland mit hoher biologischer Vielfalt und Feuchtgebiete. Die Umsetzung erfolgt in Deutschland durch die Biomasse-Nachhaltigkeitsverordnung (BioSt-NachV) und die Biokraftstoff-Nachhaltigkeitsverordnung (Biokraft-NachV).

Die Ziele der Erneuerbare-Energien-Richtlinie müssen in nationalen Aktionsplänen konkretisiert werden. Der deutsche Aktionsplan für erneuerbare Energie beruht auf sektorspezifischen Schätzungen des Anteils erneuerbarer Energien im Jahr 2020, die auf den Zielen der Bundesregierung basieren. Außerdem werden geplante und bereits umgesetzte Maßnahmen, wie das Erneuerbare-Energien-Gesetz (EEG) für die Stromerzeugung, das Erneuerbare-

Energien-Wärme-Gesetz (EEWärmeG) für die Wärmeerzeugung, das Biokraftstoffquotenge-setz (BioKraftQuG) für den Verkehrsbereich, die Energieeinsparverordnung (EnEV), das Kraft-Wärmekopplungsgesetz (KWKG), KfW-Förderprogramme, Maßnahmen der Bundesländer und exemplarische Einzelmaßnahmen beschrieben.

Im EEG werden unter anderem für Anlagen zur Erzeugung elektrischer Energie aus Biomas-se Vergütungssätze für die Einspeisung der erzeugten elektrischen Energie festgelegt. Diese sind in Abhängigkeit der Anlagenleistung gestaffelt. Mit Wirkung zum 01.01.2012 betragen die Vergütungen durch die Novelle des Gesetzes vom 30.06.2011 für Anlagen bis 150 kW$_{el}$ 14,3 ct, bis 500 kW$_{el}$ 12,3 ct, bis 5 MW$_{el}$ 11,0 ct und bis 20 MW$_{el}$ 6,0 ct. Die Sätze werden damit im Vergleich zur davor geltenden Regelung erhöht, allerdings entfallen die bis dahin geltenden Bo-ni für Gülle und nachwachsende Rohstoffe. Zudem verringern sich die Vergütungssätze ab 2013 für elektrische Energie aus Biomasse jährlich um 2 %.

Das 10 % - Ziel der Erneuerbare-Energien-Richtlinie für den Verkehrssektor wird in der Bun-desrepublik im Biokraftstoffquotengesetz[1] vom 18.12.2006 durch vorgeschriebene Mindestan-teile von Kraftstoffen aus Biomasse umgesetzt. Darin ist für Diesel ein Anteil von Biokraftstoff in Höhe von 4,4 % vorgeschrieben und für Ottokraftstoff seit 2007 steigende Anteile, die im Jahr 2015 3,6 % erreichen. Zusammen muss bis 2015 eine Quote von 8 % erreicht werden. Das Gesetz macht keine Vorgaben hinsichtlich Mindestbeimischungen, d.h. die Mineralölindustrie kann die Quoten durch den Verkauf reiner Biokraftstoffe oder durch Beimischung zu konventio-nellen Kraftstoffen umsetzen. Die Industrie führt in Deutschland Anfang 2011 die Benzinsorte E10 mit einer Beimischung von 10 % Ethanol ein und löst damit die Kraftstoffsorte E5 ab. Aufgrund mangelnder Nachfrage wird E5 mittlerweile wieder angeboten.

Auf Basis der Richtlinie EG/2003/96 (Energiesteuer-Richtlinie) des Rates zur Restruktu-rierung der gemeinschaftlichen Rahmenvorschriften zur Besteuerung von Energieerzeugnissen und elektrischem Strom vom 27.10.2003 wird das Mineralölsteuergesetz (MinöStG) mit Wir-kung vom 15.07.2006 durch das Energiesteuergesetz (EnergieStG) ersetzt. Darin entfällt die steuerliche Befreiung von reinen Pflanzenölen und reinem Biodiesel der ersten Generation, z.B. aus Raps (siehe Abschnitt 2.3.1), ab dem 01.01.2008. Bis zum Jahre 2012 wird der Steuer-satz sukzessive bis knapp unter den Steuersatz für konventionellen Diesel (Differenz ca. 2 ct/l) angehoben. Da konventioneller Dieselkraftstoff einen höheren Heizwert hat, werden die Kraft-stoffe damit steuerlich gleichgestellt. Für Beimischungen von Biodiesel oder Bioethanol zu konventionellem Kraftstoff entfallen Steuererleichterungen seit 2007. Reines Bioethanol und reine Biokraftstoffe der zweiten Generation (siehe Abschnitt 2.3.2) bleiben mindestens bis zum Jahr 2015 steuerlich begünstigt. Der Umfang der Begünstigung ist nicht im Gesetz festgeschrie-ben und wird auf Basis des jährlichen Biokraftstoffberichtes so festgelegt, dass die Mehrkosten

---

[1]Gesetz zur Einführung einer Biokraftstoffquote durch Änderung des Bundes-Immissionsschutzgesetzes und zur Änderung energie- und stromsteuerrechtlicher Vorschriften.

der Herstellung von Biokraftstoffen im Vergleich zu konventionellem Kraftstoff nicht überkompensiert werden. Da Kraftstoffe der zweiten Generation noch nicht angeboten werden, ist die Begünstigung bislang nicht umgesetzt.

Es bestehen in der Europäischen Union und in Deutschland somit zahlreiche gesetzliche Regelungen, die Vorschriften und Anreize für eine Intensivierung der Biomassenutzung darstellen. Im nächsten Abschnitt wird ein Überblick über wichtige Biomassearten und Prozesse zu deren stofflichen und energetischen Nutzung gegeben. Darauf basierend werden in Abschnitt 2.4 Anforderungen an die strategische Planung biomassebasierter Wertschöpfungsnetzwerke abgeleitet.

2.3 Nutzung von Biomasse zum Ersatz konventioneller Kohlenstoffträger

Als Biomasse werden gemäß der Verordnung über die Erzeugung von Strom aus Biomasse (Biomasseverordnung) Energieträger aus Phyto- oder Zoomasse sowie deren Folge- und Nebenprodukte, Rückstände und Abfälle bezeichnet. Im Folgenden werden Biomassearten auf pflanzlicher Basis aus der Land- und Forstwirtschaft und die in Abbildung 2.1 dargestellten Nutzungspfade sowie Zwischen- und Endprodukte betrachtet[2]. Diese Ausführungen bilden die Grundlage der Ableitung von Anforderungen an die strategische Planung biomassebasierter Wertschöpfungsnetzwerke in Abschnitt 2.4.

Hierzu werden in Abschnitt 2.3.1 zunächst Nutzungsmöglichkeiten ligninarmer Biomassearten beschrieben. In Abschnitt 2.3.2 wird die Nutzung lignozellulosehaltiger Biomasse dargestellt. Eine beispielhafte Prozesskette aus diesem Bereich dient als Grundlage für die Fallstudie in der vorliegenden Arbeit (siehe Kapitel 5).

2.3.1 Ligninarme Biomasse

Im vorliegenden Abschnitt werden die in Abbildung 2.1 dargestellten Nutzungsmöglichkeiten öl-, stärke- und zuckerhaltiger Biomassearten und deren Entwicklungsstand bzw. Bedeutung beschrieben. Betrachtete Produkte sind Pflanzenöl, Biodiesel, Ethanol, Biogas und Biokohle (rechts unten in Abbildung 2.1).

Pflanzenöl wird aus Raps- und Sonnenblumensamen (Europa), Sojabohnen (Nordamerika) oder Palmfrüchten (Südostasien) gewonnen. Zur Vermeidung mikrobakteriellen Befalls werden Ölsaaten häufig getrocknet (vgl. Widmann et al. (2009)). Früchte werden gegebenenfalls gewaschen, geschält und zerkleinert bzw. gemahlen. Das Pflanzenöl wird mittels Pressen oder über Herauslösung durch ein Lösemittel extrahiert. Der Presskuchen kann in der Futter- und Dün-

---

[2]Für weitergehende Darstellungen wird auf die entsprechende Fachliteratur verwiesen.

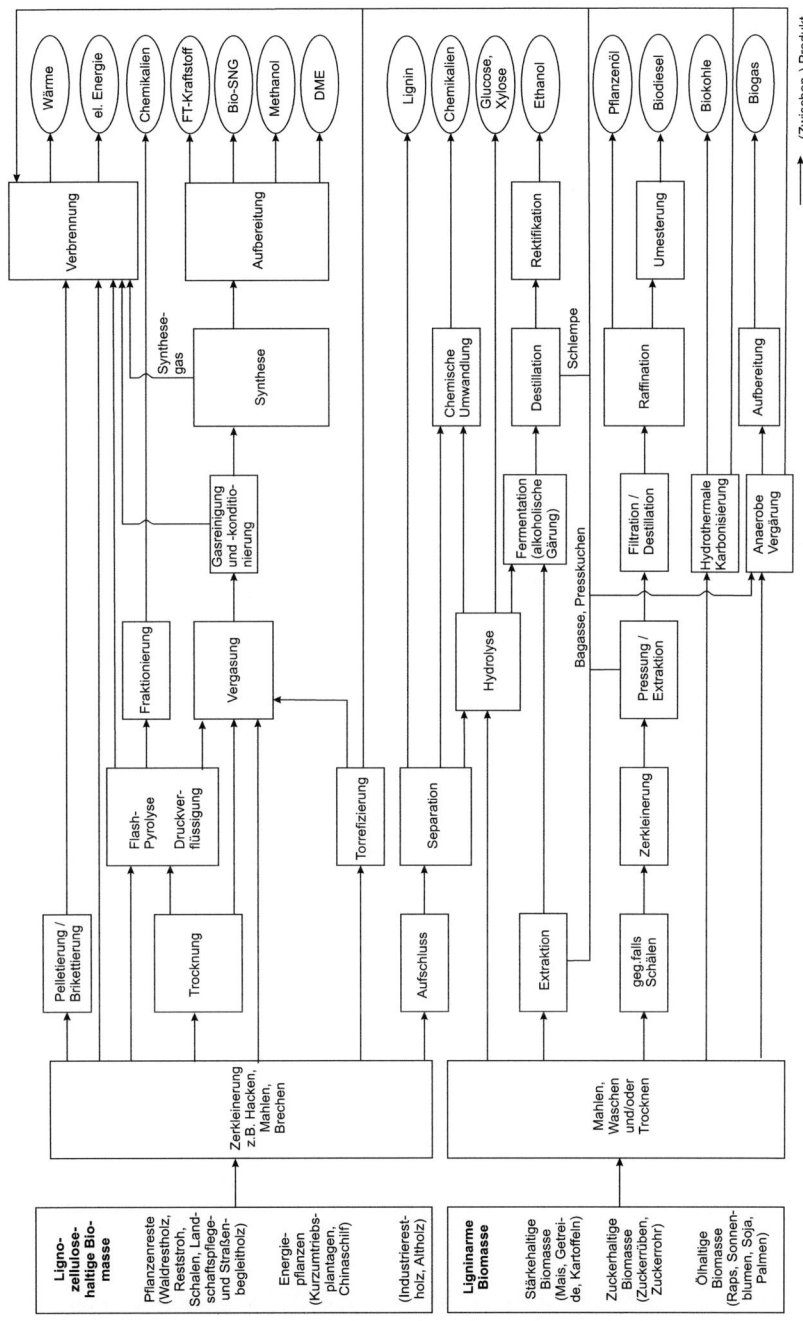

Abb. 2.1: Mögliche Biomassenutzungspfade

gemittelindustrie, zur Energiegewinnung durch Verbrennung oder in Biogasanlagen verwendet werden. Das Pressöl wird filtriert und das Lösungsmittel gegebenenfalls über eine mehrstufige Destillation abgeschieden. Die Abscheidung von Verunreinigungen (Pestizide, Schwermetalle, Wachse, Schmutzpartikel, Farbstoffe, freie Fettsäuren und Zucker, Metallionen) erfolgt durch Raffination.

Pflanzenöl ist aufgrund der langkettigen Fettsäuren schwer entflammbar und hat eine niedrige Cetanzahl[3]. Es kann daher in herkömmlichen Dieselmotoren nur eingesetzt werden, wenn diese technisch verändert werden. Mittels Umesterung kann Pflanzenöl an konventionelle Kraftstoffe angepasst werden (vgl. Widmann et al. (2009)). Der dabei gewonnene Fettsäuremethylester (z.B. Palmöl-Methylester (PME) oder Rapsöl-Methylester (RME)), Biodiesel genannt, kann auch Heizölen beigemischt werden. Der Presskuchen kann in der Futter- und Düngemittelindustrie, zur Energiegewinnung durch Verbrennung oder in Biogasanlagen verwendet werden. Pflanzenöl und Biodiesel sind Biokraftstoffe der ersten Generation und dadurch gekennzeichnet, dass nur Pflanzenfrüchte verwendet werden und somit eine direkte Konkurrenz zur Nahrungsmittelproduktion besteht.

Weltweit werden im Jahr 2010 16,39 Mio. t Biodiesel hergestellt, davon knapp 60 % in der EU, 13 % in Brasilien, 11 % in Argentinien und 6 % in den USA (Lamers (2011)). Der Rest verteilt sich auf andere Länder. In Deutschland sind im Jahr 2006 1.800 Pflanzenölblockheizkraftwerke mit einer Gesamtleistung in Höhe von 237 MW_{el} in Betrieb (vgl. FNR (2007)). Der Anteil von Pflanzenöl am Gesamtkraftstoffverbrauch in Deutschland beträgt im Jahre 2009 0,2 % und von Biodiesel 4,2 % (FNR (2010)), bei einem Gesamtanteil der Biokraftstoffe von 5,5 %. Der Rest entfällt auf Bioethanol. Der Absatz von Biodiesel geht durch den Abbau steuerlicher Vergünstigungen seit einigen Jahren zurück (siehe Abschnitt 2.2).

Ethanol aus stärkehaltigen Rohstoffen wie Mais und Getreide oder zuckerhaltigen Rohstoffen wie Zuckerrohr und Zuckerrüben ist ebenfalls ein Biokraftstoff der ersten Generation. Zuckerrüben werden zunächst gewaschen und zerkleinert. Danach wird der Zucker durch heißes Wasser aus den Früchten extrahiert, gereinigt und aufkonzentriert (Senn und Friedl (2009)). Ausgepresste Zuckerrübenreste (Presskuchen, siehe Abbildung 2.1) können als Substrat in Biogasanlagen eingesetzt werden. Zuckerrohr wird ebenfalls gewaschen und zur Gewinnung der Zuckerlösung gewalzt. Die zurückbleibende Bagasse kann verbrannt und thermische und elektrische Energie bereitgestellt werden. Stärkehaltige Pflanzenfrüchte werden gemahlen und dann zunächst enzymatisch zu Zucker umgesetzt (Hydrolyse, siehe Abbildung 2.1) (vgl. Singh et al. (2010), Friedl et al. (2009)).

Aus Zucker kann bei Zugabe von Hefe oder anderen Mikroorganismen durch alkoholische Gärung bzw. Fermentation eine alkoholische Maische mit etwa 14 Volumenprozent Ethanol

---

[3]Zündwilligkeit des Kraftstoffs.

gewonnen werden. Durch Destillation und Rektifikation wird das Ethanol aufkonzentriert (vgl. Abbildung 2.1). Die verbleibenden Pflanzenbestandteile (u.a. Eiweiße und Fette) werden als Dünger in der Futtermittelherstellung oder als Substrat in Biogasanlagen verwendet.

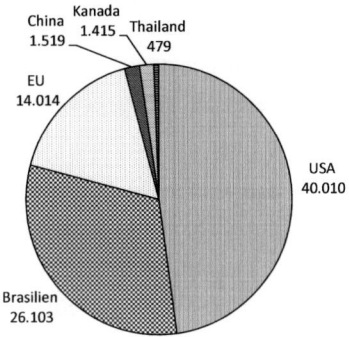

Abb. 2.2: Bioethanolproduktion im Jahr 2010 nach Ländern [Mio. l]. Daten: RFA (2010), EPURE (2011), ANP (2009), Hong'e (2008), Dessereault (2009) und Bloyd (2009)

Die weltweite Bioethanolproduktion zur Nutzung als Kraftstoff hat sich seit 2005 nahezu verdoppelt und beträgt im Jahr 2010 über 80.000 Mio. l. Die größten Produzenten sind die USA, Brasilien, EU, China, Kanada und Thailand (siehe Abbildung 2.2). Brasilien setzt seit drei Jahrzehnten Ethanol aus Zuckerrohr als Biokraftstoff ein und ist bis 2007 der größte Produzent. In den letzten Jahren haben die USA ihr Produktionskapazitäten stark ausgeweitet. Als Rohstoffe werden dort hauptsächlich Getreide und Mais genutzt. In der Europäischen Union steigt die Produktionsmenge ebenfalls an, wobei im Wesentlichen Zuckerrüben eingesetzt werden. Größter Produzent innerhalb der Europäischen Union ist im Jahr 2009 Frankreich mit einem Anteil von 34 %, gefolgt von Deutschland mit 20 %. Ethanol wird konventionellem Kraftstoff in den produzierenden Ländern in unterschiedlicher Dosierung beigemischt. In Brasilien gibt es Kraftstoffe mit 25 % und 100 % Ethanol-Anteil. In Deutschland wird Anfang 2011 die Kraftstoffsorte E10 eingeführt und damit die Beimischung von 5 % auf 10 % Ethanol erhöht (siehe Abschnitt 2.1).

Eine weitere Nutzungsmöglichkeit für ligninarme Biomassearten wie Mais und Zuckerrüben besteht in der Umwandlung zu Biogas durch mikrobakterielle Stoffwechselvorgänge in Vergärungsanlagen unter Ausschluss von Sauerstoff (siehe anaerobe Vergärung in Abbildung 2.1 und vergleiche Koch (2009))[4]. Je nach Biomasseart ist zunächst eine Vorbehandlung, z.B. Zerkleinerung, Reinigung oder Vermischung erforderlich. Biogas besteht im Wesentlichen aus Methan und Kohlenstoffdioxid sowie in geringer Konzentration aus Wasserdampf, Stickstoff, Sauerstoff und Schwefelwasserstoff und wird in Blockheizkraftwerken zur Erzeugung elektrischer Energie

---

[4]Weitere mögliche Rohstoffe sind z.B. Gülle, Klärschlamm, Grassilage und Bioabfälle.

und von Wärme genutzt. Nach einer Aufbereitung (Entschwefelung, Methananreicherung) kann es außerdem in das Erdgasnetz eingespeist oder als Kraftstoff in Erdgasfahrzeugen genutzt werden. In Deutschland sind im Jahr 2009 4.984 Biogasanlagen, welche meistens aus Anlagen zur Vergärung und Blockheizkraftwerken bestehen, mit einer installierten elektrischen Gesamtleistung in Höhe von 2.279 MW_{el} in Betrieb. Das bedeutet gegenüber 2005 eine Verdreifachung der installierten Leistung und fast eine Verdoppelung der Anlagenanzahl. Für 2011 wird ein weiterer Anstieg der installierten Leistung auf 6.800 MW_{el} erwartet und eine Netto-Stromproduktion von 17,1 Mio. MWh/a (vgl. FVB (2010)).

In der außerdem in Abbildung 2.1 dargestellten hydrothermalen Karbonisierung können ebenfalls ligninarme Biomassearten eingesetzt werden. In diesem Prozess wird Biomasse zusammen mit Wasser bei ca. 200 °C unter Druck zu Kohlenstoff umgesetzt (vgl. Titirici et al. (2007)). Vorteile des Verfahrens werden in einer hohen Kohlenstoffeffizienz und der Möglichkeit, feuchte Biomasse zu verwenden, gesehen. Nach Titirici et al. (2007) kann die Biokohle entweder als Ersatz für Braunkohle oder als Humus zur Bodenverbesserung verwendet werden. Eine Anlage wird im Jahr 2010 von dem Unternehmen AVA-CO2 in Karlsruhe in Betrieb genommen.

Zusammenfassend lässt sich zu den genannten Prozessen feststellen, dass viele Nutzungspfade bereits etabliert sind. Allerdings gerät ein Teil der genannten Rohstoffe und Produkte seit einigen Jahren zunehmend in Kritik, wobei die direkte Konkurrenz mit der Nahrungsmittelproduktion, die ausschließliche Verwendung der Pflanzenfrucht und die Inanspruchnahme landwirtschaftlich hochwertiger Nutzflächen angeführt werden.

2.3.2 Lignozellulosehaltige Biomasse

In den Fokus von Forschung und Industrie rücken zunehmend lignozellulosehaltige Rohstoffe, insbesondere Reststoffe, bspw. Zweige und Äste aus der Bewirtschaftung von Wäldern (Waldrestholz), Stroh aus dem Ackerbau oder Schalen aus der Palmölproduktion. Außerdem werden die Potenziale des Anbaus von Energiepflanzen untersucht, die möglichst unter Verwendung aller Pflanzenbestandteile einer energetischen oder stofflichen Nutzung zugeführt werden sollen. Zielführend erscheinen insbesondere Pflanzen, die gemeinsam mit Pflanzen zur Futter- oder Nahrungsmittelherstellung bei besserer Ausnutzung vorhandener Flächen angebaut werden können (z.B. Pappeln) oder bei vergleichsweise extremen Bedingungen (wenig Wasser, Licht, Nährstoffe) produziert werden können (z.B. Chinaschilf, Jatropha) (siehe Abbildung 2.1).

Die genannten lignozellulosehaltigen Rohstoffe bestehen hauptsächlich aus Lignin, Zellulose und Hemizellulose. Zellulose und Hemizellulose sind Vielfachzucker (Polysaccharide). Zellulose besteht aus langkettigen linearen Glukosemolekülen und Hemizellulose ist aus verschiedenen Zuckern (bspw. Glukose, Mannose, Galactose, Xylose, Arabinose) aufgebaut (siehe Stanley und Hahn-Hägeral (2010)). Lignin ist eine komplexe chemische Verbindung und stabilisiert die Zellwände der Pflanzen (Lewandowski (2009) und Hartmann (2009a)).

Forst- und landwirtschaftliche Pflanzenreste und Energiepflanzen können direkt am Entstehungsort oder an einem zentralen Sammel- bzw. Lagerplatz durch Sägen, Spalten, Mahlen, Schreddern und Hacken zerkleinert werden. Eine weitere Reduzierung des Transportvolumens kann durch Weiterverarbeitung zu Pellets, Briketts oder Granulat erreicht werden.

Die Flash- bzw. Schnellpyrolyse und die Druckverflüssigung (siehe Abbildung 2.1) sind Verfahren zur Verflüssigung lignozellulosehaltiger Biomasse. Bei der Druckverflüssigung wird Biomasse unter hohem Druck (ca. 200 bar), mittleren Temperaturen (ca. 300 °C) und vergleichsweise langen Aufenthaltszeiten (etwa 10 min. bis 30 min.) verflüssigt (Meier (2009)). In der Flashpyrolyse wird Biomasse in wenigen Sekunden auf sehr hohe Temperaturen aufgeheizt (~500 °C) und über verschiedene Abscheidestufen werden Pyrolysekoks, -öl und -gas gewonnen (vgl. Meier (2009), Mohan et al. (2006)). Liegt in der Vergangenheit der Fokus auf der Gewinnung des Pyrolysekokses bspw. zur anschließenden Vergasung (siehe z.B. Maschio et al. (1992)), fokussieren jüngere Forschungsvorhaben die Produktion von Pyrolyseöl und dessen Weiterverarbeitung. Die Schnellpyrolyse führt dabei zu vergleichsweise geringeren Mengen an Pyrolysekoks. Das Pyrolysegas kann zur Bereitstellung thermischer Energie verbrannt werden und die Energie teilweise oder gänzlich zur Versorgung der Pyrolyseanlage verwendet werden. Im bioliq-Prozess des Karlsruher Instituts für Technologie (KIT) wird der poröse Pyrolysekoks pulverisiert und mit dem Pyrolyseöl zu einem pump- und transportfähigen Slurry (bioSyncrude) vermischt (vgl. Henrich et al. (2009), Dahmen und Dinjus (2010) und Abschnitt 5.3.3).

Pyrolyseprodukte können thermisch genutzt (z.B. in Heizkesseln und Dieselmotoren) oder zur Produktion von synthetischen Kraftstoffen durch Vergasung und Synthese verwendet werden (z.B. Yaman (2004) und Czernik und Bridgwater (2004)). Darüber hinaus kommen stoffliche Nutzungsmöglichkeiten in Frage. Durch Fraktionierung können bspw. Lävoglucosan zur Gewinnung von Zuckern durch Hydrolyse, Tenside, abbaubare Polymere und Harze gewonnen werden (siehe Meier (2009)). Unfraktioniertes Pyrolyseöl kann teilweise als Ersatz von Phenolen und Formaldehyden als Bindemittel in Spannplatten verwendet werden.

Zur Pyrolyse werden verschiedene Reaktortypen eingesetzt bzw. untersucht. In Kanada werden die beiden größten stationären Wirbelschichtreaktoren betrieben und elektrische Energie und Heizöl produziert. Zirkulierende Wirbelschichtreaktoren werden in den USA und Kanada zur stofflichen Nutzung der Pyrolyseprodukte (Flüssigaromen für die Lebensmittelindustrie) eingesetzt (Meier (2009)). Weitere Technologien befinden sich im Labor- und Pilotmaßstab. Da Pyrolyseöl und Slurry eine höhere Energiedichte als Biomasse aufweisen, wird durch die Verflüssigung der Biomasse das Ziel verfolgt, Transportkosten einzusparen und somit die Biomassebereitstellungskosten zu reduzieren.

Als Alternative zur Pyrolyse wird die Torrefizierung lignozellulosehaltiger Biomasse untersucht (siehe Abbildung 2.1). Dabei wird die Biomasse bei Temperaturen von 250-300 °C in 15-20 Min. unter Ausschluss von Sauerstoff pyrolytisch zersetzt und ein Produkt mit niedrigem Wassergehalt und im Vergleich zur Biomasse höherem Energiegehalt gewonnen (z.B. Welling und Wosnitza (2009)).

Zur Vergasung von Biomasse, Pyrolyseöl, Slurry oder torrefizierter Biomasse werden verschiedene technologische Varianten, die sich durch die eingesetzten Vergasungsmittel (Sauerstoff, Wasserstoff, Wasserdampf, Luft, CO_2) und den verwendeten Reaktortyp (Festbett, Wirbelschicht, Flugstrom) unterscheiden, in Betracht gezogen (vgl. Hofbauer et al. (2009b) und Abbildung 2.1). Die Zusammensetzung des erzeugten Produktgases aus den Hauptbestandteilen Wasserstoff, Kohlenstoffmonoxid und Methan sowie Verunreinigungen wird vor allem von der verwendeten Biomasse, dem Vergasungsmittel, dem Reaktortyp, den Temperaturen und den Drücken bestimmt. Zur Abscheidung von Staub, Teer, Alkalien, Stickstoff-, Halogen- und Schwefelverbindungen werden je nach Anforderung der nachfolgenden Prozessschritte Zyklone, Gewebefilter, Wäscher, Elektrofilter, Heißgasfilter und Katalysatoren eingesetzt.

Das Produktgas kann ohne besondere Anforderungen an die Gasreinigung direkt verbrannt und somit thermische Energie für Heizzwecke oder elektrische Energie mit Dampfturbinen bzw. -motoren gewonnen werden (vgl. Hofbauer et al. (2009a)). Solche Anlagen werden vor etwa 30 Jahren in Schweden errichtet. Eine Alternative stellt die Nutzung des Produktgases in einer Gasturbine oder einem Gasmotor dar. Das gereinigte Produktgas kann durch Synthese in flüssige oder gasförmige Brennstoffe und weitere synthetische Produkte umgewandelt werden. Die Synthetisierung stellt hohe Anforderungen an die Produktgasreinigung und erfordert ein bestimmtes Verhältnis zwischen Wasserstoff und Kohlenstoffmonoxid im Produktgas, welches mittels Gaskonditionierung eingestellt wird (siehe Abschnitt 5.3.5).

Die Fischer-Tropsch-Synthese liefert Kohlenwasserstoffe unterschiedlicher Kettenlänge und ermöglicht so die Produktion von Wachsen, Diesel, Benzin, Flüssiggas und Gas (Dahmen und Dinjus (2010) und Abschnitt 5.3.6). Das methanhaltige Gas kann bspw. zur Gewinnung thermischer oder elektrischer Energie oder zu Wasserstoff aufbereitet werden. Wachse können in einem Aufbereitungsschritt gecrackt und somit die Dieselausbringung erhöht werden (siehe Abbildung 2.1).

In der Methanolsynthese kann Rohmethanol aus Synthesegas gewonnen werden. Dieses wird abgekühlt und dabei verflüssigt und anschließend in einer Destillationskolonne aufbereitet. Ein Teil des Restgasstroms kann zur Energiegewinnung verwendet werden. Methanol kann z.B. als Kraftstoff in Brennstoffzellen, als Beimischung zu konventionellem Kraftstoff oder als Grundstoff zur Produktion von MTBE (Methyl-Tertiär-Butyl-Ether), einem Antiklopfmittel, verwendet werden (Hofbauer et al. (2009a)).

Die Produktion von Bio-SNG (Synthetic Natural Gas) als Ersatz für Erdgas kann mittels SNG-Synthetisierung erfolgen. Bio-SNG kann ins Erdgasnetz eingespeist, als Heizmittel oder in Erdgasfahrzeugen verwendet werden. Mit der Dimethylether-Synthese kann ein Dieselersatz oder Rohstoff für die chemische Industrie erzeugt werden (Hofbauer et al. (2009a)). Syntheseprozesse sind exotherme Verfahren. Die abgeführte Prozessenergie kann für andere Zwecke, bspw. zum Aufheizen eines Stoffstroms oder von Wasserdampf zur Erzeugung elektrischer Energie mit einer Dampfturbine, genutzt werden (siehe Abbildung 2.1).

Die erste großtechnische Anlage zur Produktion von Fischer-Tropsch-Kraftstoff aus Biomasse wird von Choren in Freiberg betrieben. Die Anlage hat eine jährliche Produktionskapazität von 65.000 t/a Trockenmasse (TM) Holz zur Herstellung von 18 Mio. l/a Kraftstoff[5]. Das Karlsruher Institut für Technologie (KIT) betreibt bzw. errichtet eine Demonstrationsanlage zur Pyrolysierung und anschließender Vergasung von Biomasse (bioliq-Prozess, siehe Dahmen und Dinjus (2010)). Für Bio-SNG wird unter anderem im österreichischen Güssing eine Demonstrationsanlage betrieben.

Aus lignozellulosehaltiger Biomasse können auch Zucker gewonnen werden (vgl. z.B. Stanley und Hahn-Hägeral (2010) oder Kamm und Kamm (2005)). Hierzu muss der lignozellulosehaltige Rohstoff zunächst mittels Chemikalien (z.B. Ethanol), mechanischer oder thermischer Energie aufgeschlossen werden (vgl. Friedl et al. (2009), Abbildung 2.1). Danach erfolgt durch Filtration oder Zentrifugation eine Separation in die Komponenten Zellulose, Hemizellulose und Lignin. Zellulose und Hemizellulose können enzymatisch oder säurekatalytisch zu Glukose und Xylose umgesetzt werden (Hydrolyse). Glukose kann zu Ethanol fermentiert oder, wie Xylose, als Ausgangsstoff für weitere Produkte der chemischen Industrie verwendet werden. Für Lignin kommt eine Verwendung als Bindemittel oder Brennstoff in Frage. Eine Lignozellulose-Bioraffinerie Versuchsanlage wird im Rahmen eines vom Bundesministerium für Ernährung, Landwirtschaft und Verbraucherschutz geförderten Projektes in Leuna realisiert.

Zusammenfassend lässt sich auf Basis der skizzierten Nutzungspfade feststellen, dass sich viele Verfahren in einer frühen Entwicklungsphase befinden und, wie die in Abschnitt 2.3.1 dargestellten Prozesse zur Nutzung ligninarmer Biomasse, über mehrere Produktionsschritte verfügen. Häufig fallen Kuppelprodukte an, die bspw. einer energetischen Verwertung zugeführt werden können. Im folgenden Abschnitt 2.4 werden die Charakteristika der Prozessketten detailliert beschrieben und die sich daraus ergebenden Anforderungen an die strategische Planung biomassebasierter Wertschöpfungsnetzwerke dargestellt.

---

[5]Im Sommer 2011 meldet die Choren Industries GmbH Insolvenz an.

2.4 Anforderungen an die strategische Planung und Bewertung biomassebasierter Wertschöpfungsnetzwerke

Die Ausführungen des vorangehenden Abschnittes 2.3 verdeutlichen, dass zahlreiche Prozessketten zur energetischen und stofflichen Nutzung von Biomasse erforscht werden bzw. verschiedene Technologien bereits in Pilotanlagen umgesetzt und großtechnische Anlagen in Betrieb genommen sind.

Dabei erhält die Frage nach der Wirtschaftlichkeit dieser Prozessketten eine zunehmende Bedeutung. Petrou und Pappis (2009) konstatieren bspw. einen zukünftigen Forschungsbedarf im Hinblick auf die Bewertung von Produktionssystemen für Kraftstoffe aus Biomasse. Grobe Schätzungen der Investitionen und Herstellkosten in frühen Entwicklungsphasen müssen konkretisiert werden. Die Wirtschaftlichkeit wird insbesondere von der Umsetzung der Prozesse unter Berücksichtigung regionaler Gegebenheiten bestimmt. Im Folgenden werden daher die zentralen Anforderungen an die strategische Planung biomassebasierter Wertschöpfungsnetzwerke abgeleitet.

Die Planung eines Wertschöpfungsnetzwerkes zur stofflichen und energetischen Nutzung von Biomasse basiert auf der Abbildung der räumlichen Verteilung des Biomasseangebots. In Abschnitt 2.3 wird gezeigt, dass für viele Prozesse verschiedene Biomassearten in Frage kommen. Daher sind in der strategischen Planung mehrere Biomassearten zu berücksichtigen. Hierzu muss die Auslegung einzelner Prozessschritte in Abhängigkeit der eingesetzten Biomasseart abgebildet werden. Somit können verschiedene in einer Region verfügbare Biomassearten verglichen und gegebenenfalls größere Gesamtkapazitäten des Produktionssystems abgebildet werden.

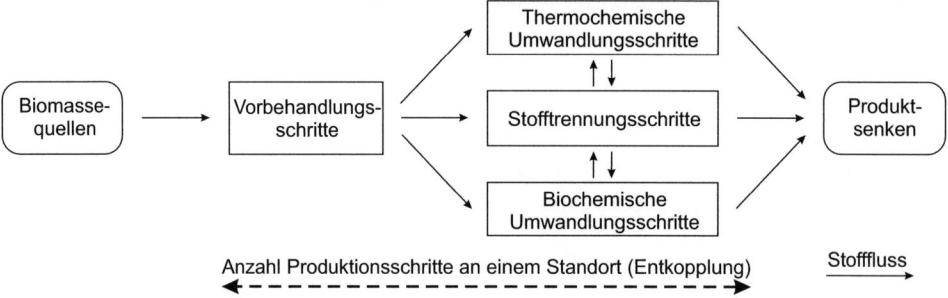

Abb. 2.3: Produktionsschritte biomassebasierter Prozessketten

Die in Abschnitt 2.3 skizzierten Prozessketten bestehen aus mehreren Schritten. Nach der Biomasseernte oder -erfassung erfolgen zunächst ein oder mehrere Vorbehandlungsschritte wie Zerkleinerung, Trocknung oder Mahlen der Biomasse (vgl. Abbildung 2.1). Die Weiterverarbeitung erfolgt in thermochemischen (z.B. Vergasung, Pyrolyse) oder biochemischen (Fermentation, anaerobe Vergärung) Stoffumwandlungsprozessen bzw. durch Stofftrennungsprozesse (Pressung, Filtration, Destillation, Raffination, Extraktion) bzw. einer Kombination mehrerer Umwandlungs- und/oder Trennungsprozesse. Die Vorbehandlung liefert in vielen Fällen Zwischenprodukte, z.B. Holzhackschnitzel oder Pellets, welche kompakter als die ursprüngliche Biomasse sind und somit potenziell günstiger transportiert werden können. Umwandlungs- und Trennungsprozesse liefern teilweise ebenfalls transportierbare Zwischenprodukte hoher Energiedichte. Beispiele sind der Dicksaft aus Zuckerrüben, das Zuckerkonzentrat aus Zuckerrohr, Pyrolyseöle, torrefizierte Biomasse oder Pflanzenöl.

Hieraus resultiert als Anforderung an die strategische Planung, die Anzahl der Produktionsschritte für jeden Produktionsstandort zu bestimmen, d.h. es ist zu untersuchen, ob mehrere oder alle Prozessschritte an einem integrierten Produktionsstandort oder an verschiedenen Standorten mit dem damit verbundenen Transport von Zwischenprodukten realisiert werden. Daher ist auch die Anzahl der Produktionsstandorte zu bestimmen. Dieser Zusammenhang ist in Abbildung 2.3 dargestellt. Man spricht hierbei von der Entkopplung der Prozesskette (engl. decoupling).

Insbesondere bei den verfahrenstechnischen Anlagen müssen Größendegressionseffekte berücksichtigt werden. Da sich die Prozesse oft in einer frühen Entwicklungsphase befinden, führt die kontinuierliche Abbildung der Kapazitäten zu einer größeren Aussagekraft als die Modellierung einzelner Kapazitätsklassen. Die Annahme weniger diskreter Werte für die Kapazitäten der Anlagen ist aufgrund des Entwicklungsstandes vieler Prozesse zudem oft nicht möglich. Auch darüber hinaus ist davon auszugehen, dass die Anlagenkapazitäten aufgrund hoher Investitionen und individueller Auslegung teilweise skalierbar sind.

Viele der in Abschnitt 2.3 dargestellten Stofftrennungs- und Stoffumwandlungsprozesse sind dadurch charakterisiert, dass Kuppelprodukte entstehen. Beispiele sind der Presskuchen bei der Filtration von Ölpflanzen, Pressreste von Zuckerrüben, die Bagasse aus der Extraktion von Zuckerrohr, Rückstände bei der Vergärung, die Lignin-Fraktion beim Biomasseaufschluss, Destillationsrückstände, Pyrolysegas und -koks sowie methanhaltiges Gas bei der Synthese (siehe Abbildung 2.1). Diese Kuppelprodukte können teilweise als Rohstoffe für andere Prozesse (z.B. in der anaeroben Vergärung) verwendet oder einer energetischen Verwertung zur Erzeugung elektrischer oder thermischer Energie zugeführt werden. Weiterhin bestehen Möglichkeiten zur Nutzung von Prozesswärme exotherm ablaufender Prozesse oder aus der Kühlung von Stoffströmen.

Die bereitgestellte Energie kann intern oder extern genutzt werden. Die externe Nutzung von elektrischer Energie erfolgt durch Einspeisung in das Elektrizitätsnetz. Thermische Energie kann grundsätzlich von benachbarten Anlagen oder als Fernwärme genutzt werden. Intern kann thermische Energie bspw. zur Trocknung von Biomasse oder zur Energieversorgung thermochemischer Umwandlungsprozesse genutzt werden. Diese Möglichkeiten sind von der Anzahl der Produktionsschritte und deren Kapazitäten an einem Standort abhängig. So kann bspw. abführbare Prozesswärme aus einem Stoffumwandlungsprozess nur dann zum Trocknen von Biomasse eingesetzt werden, wenn die Vorbehandlung der Biomasse am selben Standort erfolgt bzw. nur in dem Umfang, wie es die Kapazität der Trocknungsanlage erfordert. Somit ist die Planung der Verwertung der Kuppelprodukte bzw. von Prozesswärme ein entscheidungsrelevanter Aspekt bei der Standortplanung biomassebasierter Wertschöpfungsketten.

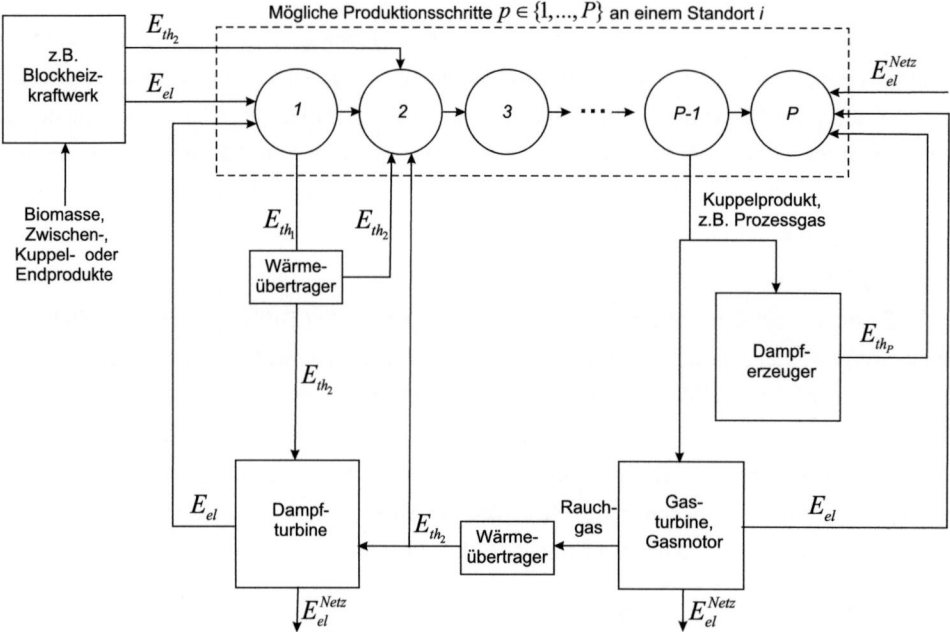

Abb. 2.4: Exemplarische Darstellung möglicher entscheidungsrelevanter Energieflüsse und Anlagen zur energetischen Nutzung von Prozesswärme und Kuppelprodukten

Abbildung 2.4 zeigt hierzu eine exemplarische Darstellung möglicher entscheidungsrelevanter Energieströme und Anlagen zur energetischen Nutzung von Prozesswärme und Kuppelprodukten. $p \in \{1, ..., P\}$ ist eine Menge von Produktionsschritten, die wahlweise am gleichen oder an verschiedenen Standorten installiert werden können. Produktionsschritt 1 ist durch nutzbare thermische Energie und einen elektrischen Energiebedarf, Produktionsschritt 2 durch einen thermischen Energiebedarf, Produktionsschritt $P-1$ durch ein energetisch nutzbares Kuppelprodukt und Produktionsschritt P ebenfalls durch einen thermischen Energiebedarf charakterisiert.

Sind alle Produktionsschritte am selben Standort installiert, kann die Prozesswärme von Produktionsschritt 1 z.B. zur (teilweisen oder vollständigen) Deckung des Energiebedarfes von Produktionsschritt 2 und das Prozessgas von Produktionsschritt $P-1$ zur Dampferzeugung und somit zur Deckung des thermischen Energiebedarfes von Produktionsschritt P verwendet werden.

Weiterhin können die Prozesswärme und das Kuppelprodukt bspw. in einer Dampfturbine bzw. einer Gasturbine zur Erzeugung elektrischer Energie zur Deckung der internen Bedarfe an elektrischer Energie verwendet werden. Nicht für interne Zwecke benötigte elektrische Energie kann ins Elektrizitätsnetz eingespeist, zusätzlicher interner Bedarf durch Zukauf elektrischer Energie gedeckt werden. Die Wärme des Rauchgases aus der Gasturbine kann z.B. zur Erhitzung des Dampfstromes einer gegebenenfalls am gleichen Standort installierten Dampfturbine genutzt werden. Zur Bereitstellung thermischer und elektrischer Energie kann z.B. ein Blockheizkraftwerk zur teilweisen energetischen Nutzung der Biomasse errichtet werden.

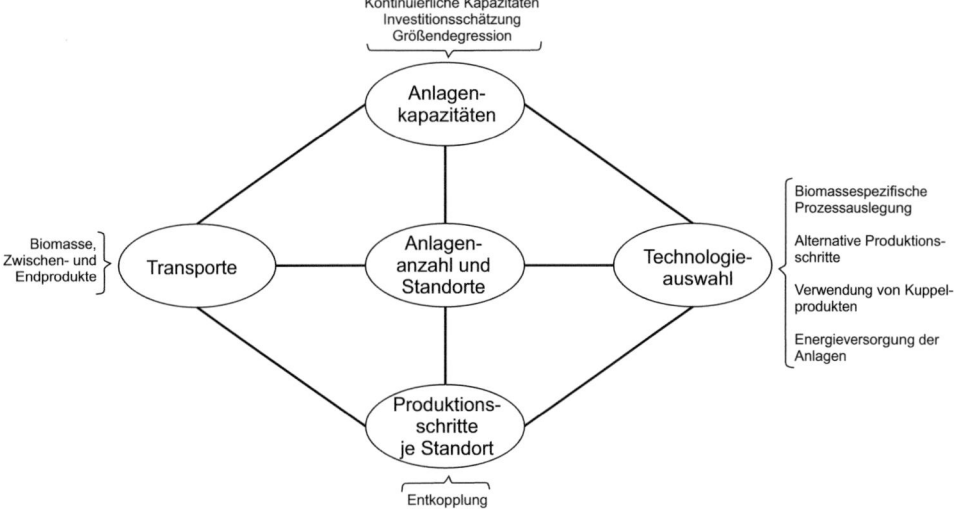

Abb. 2.5: Strategische Planungsaufgaben biomassebasierter Wertschöpfungsnetzwerke

Abbildung 2.5 zeigt die dargestellten Anforderungen an die strategische Planung biomassebasierter Prozessketten. Mehrere Biomassearten und eine biomassespezifische Prozessauslegung, die Abbildung alternativer Technologien für einen Produktionsschritt und die Energieversorgung der Anlagen führen zu Technologieauswahlproblemen (siehe auch Abschnitt 3.4.1).

In der vorliegenden Arbeit wird ein integriertes Modell zur Planung eines Wertschöpfungsnetzwerkes in einer Region mit mehreren Standorten und unterschiedlicher Anzahl möglicher Produktionsschritte unter Berücksichtigung der dargestellten Aspekte entwickelt. Im folgenden Kapitel 3 werden die hierfür erforderlichen methodischen Grundlagen und eine Einordnung in die Literatur, insbesondere hinsichtlich bestehender Ansätze zur Standortplanung biomassebasierter Prozessketten, dargestellt.

3 Grundlagen der strategischen Planung biomassebasierter Wertschöpfungsnetzwerke

Im vorliegenden Kapitel werden methodische Grundlagen der strategischen Planung biomassebasierter Wertschöpfungsnetzwerke und der aktuelle Stand der Forschung dargestellt.

Hierzu wird in Abschnitt 3.1 die betriebliche Standortplanung als Teilaufgabe der strategischen Unternehmensplanung und der strategischen Gestaltung von Wertschöpfungsnetzwerken beschrieben. In Abschnitt 3.2 werden Standortfaktoren als Grundlage für Standortentscheidungen auf unterschiedlichen Ebenen und darauf basierende Bewertungsansätze eingeführt. Außerdem wird die Bedeutung statischer Erfahrungskurveneffekte bei der Festlegung von Produktionskapazitäten diskutiert.

In Abschnitt 3.3 werden der aktuelle Stand der Forschung zu mathematischen Ansätzen zur Lösung integrierter Standort- und Kapazitätsplanungsprobleme erarbeitet und die Eignung der Lösungsverfahren für Modelle zur strategischen Planung biomassebasierter Wertschöpfungsnetzwerke untersucht.

Die Bedeutung der Technologieplanung im Rahmen der Standortplanung biomassebasierter Wertschöpfungsnetzwerke wird in Abschnitt 3.4 aufgezeigt. Der in der vorliegenden Arbeit verwendete Ansatz zur Investitionsschätzung und dessen Einordnung wird in Abschnitt 3.5 dargestellt.

Abschnitt 3.6 liefert einen Überblick zur den wissenschaftlichen Arbeiten zur Bewertung und Planung biomassebasierter Wertschöpfungsketten. Dabei werden die Bedeutung von Geographischen Informationssystemen (Abschnitt 3.6.1), Ansätzen zur Kostenschätzung (Abschnitt 3.6.2), Entscheidungsunterstützungssystemen (Abschnitt 3.6.3) und von Operations Research - Modellen (Abschnitt 3.6.4) dargestellt. Der Abschnitt wird mit einer Zusammenfassung des aktuellen Standes der strategischen Planung biomassebasierter Wertschöpfungsnetzwerke abgeschlossen (Abschnitt 3.6.5).

3.1 Ziele der strategischen Unternehmensplanung und des Supply Chain Managements

Die Entscheidung über die Eröffnung oder Schließung von Produktions-, Lager-, Distributions- oder Verwaltungsstandorten ist eine langfristige Festlegung und Teil der strategischen Unternehmensplanung. Ziel der strategischen Unternehmensplanung ist die langfristige Existenz-bzw. Erfolgssicherung durch die Schaffung und Erhaltung von Erfolgspotenzialen bei sich ändernden Umweltbedingungen. Erfolgspotenziale beziehen sich auf Produkte (z.B. hohe Qualität oder breite Produktpalette), Märkte (Erschließen neuer Märkte, Qualität der Kundenberatung) oder auf die betrieblichen Funktionen Produktion, Marketing, Beschaffung und Finanzierung (vgl. Zäpfel (1989)). Erfolgspotenziale der Produktion können sich bspw. durch günstige Kosten oder eine hohe Anpassungsfähigkeit ergeben.

Strategische Planungsaufgaben betreffen insbesondere die Bereiche Produktion, Logistik, Forschung und Entwicklung sowie Absatz und Marketing[1]. Auf Basis von Annahmen hinsichtlich der langfristigen Entwicklung von Märkten und der Umwelt werden Entscheidungen zum Produktionsprogramm und zu Absatzgebieten getroffen und die hierzu erforderlichen Ressourcen in Form von Produktionsverfahren, Fertigungstechnologien und Standorten festgelegt (vgl. Hansmann (1987)).

Als Hilfsmittel der strategischen Unternehmensplanung führt Porter (vgl. Porter (1999)) die Wertschöpfungskette (Value Chain) ein. Danach umfasst die unternehmensinterne Wertschöpfungskette die primären Aktivitäten Eingangslogistik, Fertigungsoperationen, Marketing, Ausgangslogistik und Kundendienst. Wird die Betrachtung auf die Lieferanten und Abnehmer und deren Wertschöpfungsketten ausgeweitet, spricht Porter (1999) von unternehmensübergreifenden Wertschöpfungsketten. Kernpunkt des Ansatzes ist die explizite Berücksichtigung aller wertsteigender und -vernichtender Einflussfaktoren, insbesondere auch Aspekte wie Forschung und Entwicklung, Personalwesen, Service oder Image (vgl. Werner (2010)). Darauf basiert der Begriff des Supply Chain Managements (SCM). Die Supply Chain (Lieferkette) umfasst zunächst den physischen Materialfluss und die entlang dieses Flusses zunehmende Wertschöpfung innerhalb eines Unternehmens (unternehmensinterne Supply Chain) oder unternehmensübergreifend. Zusätzlich werden im Supply Chain Management die den Materialfluss begleitenden Informations- und Geldflüsse sowie Recyclingströme betrachtet.

Im Kontext des Supply Chain Managements wird die Standortplanung als Teil des Supply Chain Network (SCN) Designs (Klibi et al. (2010)) bzw. der strategischen Gestaltung einer Supply Chain (Vidal und Goetschalckx (1997)) beschrieben. Im Bereich der Produktion umfasst dies die Bestimmung der Anzahl, Standorte, Kapazitäten und Aufgaben der Produktions- und Distributionseinrichtungen einer Unternehmung oder Gruppe von Unternehmen. Weitere Aufgaben betreffen die Auswahl der Lieferanten, die Festlegung der Distributionskanäle, die Bestimmung des Produktprogramms und die strategische Absatzplanung.

---

[1]Vgl. hierzu Hansmann (1987), Tyll (1989) und Zäpfel (1989).

Tab. 3.1: Qualitative und quantitative Standortfaktoren (basierend auf Domschke und Drexl (1990))

	Quantitative Faktoren	Qualitative Faktoren
Grund und Boden	Grundstückspreis, Erschließungsbeitrag, Grundsteuer, Gründung (Bodenbeschaffung)	Lage, Größe, Zugang und Form, Bebauungsvorschriften, Expansionsmöglichkeiten
Verkehr und Transport Produktion	Transportkosten für Rohstoffe und Produkte Energiekosten, Wasserkosten, Kosten für Reststoffverwertung	Anbindung (Straße, Schiene, Binnenschiff, Flughafen) Klimatische Bedingungen, Verfügbarkeit von Ersatzteilen, Kühlwasser
Arbeitskräfte Investition und Finanzierung	Personalkosten Standortabhängige Investitionen	Ausbildungsstand, Arbeitsmarkt Investitionsgüterhersteller, Bauunternehmen, Kreditinstitute
Öffentliche Hand und allgemeine Einrichtungen	Subventionen, Gewerbesteuer	Bürokratie, Bildungs- und Kultureinrichtungen, Medizinische Versorgung, Lebensbedingungen

3.2 Betriebliche Standortplanung

Nachdem im vorangehenden Abschnitt die Standortplanung in die strategische Unternehmensplanung eingeordnet wurde, werden im vorliegenden Abschnitt zunächst die aus der betrieblichen Standortplanung bekannten Standortfaktoren (Abschnitt 3.2.1) und unterschiedliche Ebenen, auf welchen Standortentscheidungen getroffen werden (Abschnitt 3.2.2), dargestellt. In Abschnitt 3.2.3 werden die darauf basierenden Verfahren der Standortbewertung und -planung skizziert und in Abschnitt 3.2.4 der Zusammenhang zwischen Standortplanung und Kapazitätsplanung dargestellt. Mathematische Ansätze zur Lösung integrierter Standort- und Kapazitätsplanungsmodelle werden daran anschließend in Abschnitt 3.3 diskutiert.

3.2.1 Qualitative und quantitative Standortfaktoren

Die Entscheidung über einen betrieblichen Standort erfolgt durch die Bewertung standortspezifischer Einflussgrößen, welche die Erfolgspotenziale eines Unternehmens determinieren[2]. Eine Auswahl qualitativer und quantitativer Standortfaktoren ist in Tabelle 3.1 gegeben (siehe auch Domschke und Drexl (1990)). Die Festlegung der relevanten Standortfaktoren ergibt sich aus dem konkreten Anwendungsfall. Als mögliche Motive für Standortentscheidungen nennen

---

[2]Vgl. Hansmann (1987).

Günther und Tempelmeier (1997) zusätzlichen Bedarf an Produktionskapazitäten, Modernisierung, Einsparungen durch Zusammenlegen von Standorten, neue oder Verlagerung bisheriger Absatzgebiete, gestiegene Kosten im bisherigen Produktionsland oder die Umgehung von Handelsbarrieren. Außerdem ist die Standortentscheidung Teil einer Unternehmensgründung.

Einige Standortfaktoren können ex ante zum Ausschluss bestimmter Standorte führen bzw. die zu betrachtenden Standortalternativen stark einschränken. Mögliche Ausschlusskriterien sind z.B. unzureichende Infrastruktur oder Energie- und Rohstoffversorgung des Produktionsstandorts. Darüber hinaus ist die Zuverlässigkeit des Produktionssystems bei der Standortentscheidung zu berücksichtigen (z.B. die Wahrscheinlichkeit witterungsbedingter Störungen des Transports oder von Streiks). Eine zuverlässige Produktion hängt zudem von den Möglichkeiten zur Reparatur und Instandhaltung ab. Politische und gesellschaftliche Rahmenbedingungen spielen bei internationalen Standortentscheidung eine Rolle und drücken sich beispielsweise im Mitbestimmungsrecht, den Gewinnverwendungsregeln oder in der Gefahr von Enteignungen aus.

3.2.2 Betrachtungsebenen bei der Standortbestimmung

Standortentscheidungen werden auf unterschiedlichen Ebenen gefällt (Günther und Tempelmeier (1997)). Die Entscheidung für ein Land wird insbesondere von der Nähe zum Abnehmer, gesetzlichen Rahmenbedingungen oder der Dauer von Genehmigungsverfahren determiniert. Bei der Wahl einer Region innerhalb des Landes sind die Verfügbarkeit, Ausbildung und Kosten von Arbeitskräften, regionale Wirtschaftsförderung und die Verfügbarkeit von Rohstoffen und Lieferanten wichtig. Die Entscheidung für eine Gemeinde hängt von den örtlichen Gegebenheiten wie Baugebiete und Verkehrsanbindung ab. Schließlich wird ein Bauplatz in Abhängigkeit der Größe und des Zuschnittes, der Erweiterungsmöglichkeiten und von Bebauungs- und Umweltvorschriften ausgewählt. Bei der modellgestützten Bewertung von Standortalternativen ist weder eine durchgängige Betrachtung aller Ebenen noch die Einbeziehung aller Kriterien möglich.

Im Bezug auf die Entscheidungsunterstützung bei biomassebasierten Wertschöpfungsnetzwerken werden Entscheidungen unter anderem durch das Potenzial an Biomasse determiniert. Es besteht auch die Möglichkeit, Biomasse über große Entfernungen zu transportieren und in einem anderen Land zu verarbeiten. Motivation hierfür kann beispielsweise die Eingliederung der Produktionsanlagen zur Verarbeitung von Biomasse in einen bestehenden Chemiepark sein. Hohe Wassergehalte vieler Biomassearten und eine niedrige Energiedichte im Vergleich zu Zwischen- und Endprodukten sprechen für die Verarbeitung und Umwandlung der Biomasse in der Region, in der die Biomasse anfällt oder angebaut wird. Für viele Länder stellt die Nutzung bereits vorhandener Biomassepotenziale oder die Erschließung neuer Biomassepotenziale im Zusammenhang mit der Errichtung von Produktionsanlagen im eigenen Land ein wichtiges wirtschaftliches Potenzial dar. Dies drückt sich in der Sicherstellung der Energieversorgung und in der Schaffung neuer Arbeitsplätze aus. Vor diesem Hintergrund wird in der vorliegenden Arbeit ein Modell zur Entscheidungsunterstützung bei regionaler Verarbeitung von Biomasse entwickelt, d.h. die Entscheidung für ein Land und eine Region werden als gegeben betrachtet. Mit dem in dieser Arbeit entwickelten Modell werden die Anzahl, Standorte und Kapazitäten möglicher Anlagen innerhalb einer Region bestimmt.

3.2.3 Bewertung von Standortalternativen und Standortplanung

Einfache Verfahren zur Bewertung verschiedener quantitativer und qualitativer Standortfaktoren stellen Scoring-Modelle und Nutzwertanalysen dar. Die Standortfaktoren werden zunächst auf normierten Werteskalen für jeden Standort quantitativ bewertet und die auf diese Weise ermittelten Teilnutzenwerte gewichtet in einen Gesamtnutzenwert überführt. Die Nutzwertanalyse weist zahlreiche Schwächen wie die schwierige Interpretierbarkeit des Gesamtnutzenwertes, die Annahme der vollständigen Substituierbarkeit der verschiedenen Kriterienerfüllungen, die Unabhängigkeit der Kriterienbewertungen untereinander, die subjektive Festlegung der Kriteriengewichte und die zu starke Gewichtung von Unterzielen im Vergleich zur Gewichtung von aggregierten Zielen auf (Eisenführ und Weber (1994), Schneeweiß (1991), Günther und Tempelmeier (1997)).

Mittels der Break-Even-Analyse können auf Basis von Kostenfunktionen, die für jeden Standort die fixen und variablen Produktionskosten abbilden, kritische Produktionsmengen bestimmt werden, ab der ein Standort kostengünstiger produziert als andere (Günther und Tempelmeier (1997)). Standorte können auch mit Hilfe von Verfahren der Investitionsrechnung verglichen werden, z.B. anhand der Rentabilität, ausgedrückt als die Überschüsse der Einnahmen über die Ausgaben bezogen auf den standortspezifischen Kapitaleinsatz.

Die genannten Methoden sind geeignet, alternative Standorte zu bewerten. Bei Betrachtung von Produktionsnetzwerken mit mehreren Standorten, mehreren Ebenen und Transporten von Zwischenprodukten oder Halbfabrikaten zwischen den Standorten können die sich ergebenden wechselseitigen Abhängigkeiten dagegen mit Modellen des Operations Research (OR) zur Standortplanung abgebildet werden.

Grundsätzlich unterscheidet man die Standortbestimmung auf makroökonomischer und mikroökonomischer Ebene. In makroökonomischen Untersuchungen werden die räumliche Verteilung von industriellen oder ökonomischen Sektoren analysiert. Die mikroökonomische Standortbestimmungslehre behandelt die Suche nach Standorten für Produktionsstätten, Distributionszentren oder Lagerhallen eines Unternehmens bzw. für öffentliche Einrichtungen wie Kindergärten, Krankenhäuser, Schulen oder Feuerwachen. Die Layoutplanung befasst sich mit der Anordnung von Produktionsanlagen innerhalb einer Produktionshalle. Überblicke zu OR-

Modellen in der Standortbestimmungslehre finden sich bspw. in Hummeltenberg (1981), Verter und Dincer (1992), Domschke und Drexl (1990) oder Domschke und Krispin (1997).

Hinsichtlich der Annahme bezüglich der räumlichen Verteilung der Standorte sind drei Ansätze zu unterscheiden. Bei der Standortplanung in der Ebene ist jeder Punkt im betrachteten Gebiet ein möglicher Standort. Für viele Fälle stellt dies keine realistische Annahme dar. Bei Netzwerkplanungsansätzen repräsentieren die Knoten mögliche Standorte und die Kanten Transportkosten. In der diskreten Standortplanung wird eine bestimmte Teilmenge an Standorten aus einer endlichen Menge vorgegebener, potenzieller Standorte ausgewählt.

3.2.4 Bedeutung der Anlagenkapazität und Größendegression

Der Zusammenhang zwischen der Produktionsmenge und der Höhe der Fertigungslöhne bei der industriellen Produktion wird durch die sogenannte Lernkurve beschrieben. Eine Ausdehnung dieses Konzeptes auf die Kosten des gesamten Wertschöpfungsprozesses eines Unternehmens stellt die Erfahrungskurve dar[3]. Die Erfahrungsrate gibt den relativen Rückgang der Stückkosten an, welche sich unmittelbar durch die Wertschöpfung des Unternehmens erklären lassen, der bei einer Verdopplung der (über die Zeit) kumulierten Produktionsmenge erzielt werden kann.

Als Ursachen für das mit der Erhöhung der Produktionsmenge verbundene Einsparungspotenzial werden statische und dynamische Erfahrungskurveneffekte angeführt[4]. Dynamische Effekte stellen sich durch Weiterentwicklungen im Laufe der Zeit ein. Beispiele sind Produkt- und Verfahrensverbesserungen durch technischen Fortschritt und Rationalisierungsmaßnahmen zur Erhöhung der Effizienz betrieblicher Prozesse und Strukturen. Lerneffekte können sich beispielsweise bei Mitarbeitern durch Verbesserung ihrer Fertigkeiten infolge der Wiederholung der Arbeitsabläufe einstellen. Verstärkte Spezialisierung kann dazu bei weiterer Arbeitsteilung infolge einer höheren Produktivität beitragen.

Statische Erfahrungskurveneffekte beschreiben dagegen den Zusammenhang zwischen Kapazität und Stückkosten. Ein wichtige Ursache solcher Größendegressionseffekte, insbesondere bei Anlagen der Prozessindustrie, ist die unterproportionale Zunahme der Investition in Abhängigkeit der Kapazität einzelner Apparate und Maschinen (vgl. Remmers (1991)). Dies lässt sich beispielsweise bei einem zylinderförmigen Lagertank und anderen Behältern dadurch erklären, dass das Volumen in der dritten Potenz zunimmt, während die Oberfläche und somit das zum Bau benötigte Material nur in der zweiten Potenz ansteigt. Somit ist für die Kapazität in vielen Fällen das Volumen eines Aggregates und für die Investition die Oberfläche ausschlaggebend. Hierbei handelt es sich um einzelaggregatsbezogene Größendegressionseffekte. Drüber hinaus treten Größendegressionseffekte bei weiteren Bestandteilen einer Investition auf. Direkte Ne-

---

[3]Vergleiche hierzu z.B. Camphausen (2007).
[4]Vergleiche hierzu auch Hax und Majluf (1991).

benkomponenten wie elektrische Leitungen, Rohrleitungen oder Mess- und Regelungstechnik können in bestimmten Bereichen unabhängig von der Anlagenkapazität sein. Gleiches gilt für die Montage von Anlagenkomponenten. Chauvel et al. (2003) führt als Beispiel den Einsatz eines Krans zur Aufstellung einer Kolonne an. Die damit verbundenen Auszahlungen sind dabei nicht von der Kapazität der Kolonne abhängig, sondern resultieren aus der zeitlichen Nutzung des Krans, welche nicht mit der bewegten Masse korreliert ist[5].

Bei Standortproblemen, welche nicht nur die Wahl eines einzigen Produktionsstandortes unter Annahme einer vorgegebenen Produktions- oder Absatzmenge umfassen, sondern mehrerer Standorte einer Unternehmung bzw. einer Supply Chain, sind somit neben den geographischen Standorten auch die Kapazitäten der einzelnen Standorte (Anlagen oder Lager) zu bestimmen. Feldmann et al. (1966) (S. 670) stellen dazu fest: *"Warehouse Location is a nonconvex programming problem involving the geographic placing and sizing of intermediate facilities [...]. The nonconvexities are caused by economies of scale associated with the cost of building and operating the faciltities."*

---

[5]Vergleiche Abschnitt 4.6.1 zur Schätzung von Investitionen.

3.3 Mathematische Ansätze zur Lösung integrierter Standort- und Kapazitätsplanungsprobleme

Der erste formale Ansatz zur betrieblichen Standortplanung wird von Alfred Weber (Weber (1909)) entwickelt. Das Problem von Weber beschreibt die optimale Standortwahl eines Warenlagers bei Minimierung der Distributionskosten zur Verteilung eines Produktes an mehrere Kunden. Der Ansatz wird in anderen frühen Arbeiten aufgegriffen und weitere Modelle zur Standortplanung werden formuliert (vgl. z.B. Hotelling (1929), Isard (1956), Smithies (1941) und Stevens (1961)). In den vergangenen Jahrzehnten entsteht eine sehr große Anzahl an Veröffentlichungen zur Standortplanung, die in vielen Review-Papern und Büchern besprochen werden (z.B. Brandeau und Chiu (1989), Drezner (1995), Meller und Gau (1996), Vidal und Goetschalckx (1997), Domschke und Krispin (1997), Melo et al. (2009) oder Verter (2011)).

Ausgangspunkt vieler Arbeiten zur diskreten Standortwahl[6] ist das einstufige, unkapazitierte Warehouse Location Problem (WLP) für den Einproduktfall, welches auf Arbeiten von Warszawski (1973) und Warszawski und Peer (1973) zurückgeht (siehe Paraschis (1989)). Darin werden die Einrichtung eines Distributionszentrums oder eines Werkes mit fixen Kosten und dessen Betrieb mit linearen güterflussabhängigen Kosten sowie die Transportkosten für genau eine Distributionsstufe abgebildet. Dieses Modell wird um zahlreiche Aspekte erweitert. Dies betrifft insbesondere die Anzahl der Produkte, Einbeziehung vor- und nachgelagerter Wertschöpfungsstufen, Dynamisierung, Berücksichtigung von Unsicherheiten, Planung von Kapazitäten, Bereitstellung von Kapital, Abbildung von Wartesystemen und der Lagerhaltung.

Für die Planung biomassebasierter Wertschöpfungsnetzwerke ist insbesondere die Verbindung der Standort- mit der Kapazitätsentscheidung wichtig (vgl. Abschnitt 2.4). Um im Folgenden einen Überblick über Modelle und Lösungsverfahren mit einer möglichen Relevanz für die strategische Planung biomassebasierter Wertschöpfungsketten zu geben, werden daher ausschließlich Ansätze betrachtet, die neben der Standortplanung auch die Bestimmung von Kapazitäten, insbesondere unter Berücksichtigung von Größendegressionseffekten, ermöglichen.

Zur Klassifizierung der Methoden und Modelle können strukturelle und inhaltliche Kriterien, wie Anzahl der Stufen, Perioden und Produkte, Berücksichtigung von Stoffumwandlung und verschiedenen Technologien oder das Anwendungsgebiet verwendet werden. Im Folgenden werden die als relevant identifizierten Arbeiten zunächst auf Basis des jeweiligen Lösungsansatzes betrachtet. Dazu werden in Abschnitt 3.3.1 Modelle vorgestellt, die mit einem speziell entwickelten Branch-and-Bound Verfahren gelöst werden, in Abschnitt 3.3.2 der Einsatz von Dekompositionstechniken und in Abschnitt 3.3.3 die Verwendung heuristischer Verfahren disku-

---

[6]Vgl. Abschnitt 3.2.3.

tiert. Schließlich werden in Abschnitt 3.3.4 Modelle besprochen, die als gemischt-ganzzahliges lineares Problem mit einem kommerziellen Solver gelöst werden.

Im Anschluss daran werden die Modelle in Abschnitt 3.3.5 vergleichend gegenübergestellt und Schlussfolgerungen für die vorliegende Arbeit hinsichtlich der Übertragbarkeit der Ansätze zur Planung biomassebasierter Wertschöpfungsketten und inhaltlicher Aspekte abgeleitet.

3.3.1 Verfahren der impliziten Enumeration

Im Gegensatz zur vollständigen Enumeration, bei der alle zulässigen Lösungen eines Problems erzeugt werden, identifiziert und schließt ein Verfahren der impliziten Enumeration sukzessive solche Teilmengen des Lösungsraumes aus, die das Optimum auf keinen Fall enthalten[7].

Ein häufig eingesetztes implizites Enumerationsverfahren zur exakten Lösung ganzzahliger oder gemischt-ganzzahliger linearer Probleme ist die Branch-and-Bound Methode (z.B. Burkhard et al. (1992), Neumann und Morlock (2002)). Dabei entspricht das Branching der Erzeugung von Teilproblemen durch Aufteilung des Lösungsraums und das Bounding der Bestimmung von unteren oder oberen Schranken für den optimalen Zielfunktionswert. Wenn für alle Lösungen eines Teilproblems ausgeschlossen werden kann, dass ihr Zielfunktionswert innerhalb der Schranken liegt, wird das Problem von der weiteren Betrachtung ausgenommen.

Im folgenden Unterabschnitt 3.3.1.1 werden zunächst Branch-and-Bound Verfahren für gemischt-ganzzahlige lineare Probleme vorgestellt[8]. In Abschnitt 3.3.1.2 werden Branch-and-Bound Ansätze, welche konkave Kostenfunktionen abbilden, diskutiert, wobei hier das Verfahren von Soland (1974) von besonderer Relevanz ist.

3.3.1.1 Branch-and-Bound Verfahren für MIP

Efroymson und Ray (1966) entwickeln einen Branch-and-Bound Algorithmus für ein einstufiges, unkapazitiertes Standortbestimmungsproblem, welches als gemischt-ganzzahlige lineare Optimierungsaufgabe formuliert ist, so dass die Entscheidung über die Eröffnung eines Standortes mit einer Binärvariablen abgebildet wird. Ein Problem wird in zwei Teilprobleme verzweigt, indem die Binärvariable genau eines Standortes jeweils auf die beiden zulässigen Werte Null und Eins gesetzt wird. Zur Bestimmung der unteren Schranke wird für jedes Teilproblem ein lineares Problem gelöst, bei dem alle bisher nicht festgehaltenen Binärvariablen jeden beliebigen Wert zwischen 0 und 1 annehmen dürfen (relaxiertes Problem oder LP-Relaxation).

Efroymson und Ray (1966) schlagen darüber hinaus eine alternative Formulierung des Problems vor und erreichen verbesserte Rechenzeiten bei der Lösung des relaxierten Problems.

---

[7]Vgl. Neumann und Morlock (2002).
[8]Mixed integer programming (MIP).

Außerdem führen sie logische Tests ein, bei denen zusätzliche Binärvariablen fixiert werden (vgl. Domschke und Drexl (1990)). Weitere Verbesserungen der Verzweigungsregeln und der logischen Tests liefert Khumawala (1972). Das Verfahren wird auch von Spielberg (1969a) und Spielberg (1969b) weiterentwickelt. Die dort vorgeschlagenen Algorithmen beginnen entweder damit, dass zunächst alle Anlagenstandorte geöffnet, geschlossen oder teilweise geöffnet und geschlossen sind.

Branch-and-Bound Verfahren für das kapazitierte, einstufige und gemischt-ganzzahlig linear formulierte Warehouse Location Problem werden unter anderem von Davis (1969), Marks (1969), Ellwein (1970), Gray (1970), Sá (1969) und Akinc et al. (1977) beschrieben.

Grundsätzlich können in diesen Verfahren Größendegressionseffekte berücksichtigt werden, indem für jeden Standort alternative Anlagen mit kapazitätsabhängigen fixen und variablen Kosten abgebildet und so stückweise lineare Kostenfunktionen zur Approximation nichtkonvexer Funktionen verwendet werden (z.B. Efroymson und Ray (1966)).

Über die genannten Arbeiten hinaus werden Branch-and-Bound Verfahren für erweiterte Problemstellungen, z.B. Mehrprodukt-, dynamische und stochastische Modelle, entwickelt. Melo et al. (2009) weisen in ihrem Literaturüberblick zu Standortplanungsmodellen darauf hin, dass Branch-and-Bound Verfahren häufig zur exakten Lösung von Standortplanungsproblemen eingesetzt werden. Allerdings sind die in Melo et al. (2009) begutachteten Arbeiten im Zeitraum von 1997-2008 zur strategischen Planung im Supply Chain Management, die einen speziellen Branch-and-Bound Algorithmus vorschlagen, dadurch gekennzeichnet, dass sie maximal zwei Stufen abbilden, die Standortbestimmung meistens nur auf einer Stufe erfolgt, oft nur ein Produkt abgebildet wird und in keinem Fall neben der Bestimmung von Standorten explizit auch Kapazitäten betrachtet werden. Auch darüber hinaus wird kein Branch-and-Bound Ansatz für umfassende Probleme identifiziert.

Anstelle speziell entwickelter Branch-and-Bound Verfahren werden häufig Standard-Solver, die auf Branch-and-Bound oder Branch-and-Cut Verfahren basieren, eingesetzt, um größere und komplexere gemischt-ganzzahlige lineare Probleme zu lösen (vgl. Abschnitt 3.3.4).

3.3.1.2 Das Verfahren von Soland

Ein Ansatz zur exakten Lösung eines Standortbestimmungsproblems mit konkaven Kostenverläufen wird von Soland (1974) entwickelt. Die Basis stellt ein von Falk und Soland (1969) entwickelter Branch-and-Bound Algorithmus zur Lösung nichtkonvexer Probleme dar. Das in Soland (1974) betrachtete einstufige und kapazitierte Problem ist im Folgenden mit Zielfunktion und Nebenbedingungen als Programm 3.1 angegeben (Soland (1974), Schildt (1994)).

$$\text{Min } f(x) = \sum_{i=1}^{m} f_i \left(\sum_{j=1}^{n} x_{i,j} \right)$$

$$\text{s.t. } x \in G \equiv \left\{ x \Big| \sum_{i=1}^{m} x_{i,j} = b_j \quad \forall j = \{1,...,n\} \right\},$$

[3.1]

$$x \in C \equiv \left\{ x \Big| 0 \le \sum_{j=1}^{n} x_{i,j} \le \kappa_i \quad \forall i = \{1,...,m\} \right\},$$

$$x_{i,j} \ge 0 \quad \forall i = \{1,...,m\} \quad \forall j = \{1,...,n\}.$$

An jedem Standort i kann eine Anlage errichtet werden, wobei die damit verbundenen Kosten $f_i(.)$ einen konkaven Verlauf mit steigender Kapazität $\sum_{j=1}^{n} x_{i,j}$ aufweisen. Die Nachfrage jeder Senke j ist mit b_j und die Maximalkapazitäten der Anlagen sind mit κ_i gegeben.

Jeder Knoten $N^0, N^1, ..., N^k, ..., N^K$ des Branch-and-Bound Baumes repräsentiert ein Rechteck C^k folgender Form:

$$C^k := \left\{ x \Big| \alpha_i^k \le \sum_{j=1}^{n} x_{i,j} \le \beta_i^k \quad \forall i = \{1,...,m\} \right\},$$

[3.2]

wobei für $\alpha_i^k \ge 0$ und $\beta_i^k \le \kappa_i$ gilt. Somit wird in jedem Knoten N^k jeder potenziellen Anlage i ein Intervall $[\alpha_i^k, \beta_i^k]$ zugewiesen und folgendes Teilproblem P^k betrachtet:

$$\text{Min } f(x)$$

$$\text{s.t. } x \in G, x \in C^k,$$

[3.3]

$$x_{i,j} \ge 0 \quad \forall i = \{1,...,m\} \quad \forall j = \{1,...,n\}.$$

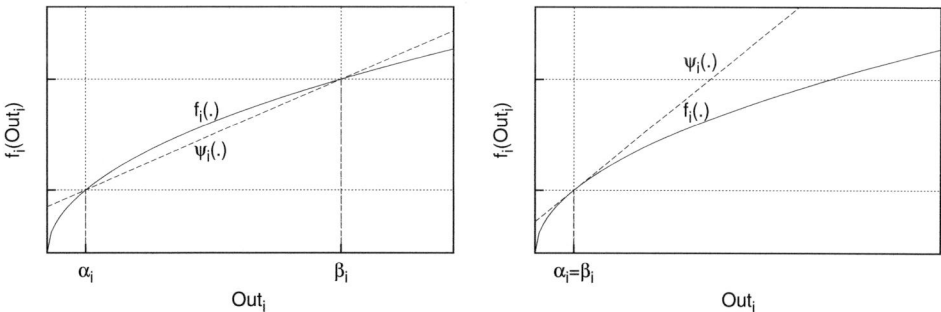

Abb. 3.1: Approximation einer konkaven Funktion $f_i(.)$ im Intervall $[\alpha_i^k, \beta_i^k]$

Für den Zielfunktionswert jedes dieser Teilprobleme P^k wird eine untere Schranke LB^k bestimmt. Dazu wird jede konkave Funktion f_i im Bereich $[\alpha_i^k, \beta_i^k]$ durch eine Funktion ψ_i^k linear unterschätzt, indem eine Gerade durch die Punkte $f_i(\alpha_i^k)$ und $f_i(\beta_i^k)$ gelegt wird. Es gilt also $f_i(\alpha_i^k) = \psi_i^k(\alpha_i^k)$ und $f_i(\beta_i^k) = \psi_i^k(\beta_i^k)$. Falls $\alpha_i^k = \beta_i^k$ kann die Tangente der Funktion f_i im Punkt α_i^k verwendet werden. Mit $Out_i := \sum_{j=1}^{n} x_{i,j}$ wird ψ_i^k in Gleichung 3.4 beschrieben und in Abbildung 3.1 dargestellt (vgl. Schildt (1994)).

$$\psi_i^k(Out_i) = \begin{cases} \dfrac{f_i(\beta_i^k) - f_i(\alpha_i^k)}{\beta_i^k - \alpha_i^k} \cdot Out_i + \dfrac{\beta_i^k f_i(\alpha_i^k) - \alpha_i^k f_i^k(\beta_i^k)}{\beta_i^k - \alpha_i^k} & \text{, falls } \alpha_i^k < \beta_i^k \\ f_i(\alpha_i^k) + f_i'(\alpha_i^k) \cdot (Out_i - \alpha_i^k) & \text{, falls } \alpha_i^k = \beta_i^k \end{cases} \qquad [3.4]$$

Es lässt sich zeigen (Soland (1974)), dass durch die Lösung des folgenden linearen Optimierungsproblems eine untere Schranke LB^k für das Problem P^k bestimmt werden kann:

$$\text{Min } \psi_i^k(Out_i)$$
$$\text{s.t. } x \in G, x \in C, \qquad\qquad\qquad\qquad [3.5]$$
$$x_{i,j} \geq 0 \quad \forall i = \{1, ..., m\} \quad \forall j = \{1, ..., n\}.$$

Gleichzeitig erhält man eine obere Schranke UB^k für den Zielfunktionswert des Ausgangsproblems, wenn man die Lösung in $f(x)$ einsetzt. Die globale obere Schranke UB für das Ausgangsproblem 3.1 ist dann jeweils die kleinste bisher gefundene obere Schranke UB^k und die zugehörige Lösung die bisher beste gefundene Lösung. Sie sei mit x^{best} bezeichnet. Das Branch-and-Bound Verfahren von Soland lautet damit wie folgt:

Schritt 1: Setze k=0. Löse Problem 3.5 zur Bestimmung der unteren Schranke LB^0. Die Lösung ist x^{best}. Werte die Zielfunktion $f(x^{best})$ zur Bestimmung der globalen oberen Schranke UB aus.

Schritt 2: Bestimme das k^* mit der kleinsten unteren Schranke LB^k aller noch nicht verzweigten Knoten. Gilt $LB^{k^*} \geq UB$, dann ist x^{best} die optimale Lösung des Ausgangsproblems und das Verfahren endet. Ansonsten wird der Knoten k^* zum Verzweigen markiert.

Schritt 3: Setze k=k+1. Verzweige Knoten k^* indem das Intervall $[\alpha_{i_k}^{k^*}, \beta_{i_k}^{k^*}]$ für eine zu spezifizierende Anlage i_k in die beiden Intervalle $[\alpha_{i_k}^{k^*}, Out_{i_k}^{k^*})$ und $[Out_{i_k}^{k^*}, \beta_{i_k}^{k^*}]$ aufgeteilt wird. Soland (1974) schlägt dies für genau die Anlage i_k vor, welche den maximalen Approximationsfehler $f_i(Out_i^{k^*}) - \psi_i(Out_i^{k^*})$ aufweist. Die Aufteilung des Intervalls des zu verzweigenden Problems geschieht genau bei der Produktionsmenge der optimalen Lösung von Problem 3.5 im Knoten N^{k^*}. Bestimme nun für die beiden neuen Knoten k' und k'' die unteren Schranken $LB^{k'}$ und $LB^{k''}$ durch Lösen von Problem 3.5. Berechne die beiden lokalen oberen Schranken $UB^{k'}$ und $UB^{k''}$ durch Auswerten der Zielfunktion $f(.)$. Aktualisiere die globale obere Schranke, falls

$UB^{k'} < UB$ oder $UB^{k''} < UB$ mit dem kleineren Wert und speichere die zugehörige, bisher beste Lösung x^{best}. Gehe zu Schritt 2.

Dupont (2008) entwickelt ein spezifisches Branch-and-Bound Verfahren zur Lösung eines Problems mit konkaver Zielfunktion, welche eine Funktion der Kapazität eines Standortes (Warenlager) ist und die Kosten aus der Errichtung des Standortes, dem Betrieb des Standortes und der Belieferung eines sich durch die Kapazität ergebenden Gebietes um das Warenlager abbildet. Transporte und Kapazitätsrestriktionen werden allerdings nicht abgebildet.

Das Verfahren von Soland scheint nach bestem Wissen des Autors der vorliegenden Arbeit der einzige Ansatz zur exakten Lösung von Standortplanungsproblemen mit konkaver Kostenfunktion zu sein. Obwohl Soland (1974) den Ansatz für ein einstufiges Problem entwickelt hat, ist eine Erweiterung zur Anwendung auf die strategische Planung biomassebasierter Wertschöpfungsketten möglich. Die Arbeit von Dupont (2008) scheint aufgrund der Abbildung der Transportkosten ohne Modellierung der Entfernungen nicht geeignet.

Da keine Arbeiten bekannt sind, welche das Verfahren von Soland auf größere Probleme angewendet haben, wird der Ansatz im Rahmen dieser Arbeit zur Lösung des entwickelten Modells zur strategischen Planung biomassebasierter Wertschöpfungsketten verwendet (siehe Abschnitt 4.6.2.3).

3.3.2 Dekompositionsverfahren

Zur Lösung von gemischt-ganzzahligen linearen Standortplanungsproblemen werden neben den Branch-and-Bound Verfahren Dekompositionsansätze vorgeschlagen. Dekompositionsverfahren können eingesetzt werden, wenn es aufgrund der Problemstruktur möglich ist, das Ausgangsproblem in Teilprobleme zu zerlegen (siehe Neumann und Morlock (2002)).

Dabei sind zwei verschiedene Ansätze zu unterscheiden. Während das Problem bei der *primalen Dekomposition* (Abschnitt 3.3.2.1) durch Fixierung eines Teiles der Entscheidungsvariablen in Subprobleme zerlegt wird, werden bei der *dualen Dekomposition* (Abschnitt 3.3.2.2) Teilprobleme durch das Weglassen von Restriktionen, welche mit einem Gewicht, dem Lagrange-Multiplikator, in die Zielfunktion aufgenommen werden, erzeugt (Klose (2001)).

3.3.2.1 Primale Dekomposition (Benders-Dekomposition)

Eine primale Dekomposition eines diskreten Standortplanungsproblems erfolgt, indem die Entscheidungen über die Standorte und gegebenenfalls Technologien sowie Kapazitäten, welche durch Binärvariablen abgebildet sind, in einem Teilproblem getroffen werden. Die Entscheidungen über Güterflüsse, d.h. z.B. die Zuordnung von Quellen zu Standorten oder Standorten zu Senken, die mit kontinuierlichen Variablen abgebildet werden, werden als zweites Teilproblem betrachtet (Magnanti und Wong (1990) und Melo et al. (2009)).

Die wegweisende Arbeit zur Anwendung der Dekomposition in der Standortplanung liefern Geoffrion und Graves (1974). Sie wenden das von Benders (1962) entwickelte Dekompositionsverfahren für gemischt-ganzzahlige lineare Optimierungsprobleme auf ein zweistufiges Standortplanungsproblem an. Darin werden die Standorte von Distributionszentren bestimmt und der Materialfluss für verschiedene Produkte von den Werken über die Distributionszentren zu den Kunden mit einer kontinuierlichen Variable abgebildet. Neben der Binärvariable für die Standortentscheidungen ordnet eine zweite Binärvariable jeden Kunden genau einem beliefernden Standort zu (*single sourcing*). Kapazitäten und Größendegressionseffekte werden nicht berücksichtigt. Geoffrion und Graves (1974) schlagen jedoch die Einführung verschiedener Typen der Distributionszentren an jedem Standort mit unterschiedlichen Minimal- und Maximalkapazitäten und zugehörigen fixen sowie variablen Kosten vor. Das Problem wird in eine Reihe ganzzahliger Masterprobleme, in dem nur die Binärvariablen vorkommen, und in lineare Transportprobleme zerlegt.

Die Arbeit von Geoffrion und Graves (1974) wird in verschiedenen Veröffentlichungen weiterentwickelt. Brown et al. (1987) führen im ganzzahligen Master-Problem u.a. einen Mindestgewinn als Nebenbedingung ein, um eine bessere Startlösung zu generieren und die Rechenzeit zu verbessern. Eine Verletzung der vorgegebenen Ziele wird mit Strafkosten belegt. Außerdem werden mehrere Produkte und verschiedene Anlagen für zwei Produktionsschritte berücksichtigt. Cohen und Moon (1991) bestimmen Produktlinien und Auslastungen für existierende Produktionsstätten. Dabei werden Größendegressionseffekte explizit berücksichtigt, eine Bestimmung von Standorten findet dagegen nicht statt.

Geoffrion (1972) verallgemeinert die Dekompositionsmethode von Benders und ermöglicht damit die Anwendung auf nichtlineare Probleme. Die *Verallgemeinerte Benders-Dekomposition* wird von Moon (1989) in einer Heuristik verwendet, um ein Standortplanungsproblem unter Berücksichtigung nichtlinearer Kosten zu lösen. Moon (1989) führt dabei eine nichtlineare Funktion für die variablen Durchsatzkosten der Distributionszentren ein. Da in dem Verfahren die Optimalität der Lösung nicht mehr garantiert werden kann, vergleicht Moon (1989) das Ergebnis mit der Lösung des entsprechenden gemischt-ganzzahligen linearen Problems und wertet die nichtlineare Zielfunktion damit aus. Damit kann eine Verbesserung des Zielfunktionswertes bei Anwendung des nichtlinearen Verfahrens gezeigt werden.

Lee (1991) berücksichtigt mehrere Produkte und unterschiedliche Anlagentypen für jeden Standort im einstufigen, kapazitierten Standortplanungsproblem. Größendegressionseffekte werden nur über die Fixkosten berücksichtigt. Dogan und Goetschalckx (1999) betrachten ein dreistufiges Problem mit Standortentscheidungen auf zwei Stufen unter Berücksichtigung der Lagerhaltung und verschiedener Maschinen auf jeder Wertschöpfungsstufe. Größendegressionseffekte können über verschiedene Anlagentypen für Standorte und Maschinen berücksichtigt werden. In beiden Modellen, Lee (1991) und Dogan und Goetschalckx (1999), werden die Produkte jeweils vom Lieferanten bis zum Kunden durchgereicht, so dass Stoffumwandlungsvorgänge nicht abgebildet werden können. Dogan und Goetschalckx (1999) bilden zwar Rohstoffe ab, die Massen der verwendeten Rohstoffe und erzeugten Produkte sind jedoch identisch.

Paquet et al. (2004) setzen die Dekomposition nach Benders für ein n-stufiges Problem unter Berücksichtigung von Kapazitäts- und Technologieentscheidungen ein. Durch entsprechende Kombinationen von Technologien, welche die variablen Kosten bestimmen, und Kapazitätsklassen, welche einen Teil der fixen Kosten bestimmen, können kapazitätsabhängige Größendegressionseffekte abgebildet werden. Weiterhin werden der Rohstoffbedarf jedes Produktes, der Flächenbedarf jeder Technologie in einem Werk und die Anzahl an Einheiten (*number of units*) der Kapazität jeder Technologie, welche für jedes Produkt benötigt werden, abgebildet. Der Bedarf eines Produktes an Zwischenprodukten und Rohstoffen ist in Form einer Stückliste gespeichert.

Paquet et al. (2004) stellen in ihrer Arbeit fest, dass die Rechenzeiten des Dekompositionsansatzes schlechter als bei Anwendung des CPLEX 6.6 Solvers zur Lösung des gemischt-ganzzahligen linearen Modells bei Verstärkung der LP-Relaxation durch Einfügung einer weiteren Nebenbedingung sind. Sie ziehen daher den Schluss, dass es für die betrachtete Problemklasse grundsätzlich nicht mehr erforderlich ist, weitere spezielle Lösungsmethoden zu entwickeln.

Neuere Arbeiten, welche eine primale Dekomposition anwenden, erweitern die Probleme um verschiedene Transportmodi (Santoso et al. (2005)) oder eine stochastische Optimierung (Cordeau et al. (2006)). Stoffumwandlungsvorgänge und Kapazitäten werden jedoch nicht abgebildet. Guillén-Gosálbez et al. (2009) entwickeln einen Dekompositionsansatz, in dem sowohl das Master- als auch das Subproblem gemischt-ganzzahlig formuliert sind, um ein spezielles Problem zur Bestimmung von Anlagen- und Lagerstandorten sowie Technologien für die Wasserstoffproduktion zu lösen. Allerdings ist das Modell zweistufig, bildet keine Stoffumwandlung und Kapazitäten als lineare Funktion der Investition ab. Diese können in jeder Periode erweitert werden, wobei keine Obergrenze für die Gesamtkapazität vorgegeben ist.

Zusammenfassend ist festzustellen, dass es bisher keinen Ansatz aus dem Bereich der primalen Dekomposition gibt, in dem sowohl explizit Stoffumwandlungsvorgänge als auch Kapazitäten abgebildet werden. Die Arbeiten sind dagegen für Anwendungen aus der Fertigungsindustrie konzipiert. Im vergleichsweise umfangreichen Modell von Paquet et al. (2004) werden keine besseren Rechenzeiten als beim Einsatz kommerzieller Solver erzielt. Als Grund für den Mangel an weiteren Dekompositionsansätzen für komplexere Problemstellungen führen Melo et al. (2009) an, dass es bei mehrstufigen Wertschöpfungsnetzwerken und wechselseitigen

Abhängigkeiten von strategischen Entscheidungen zunehmend schwieriger wird, das Problem in einfachere Teilprobleme zu zerlegen. Klose (2001) meint, dass die Benders-Dekomposition zur optimalen Lösung dieser Probleme nur sehr bedingt geeignet ist, da das Masterprogramm meist relativ schwer zu lösen ist bzw. vielfach keine gültigen unteren Schranken bestimmt werden können. Zudem sei es teilweise sehr aufwändig, Startlösungen und Benders-Schnitte[9] zu generieren und gute Problemformulierungen zu finden.

3.3.2.2 Duale Dekomposition (Lagrange-Relaxation)

Bei der dualen Dekomposition durch Lagrange-Relaxation werden eine oder mehrere Nebenbedingungen weggelassen und mit einem Lagrange-Multiplikator gewichtet in der Zielfunktion berücksichtigt, d.h. deren Nichteinhaltung wird mit Kosten bestraft. Das entstehende Problem wird Lagrange-Relaxation des Ausgangsproblems genannt. Der Zielfunktionswert der Lagrange-Relaxation stellt bei einer Minimierungsaufgabe eine untere Schranke für den Zielfunktionswert des Originalproblems dar[10].

Ziel bei der Anwendung des Verfahrens ist es, die relaxierten Nebenbedingungen so zu wählen, dass einerseits das relaxierte Problem einfach zu lösen ist und andererseits eine gute untere Schranke für den Zielfunktionswert ermittelt werden kann.

Eine weitere Herausforderung besteht in der Festlegung der Lagrange-Multiplikatoren. Gesucht wird derjenige Multiplikator, für den das betrachtete relaxierte Problem die größtmögliche untere Schranke für das Ausgangsproblem liefert. Dies wird als Optimierungsaufgabe formuliert, welche man als *Lagrange-duales Problem* bezeichnet. Das Lagrange-relaxierte Problem wird zunächst für einen Startmultiplikator gelöst und dann in jeder Iteration versucht, den Multiplikator zu verbessern, indem eine bestimmte Schrittlänge addiert oder subtrahiert wird (z.B. Klose (2001)).

Es gibt zahlreiche Arbeiten zur Standortplanung, welche die Lagrange-Relaxation verwenden. Dabei werden sowohl heuristische als auch exakte Verfahren vorgeschlagen. Exakte Verfahren beruhen auf der Verwendung von durch die Lagrange-Relaxation bestimmten unteren Schranken des Zielfunktionswertes in Branch-and-Bound Verfahren (Geoffrion (1974)).

Heuristische Verfahren unter Berücksichtigung der Kapazitäten bei der Standortbestimmung werden von Shulmann (1991) für ein einstufiges, dynamisches Problem mit verschiedenen Anlagentypen, Narasimhan und Pirkul (1992) für ein Problem aus der Netzwerktechnik und Aghezzaf (2005) für ein zweistufiges, dynamisches und stochastisches Problem entwickelt.

---

[9]Benders-Schnitte sind Restriktionen, die im Verfahren von Benders sukzessive in das ganzzahlige Programm eingefügt werden.
[10]Vgl. zu den Ausführungen zur Lagrange-Relaxation Schildt (1994) und Klose (2001).

Auch Schildt (1994) beschäftigt sich mit dem Einsatz der Lagrange-Relaxation für einstufige Probleme.

Mazzola und Neebe (1999) entwickeln eine Heuristik auf Basis der Lagrange-Relaxation für ein einstufiges Problem, in dem an jedem Standort verschiedene Anlagentypen installiert werden können. Jeder Anlagentyp ist durch eine beschränkte Kapazität und Fixkosten beschrieben, so dass Größendegressionseffekte in Form von Fixkostensprüngen abgebildet werden können.

Shen (2005) verwendet ein exaktes Verfahren auf Basis der Lagrange-Relaxation zur Lösung eines einstufigen, unkapazitierten Standortplanungsmodells unter Berücksichtigung verschiedener Produkte. Alle Entscheidungsvariablen sind binär und bestimmen, ob ein Standort eröffnet und von welchem Standort die Kundennachfrage bedient wird. Somit wird jeder Kunde genau von einem Produktionsstandort bedient (single sourcing). In der Zielfunktion wird eine konkave Kostenfunktion in Abhängigkeit der vom Standort bedienten Kundennachfrage berücksichtigt. Shen (2005) schlägt vor, über diese Kosten Größendegressionseffekte aus dem Betrieb der Standorte, der Lagerhaltung oder dem Kauf und Betrieb einer Technologie abzubilden. Die Lagrange-Relaxation bezieht sich auf die Nebenbedingung des single sourcings und ermöglicht eine Zerlegung des Problems in ein Teilproblem für jeden potenziellen Produktionsstandort und jedes Produkt. Es wird zudem eine zweistufige Variante des Problems mit Standortentscheidungen auf einer Stufe vorgeschlagen.

Amiri (2006) entwickelt eine Heuristik, um ein zweistufiges Standortplanungsproblem unter Berücksichtigung verschiedener Kapazitätsklassen von Produktionsanlagen und Distributionszentren zu lösen. Durch die Lagrange-Relaxation zweier Nebenbedingungen wird das Problem in zwei Teilprobleme zerlegt, wobei das Teilproblem *T2* die erste Stufe des Netzwerkes, d.h. die Errichtung der Produktionsanlagen und den Transport zu den Distributionszentren und das Problem *T1* die Errichtung der Distributionszentren und den Transport zum Kunden abbildet. Das von Amiri (2006) konstruierte Verfahren setzt die Lagrange-Multiplikatoren zunächst auf Null und löst *T1*, um Standorte für Distributionszentren zu bestimmen. Da darin die Befriedigung der Kundennachfrage nicht garantiert ist, wird im Anschluss gegebenenfalls durch Eröffnen eines weiteren bzw. Vergrößerung der Kapazität eines bestehenden Distributionszentrums eine zulässige Lösung erzeugt. Darauf basierend werden die Kapazitäten und Standorte der Produktionsstätten so bestimmt, dass die im ersten Schritt eröffneten Distributionszentren bedient werden können. Danach werden die Lagrange-Multiplikatoren in Abhängigkeit der Verletzung oder Einhaltung der zugehörigen Nebenbedingung aktualisiert. Das Verfahren wird nach einer vorgegebenen Anzahl an Iterationsschritten abgebrochen. In dem Ansatz werden keine variablen Produktionskosten berücksichtigt.

Eine Kombination von Lagrange-Relaxation und Benders-Dekomposition wird von Van Roy (1983) entwickelt und als Cross-Dekomposition bezeichnet. In Van Roy (1983) wird das Verfahren zur Lösung eines einstufigen, kapazitierten Problems verwendet. Schildt (1994) entwickelt einen Cross-Dekompositionsansatz zur heuristischen Lösung eines einstufigen Problems unter Berücksichtigung konkaver Produktionskosten.

Ansätze auf Basis der Lagrange-Relaxation, welche größere Probleme und eine n-stufige, flexible Netzwerkstruktur und Stoffumwandlungen ermöglichen, sind dagegen nach bestem Wissen des Autors der vorliegenden Arbeit nicht verfügbar.

3.3.3 Heuristische Verfahren

Neben den bereits dargestellten heuristischen Verfahren auf Basis der Lagrange-Relaxation (siehe Abschnitt 3.3.2.2) und der verallgemeinerten Benders-Dekomposition (siehe Abschnitt 3.3.2.1) werden weitere Heuristiken zur integrierten Standort- und Kapazitätsplanung eingesetzt.

Im Folgenden werden in Abschnitt 3.3.3.1 zunächst Add-, und Drop-Verfahren diskutiert, die bereits Anfang der 1960er Jahre zur Lösung von Standortplanungsproblemen vorgeschlagen werden. In Abschnitt 3.3.3.2 werden Ansätze aus dem Bereich der sukzessiven Programmierung dargestellt. Diese Verfahren lösen ein Problem durch eine Reihe einfacherer Probleme näherungsweise, wobei im Ausgangsproblem konkave Zielfunktionen modelliert werden können. Schließlich werden in Abschnitt 3.3.3.3 Modelle zur integrierten Standort- und Kapazitätsplanung besprochen, welche mit genetischen Algorithmen gelöst werden.

3.3.3.1 Greedy-Heuristiken

Greedy-Heuristiken wählen in jedem Schritt eine Lösung, welche eine möglichst große Verbesserung des Zielfunktionswertes verspricht (vgl. z.B. Neumann und Morlock (2002)) und werden bereits in frühen Arbeiten zur Lösung von Standortbestimmungsproblemen eingesetzt.

Kuehn und Hamburger (1963) schlagen ein sogenanntes Add-Verfahren vor[11]. Dabei sind zunächst alle potenziellen Distributionszentren geschlossen und der Zielfunktionswert hat den Wert ∞. Iterativ wird ein Distributionszentrum an dem Standort eröffnet, der zur größten Kosteneinsparung führt. Kann durch die Eröffnung eines weiteren Distributionszentrums keine Einsparung mehr erreicht werden, terminiert der Algorithmus.

Feldmann et al. (1966) und Drysdale und Sandiford (1969) beschreiben Drop-Verfahren. Hier sind zunächst alle potenziellen Distributionszentren eröffnet und werden geschlossen, falls sich hierdurch der Zielfunktionswert verbessert. Die betrachteten Probleme sind einstufig und unkapazitiert, es werden aber explizit konkave Durchsatzkosten für die Distributionszentren angenommen.

---

[11] Siehe z.B. auch Domschke und Drexl (1990).

Nachteilig an reinen Add- und Drop-Verfahren ist, dass eine möglicherweise bessere Lösung nicht erreicht werden kann, da bereits eröffnete bzw. geschlossene Standorte in späteren Schritten des Verfahrens nicht überprüft werden. Daher beschreibt Whitaker (1985) Ansätze, welche beide Verfahren kombinieren. Angenommen werden darin ebenfalls ein einstufiges, unkapazitiertes Problem und nichtlineare Durchsatzkosten für die Distributionszentren sowie single sourcing (siehe Abschnitt 3.3.2.1).

Die Verfahren werden unter anderem von Jacobson (1983) und Domschke und Drexl (1985) weiterentwickelt, so dass das einstufige, kapazitierte Warehouse Location Problem mit gleichen Kapazitäten für jeden Standort bzw. mit unterschiedlichen Kapazitäten gelöst werden kann (siehe auch Klose (2001)). Grundsätzlich können Add- und Drop-Verfahren auch auf größere Probleme angewendet werden, was jedoch meistens mit einem erheblichen Rechenaufwand verbunden ist (siehe Klose (2001)).

Add- und Drop-Verfahren werden außerdem als Eröffnungsverfahren zur Bestimmung einer guten Startlösung verwendet und können in Metaheuristiken, z.B. Genetischen Algorithmen, Simulated Annealing oder Tabu Search verwendet werden (siehe Domschke und Drexl (1990), Schildt (1994), Klose (2001)).

Wollenweber (2008) verwendet Add- und Drop-Verfahren im Eröffnungsschritt und verbessert die Lösung mit lokalen Suchverfahren (siehe auch Schildt (1994)). Das n-stufige Modell ist für ein Problem aus dem Altautorecycling formuliert. Die Autos werden vom Kunden zu Sammelplätzen gebracht und von dort zu Demontageanlagen geliefert. Das Modell bildet den möglichen Transport von Altautos zwischen den Sammelplätzen ab. Die Demontage erfolgt an einem Standort auf der letzten Stufe des zu planenden Netzwerkes. Es entstehen einzelne Fraktionen, die jeweils zu genau einer Senke geliefert werden. Im Modell können Größendegressionseffekte über Kapazitätsklassen abgebildet werden. Aufgrund der spezifischen Problemstellung ist eine Übertragung auf biomassebasierte Wertschöpfungsketten nicht sinnvoll.

Insgesamt ist die Verwendung einer Greedy-Heuristik aufgrund der Rechenzeiten und der Spezifika der bestehenden Verfahren kein vielversprechender Ansatz im Hinblick auf die Problemstellung dieser Arbeit.

3.3.3.2 Sukzessive Programmierung

Im vorliegenden Abschnitt werden Verfahren betrachtet, die darauf basieren, dass ein Ausgangsproblem durch ein einfacheres Problem approximiert wird. Die Lösung dieses Problems dient der iterativen Annäherung des approximierten Problems an das Ausgangsproblem. Im Folgenden werden Verfahren der sukzessiven linearen Programmierung, der sukzessiven gemischt-ganzzahligen Programmierung und das Verfahren von Verter und Dincer zur progressiven stückweise linearen Unterschätzung betrachtet.

Sukzessive lineare Programmierung

Neben dem in Abschnitt 3.3.1.2 vorgestellten Verfahren von Soland zur exakten Lösung von Standortplanungsproblemen mit konkaven Kostenfunktionen stellt die sukzessive lineare Programmierung einen heuristischen Ansatz zur Lösung dieser Probleme dar[12].

Verfahren der sukzessiven linearen Programmierung lösen eine Reihe linearer Optimierungsprobleme, um eine möglichst gute Lösung für das nichtlineare Ausgangsproblem zu finden. Jede Lösung wird im nächsten Schritt des Verfahrens verwendet, um eine bessere lineare Approximation des Ausgangsproblems zu erreichen. Entwickelt wird das Verfahren von Griffith und Stewart (1961) und später unter anderem von Palacios-Gomez et al. (1982), Baker und Lasdon (1985) und Zhang et al. (1985) verbessert.

Eine Anwendung auf ein unkapazitiertes, einstufiges Standortplanungsproblem mit konkavem Verlauf der variablen Produktionskosten liefern Khumawala und Kelly (1974). Kelly und Khumawala (1982) stellen ein Verfahren zur Lösung des kapazitierten Problems vor. Die potenziellen Standorte werden in drei Klassen eingeteilt: Standorte, die endgültig nicht errichtet werden, welche die endgültig eröffnet werden und Standorte, über die noch keine Entscheidung getroffen wurde. Angebotsüberschüsse werden von einer fiktiven Senke aufgenommen. Die Transportkostensätze zu dieser Senke werden auf Null gesetzt.

Unter Berücksichtigung aller potenziellen Standorte wird zunächst ein Transportproblem gelöst, das für jeden Standort die produzierte Menge liefert. Damit werden die Grenzkosten der Produktion jedes Standortes berechnet und zu den Transportkostensätzen addiert. Nun werden solange Transportkostenprobleme mit jeweils aktualisierten Transportkostensätzen gelöst, bis die Produktionsmengen und die damit aktualisierten Transportkostensätze von zwei aufeinander folgenden Problemen übereinstimmen.

Im Anschluss an diese Initialisierungsphase wird ein Kapazitätstest durchgeführt. Dabei wird für jeden unentschiedenen Standort überprüft, ob es möglich ist, bei seiner Schließung die Gesamtnachfrage zu decken. Falls dies nicht der Fall ist, wird der Standort endgültig eröffnet. Dann wird das Transportproblem um einen zweiten fiktiven Nachfrager erweitert. Die Transportkostensätze entsprechen den spezifischen Produktionskosten der zugehörigen liefernden Standorte, falls über deren endgültige Eröffnung noch nicht entschieden wurde.

Dieses Problem wird nun solange iterativ gelöst, bis sich die Lösung bei zwei aufeinander folgenden Problemen nicht verändert. Dann werden alle Standorte geschlossen, die lediglich zur zweiten fiktiven Senke liefern.

---

[12]Im weiteren Verlauf des Abschnittes wird außerdem das Verfahren von Verter und Dincer dargestellt.

Eine Anwendung des Verfahrens auf komplexere Probleme, bspw. mit mehreren Stufen und Produkten, erforderte zumindest erhebliche Erweiterungen. So muss auf jeder Stufe und für jedes Produkt ein fiktiver Nachfrager eingeführt werden, was vermutlich zu einer großen Anzahl an Iterationen und langen Rechenzeiten führt. Der Kapazitätstest könnte zudem nur für die letzte Stufe durchgeführt werden, da die Nachfrage nach Zwischenprodukten vorgelagerter Stufen nicht exogen festgelegt ist, sondern sich aus den eingesetzten Rohstoffen und Technologien ergibt. Schildt (1994) zeigt zudem anhand einfacher Beispiele, dass das Optimum durch das Verfahren deutlich verfehlt werden kann.

Sukzessive gemischt-ganzzahlige lineare Programmierung

Martel (2005) lösen eine Reihe von gemischt-ganzzahligen linearen Problemen, welche ein umfassendes Modell zur Planung eines länderübergreifenden Produktions- und Distributionsnetzwerkes approximieren. Darin werden zahlreiche Aspekte wie Technologien, Kapazitätsoptionen, Hallenlayouts, Währungen, Lagerungstechnologien, Marketingmaßnahmen, verschiedene Akteure, der Einfluss verschiedener Produkte in einer Sendung, saisonale Abhängigkeiten, Transportkosten als konkave Funktion des Gewichts und der Distanz sowie Lagerbestände in einem Distributionszentrum als konkave Funktion des Durchsatzes berücksichtigt. Kapazitätsabhängige Größendegressionseffekte können über technologieabhängige Kapazitätsfunktionen für die fixen Produktionskosten abgebildet werden.

In der vorgeschlagenen Heuristik wird die konkave Lagerbestandsfunktion durch eine lineare Funktion ersetzt, deren Steigung aus der Lösung des vorangehenden Schrittes berechnet wird. Dann werden das entstehende gemischt-ganzzahlige lineare Problem mit einem kommerziellen Solver gelöst und die Iterationen solange fortgesetzt, bis die relative Differenz der Zielfunktionswerte von zwei aufeinander folgenden Iterationsschritten eine vorgegebene Schranke unterschreitet. Modell und Lösungsalgorithmus sind sehr stark auf das beschriebene Anwendungsgebiet angepasst, so dass eine Übertragung auf die strategische Planung biomassebasierter Wertschöpfungsnetzwerke nicht als zielführend betrachtet wird.

Das Verfahren von Verter und Dincer zur progressiven stückweise linearen Unterschätzung

Verter und Dincer (1995) entwickeln ein Verfahren zur Lösung eines einstufigen, unkapazitierten Standort- und Kapazitätsplanungsproblems, welches auf den kapazitierten Fall angewendet werden kann. Das betrachtete Problem bildet lineare Transportkosten c_{ij} von der Quelle i zur Senke j, fixe Standorterrichtungskosten F_i und konkave, kapazitätsabhängige Kosten f_i ab.

Das Verfahren basiert auf der Lösung einer Reihe von Problemen, welche die konkave Kostenfunktion des Originalproblems stückweise linear unterschätzen. Dazu wird der mögliche Kapazitätsbereich zwischen Minimal- und Maximalkapazität in verschiedene Kapazitätssegmente aufgeteilt, die jeweils durch eine Pseudo-Anlage repräsentiert werden. Die konkave Kostenfunktion wird für jede Pseudo-Betriebsstätte durch eine lineare Kostenfunktion im zugehörigen Kapazitätssegment unterschätzt.

Weiterhin wird in jedem Iterationsschritt ein Netzflussproblem gelöst. Abbildung 3.2 zeigt die Darstellung des Originalproblems als Netzflussproblem mit konkaven Kosten.

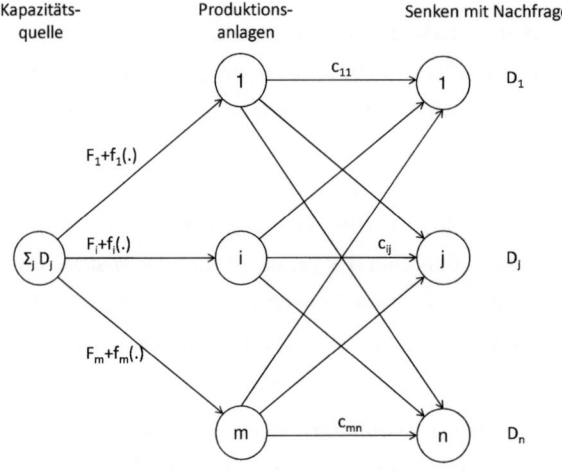

Abb. 3.2: Darstellung des einstufigen Standort- und Kapazitätsplanungsproblems als Netzflussproblem bei Verter und Dincer (1995)

Darin entspricht die auf die möglichen Produktionsanlagen zu verteilende Kapazität der Gesamtnachfrage $\sum_j D_j$. Diese wird im Netzflussproblem als Quelle abgebildet und unter Berücksichtigung der fixen und kapazitätsabhängigen Standortkosten auf die möglichen Anlagen an den Standorten $1, \dots i, \dots, m$ verteilt. Der zweite Teil des Netzflussgraphen beschreibt das Transportproblem zwischen den Produktionsanlagen $1, \dots i, \dots, m$ und den Senken $1, \dots j, \dots, n$, deren vorgegebene Nachfrage D_j zu befriedigen ist.

Verter und Dasci (2002) erweitern das Verfahren, so dass mehrere Produkte und verschiedene Technologien im unkapazitierten Modell abgebildet werden können. Dadurch erhält der Netzflussgraph eine weitere Stufe. Sie schlagen neben drei heuristischen Verfahren auch ein exaktes Verfahren vor.

Eine Übertragung der Vorgehensweise auf die strategische Planung biomassebasierter Wertschöpfungsketten wird in dieser Arbeit nicht verfolgt, da das Verfahren für unkapazitierte Probleme konstruiert ist und die Abbildung mehrstufiger Probleme zur starken Vergrößerung des

Netzflussgraphen sowie die Abbildung von Stoffumwandlungsvorgängen zu sogenannten Umladeproblemen mit Kantengewinnen führen und damit die Lösung des Netzflussproblems erschweren[13].

3.3.3.3 Genetische Algorithmen

Generell spielen Meta-Heuristiken in der Standortplanung eine eher untergeordnete Rolle, was nach Klose (2001) insbesondere am bevorzugten Einsatz von Heuristiken, welche die Lagrange-Relaxation nutzen, liegt.

Zwei Arbeiten, welche die Kapazitäten der Standorte berücksichtigen, setzen genetische Algorithmen ein. Ko und Evans (2007) betrachten ein zweistufiges, dynamisches und kapazitiertes Problem. Da Kapazitätserweiterungen mit konstanten Kosten pro Einheit abgebildet werden, können Größendegressionseffekte nicht modelliert werden. Die Zielfunktion ist nichtlinear, weil die Standorteröffnungs- und -erweiterungsentscheidungen zwischen den Perioden voneinander abhängen, was durch die Multiplikation von Binärvariablen abgebildet wird.

Lieckens und Vandaele (2007) ermöglichen in ihrem Ansatz die Abbildung von Größendegressionseffekten durch variable und fixe Kosten für verschiedene Kapazitätsklassen, allerdings wird lediglich ein einstufiges Problem betrachtet. Nichtlinear abgebildet ist die Berechnung der Lagerhaltungskosten unter Berücksichtigung eines Wartesystems mit stochastischen Bearbeitungszeiten.

Der Einsatz von Metaheuristiken in den beiden genannten Arbeiten ist demnach auf die Abbildung besonderer Aspekte in der Standortplanung zurückzuführen, die für die vorliegende Arbeit keine Relevanz haben.

3.3.4 Einsatz von Standard-Solvern

Nachdem in den vorangehenden Abschnitten Arbeiten mit speziellen Algorithmen zur exakten oder heuristischen Lösung integrierter Standort- und Kapazitätsplanungsprobleme diskutiert wurden, widmet sich der vorliegende Abschnitt Publikationen, die frei verfügbare oder kommerzielle Solver zur Lösung einsetzen. In allen Arbeiten wird ein gemischt-ganzzahliges lineares Problem formuliert.

Es werden zwölf Arbeiten betrachtet[14], die neben den Standorten auch Kapazitäten berücksichtigen, wobei in fünf Arbeiten nur die Fixkosten (Sankaran und Raghavan (1997), Melo et al.

---

[13]Siehe Domschke und Drexl (1990) und Domschke und Scholl (2010).

[14]An dieser Stelle werden ausschließlich Arbeiten ohne Biomassebezug betrachtet. Vergleiche Abschnitt 3.6.4 zu gemischt-ganzzahligen linearen Modellen zur strategischen Planung biomassebasierter Wertschöpfungsketten.

(2005), Vila et al. (2006), Rausch (2006), Hübner (2007)) und in drei zusätzlich die variablen Produktionskosten in Abhängigkeit der Kapazitäten abgebildet werden (Eppen et al. (1989), Püchert (1995), Schultmann et al. (2003)). In vier Arbeiten werden keine Größendegressionseffekte abgebildet, da z.B. die Investitionen als lineare Funktion der Kapazität modelliert werden (Melachrinoudis und Min (2000), Guillén et al. (2005), Jacob (2005), Ulstein et al. (2006)).

Sechs Modelle bilden Standortentscheidungen auf einer beliebigen Anzahl an Stufen ab (Püchert (1995), Paquet et al. (2004), Melo et al. (2005), Jacob (2005), Vila et al. (2006), Hübner (2007)). In fünf Arbeiten werden eine und in einem Fall zwei Stufen berücksichtigt. Acht Arbeiten sind als Mehrgüterproblem formuliert. Rohstoffe werden in drei Arbeiten betrachtet (Püchert (1995), Vila et al. (2006), Hübner (2007)).

In den einzelnen Arbeiten werden verschiedene weitere Aspekte wie multikriterielle Zielfunktionen (Melachrinoudis und Min (2000)), Wahl der Technologie (Püchert (1995), Vila et al. (2006), Melo et al. (2005)), alternative Layouts der Standorte (Vila et al. (2006)), Maximierung des Kapitalwerts (Guillén et al. (2005)), Möglichkeit zur Kapazitätserweiterung, -reduktion und -verschiebung (Melo et al. (2005)), Subventionen (Hübner (2007)) oder begrenzte Verfügbarkeit von Kapital (Melo et al. (2005)) abgebildet.

In der Arbeit von Püchert (1995)[15] zur Planung von Anlagen zum Recycling metallurgischer Kuppelprodukte werden Stoffumwandlungsvorgänge zur Abbildung von aus einem Reststoff durch ein Recyclingverfahren gewinnbaren Mengen an Materialien (Zwischenprodukte und andere Reststoffe) abgebildet. In Schultmann et al. (2003) wird eine Rohstoffart (Batteriemix) in einer Sortierungsanlage in verschiedene Fraktionen aufgeteilt. Vila et al. (2006) betrachten die Verarbeitung von Stammholz, bspw. durch Sägen zu verschiedenen Brettern etc. und verwenden einen Faktor, der die Anzahl der aus einem Stamm erhältlichen Zwischenprodukte in Abhängigkeit der jeweiligen Maschine und des Produktes angibt. Dieser Faktor könnte theoretisch zur Abbildung von Massenstromverhältnissen verwendet werden. Ähnliches gilt für das Modell von Jacob (2005), in dem eine Stücklistenmatrix mittels Bedarfsfaktoren abbildet wird. Das strategische Modell von Hübner (2007) fokussiert explizit Anwendungen aus der Prozessindustrie, wobei die strategische Planung eines internationalen *Supply Networks* abgebildet wird.

Weitere Arbeiten betrachten Standorte zur Siliziumproduktion (Ulstein et al. (2006)), Maschendrahtzaunherstellung (Melachrinoudis und Min (2000)), Gasflaschenabfüllung (Sankaran und Raghavan (1997)) und der Automobilindustrie (Eppen et al. (1989), Rausch (2006)).

Die überwiegende Mehrheit der betrachteten Arbeiten setzt den CPLEX-Solver, meist zusammen mit GAMS, ein. Sankaran und Raghavan (1997) und Melachrinoudis und Min (2000) verwenden LINDO sowie Ulstein et al. (2006) XPress-LP.

---

[15]Siehe auch Spengler et al. (1997).

Zusammenfassend lässt sich feststellen, dass unter den Modellen, die mit Standard-Solvern gelöst werden, die umfangreichsten Arbeiten zur Standort- und Kapazitätsplanung zu finden sind. In den Abschnitten 3.3.1 bis 3.3.3 wird bereits festgestellt, dass die meisten exakten und heuristischen Verfahren für spezielle Problemstellungen entwickelt werden und daher nur bedingt übertragbar sind.

Einige der in den Arbeiten abgebildeten Aspekte wie die Standortbestimmung auf mehreren Stufen, verschiedene Materialströme oder Abbildung von Stoffumwandlungsvorgängen sind für die vorliegende Arbeit relevant. Die Modelle sind jeweils für spezielle Problemstellungen und fast immer von Prozessen aus der Fertigungsindustrie motiviert. Für biomassebasierte Wertschöpfungsnetzwerke ist dagegen ein auf die in Abschnitt 2.4 dargestellten Anforderungen zugeschnittenes Modell erforderlich. Vor der Beschreibung existierender Ansätze aus diesem Bereich in Abschnitt 3.6 werden im folgenden Abschnitt die bereits dargestellten Modelle vor dem Hintergrund der für die vorliegende Arbeit relevanten Teilaspekte diskutiert.

3.3.5 Gegenüberstellung der Modelle und Schlussfolgerungen

In den Abschnitten 3.3.1 bis 3.3.4 werden Arbeiten zur Standortplanung diskutiert, welche explizit die Kapazitäten der Standorte berücksichtigen, da bei der strategischen Planung biomassebasierter Wertschöpfungsketten die bei verfahrenstechnischen Anlagen auftretenden Größendegressionseffekte von zentraler Bedeutung sind (siehe Abschnitt 2.4).

Zusammenfassend ist festzustellen, dass sich dadurch das sehr große Feld der Standortplanung mit zahlreichen Publikationen erheblich reduziert. Auch Verter und Dincer (1992) stellen in einem Literaturüberblick Anfang der neunziger Jahre fest, dass die bis dahin entwickelten Standortplanungsmodelle von vorgegebenen Kapazitäten ausgehen und Kapazitätsplanungsmodelle dagegen auf einer gegebenen Menge geöffneter Standorte aufbauen. Und auch noch fast zwanzig Jahre später schreiben Melo et al. (2009), dass Arbeiten zu Standortplanungsmodellen im Kontext des Supply Chain Managements vielfach methodisch motiviert sind und wichtige Aspekte wie mehrere Stufen des Wertschöpfungsnetzwerkes oder Kapazitäten auf sehr allgemeine Art und ohne Einbeziehung spezifischer Aspekte des strategischen Supply Chain Managements abgebildet werden. In Tabelle 3.2 sind alle diskutierten, relevanten Arbeiten[16] und deren wesentliche Charakteristika aufgeführt. Während die zweite Spalte das verwendete Lösungsverfahren angibt, enthalten die restlichen Spalten inhaltliche Aspekte.

Im Folgenden wird zusammenfassend dargestellt, welche Schlussfolgerung sich für die in der vorliegenden Arbeit verwendete Methodik ergibt und daran anschließend, welche inhaltlichen

---

[16]Arbeiten, die eingeführt wurden, da sie die Basis der betrachteten Modelle darstellen und Arbeiten, die ein anderes Modell im Wesentlichen nur anwenden, werden nicht aufgeführt.

bzw. strukturellen Aspekte der jeweiligen Modelle mit den Anforderungen an die strategische Planung biomassebasierter Wertschöpfungsnetzwerke korrespondieren.

3.3.5.1 Methodische Schlussfolgerungen

Spezielle Branch-and-Bound Verfahren (Abschnitt 3.3.1.1) werden bisher zur integrierten Standort- und Kapazitätsplanung nur für ein- oder zweistufige Modelle entwickelt, zudem wird meist nur eine Produktart abgebildet.

Das Verfahren von Soland (1974) (Abschnitt 3.3.1.2) löst Probleme mit konkaven Kostenfunktionen, wie sie zur Abbildung von Größendegressionseffekten angenommen werden, exakt. Obwohl das dort betrachtete Problem relativ klein ist, ist der Ansatz erweiterbar, so dass auch komplexere Probleme gelöst werden könnten. Eine Implementierung und Untersuchung der Rechenzeiten für das in der vorliegenden Arbeit formulierte Problem wird in Abschnitt 4.6.2.3 dargestellt.

Dekompositionsansätze (Abschnitt 3.3.2) sind für Probleme mit komplexen Abhängigkeiten oder flexiblen Strukturen nur schwer zu entwickeln (vgl. Melo et al. (2009)). Der Ansatz von Benders (1962) zur Dekomposition scheint bei größeren Problemen zudem nicht zu Vorteilen hinsichtlich der Rechenzeiten zu führen (Paquet et al. (2004)). Die bei Moon (1989) eingesetzte Verallgemeinerte Benders-Dekomposition ist aufgrund der Annahme des single sourcings nur für bestimmte Problemstellungen geeignet. Die vorgestellten Arbeiten auf Basis der Lagrange-Relaxation (z.B. Aghezzaf (2005), Shen (2005), Amiri (2006)) bilden maximal zwei Stufen und keine Stoffumwandlungsvorgänge ab. Für die in der klassischen Standortplanung eingesetzte Cross-Dekomposition (Van Roy (1986)) gibt es noch keine Ansätze, die eine Kapazitätsplanung unter Berücksichtigung von Größendegressionseffekten und die Abbildung mehrstufiger Systeme ermöglichen.

Add- und Drop-Heuristiken (Abschnitt 3.3.3.1) sind nur für einfache Probleme geeignet, da sie bei größeren Instanzen zu einem erheblichen Rechenaufwand führen. Sie werden in Metaheuristiken und zur Generierung einer gültigen Startlösung eingesetzt.

Das Verfahren der sukzessiven linearen Programmierung von Kelly und Khumawala (1982) (Abschnitt 3.3.3.2) dient der Lösung eines einstufigen Problems und führt teilweise zu deutlich suboptimalen Ergebnissen (Schildt (1994)). Die sukzessive gemischt-ganzzahlige Programmierung in Martel (2005) ist auf die spezifischen Anforderungen des dort betrachteten Problems angepasst. Das Verfahren von Verter und Dincer (1995) bzw. Verter und Dasci (2002) wird ebenfalls für ein einstufiges Problem entwickelt.

Metaheuristiken (Abschnitt 3.3.3) spielen bei der Lösung von Standort- und Kapazitätsplanungsproblemen bisher keine nennenswerte Rolle und fokussieren sehr spezielle Anwendungen.

Vor allem die vergleichsweise umfangreichen Modelle von Püchert (1995), Paquet et al. (2004), Melo et al. (2005), Vila et al. (2006) und Hübner (2007) werden als gemischt-ganzzahliges lineares Problem formuliert und erfolgreich mit kommerziellen Solvern gelöst. Somit scheint die Lösung eines gemischt-ganzzahlig linear formulierten Problems zur strategischen Planung biomassebasierter Produktionsprozesse mit einem Standard-Solver ein vielversprechender Ansatz zu sein.

Diese Überlegungen werden auch durch Klibi et al. (2010) gestützt, die in ihrem Review zur strategischen Planung von Supply Chain Netzwerken anmerken, dass zumindest deterministische Modelle mittlerweile sehr effizient mit kommerziellen Solvern wie CPLEX oder Xpress-MP gelöst werden können.

3.3.5.2 Inhaltliche Schlussfolgerungen

Zur Klassifikation von Modellen zur Standortplanung existieren verschiedene Schemata (z.B. Brandeau und Chiu (1989) oder Klose und Drexl (2005)). Sahin und Süral (2007) schlagen ein System mit vier Eigenschaften für hierarchische Modelle, d.h. Modelle mit mehreren Stufen der Wertschöpfung oder Distribution, vor.

Darin werden hinsichtlich der Modellierung von (Güter-)Flüssen (*Flow pattern*) *Single-flow* und *Multi-flow* Systeme unterschieden. Während ein Güterfluss bei *Single-flow* Systemen alle Stufen des Systems durchläuft, kann in *Multi-flow* Systemen ein Güterfluss auf einer beliebigen Stufe beginnen und enden. Weiterhin wird die Verflechtung der einzelnen Stufen durch die *Service variety* beschrieben, wobei ein System als *nested* bezeichnet wird, wenn die Produktions- oder Serviceeinrichtung einer höheren Stufe alle Prozesse oder Dienste der vorangehenden Stufe und zusätzlich einen weiteren Prozess umfasst. Bezüglich des räumlichen Aufbaus (*Spatial configuration*) wird ein System als *coherent* bezeichnet, wenn alle Einrichtungen, die ihre Güter an den gleichen Standort liefern, vom gleichen Lieferanten auf der vorgelagerten Stufe beliefert werden. Schließlich werden verschiedene Ausprägungen der Zielfunktion unterschieden. *Median* - Probleme minimieren die Transportkosten. Bei *Covering* - Problemen muss ein Kunde innerhalb eines bestimmten Umkreises der zu errichtenden Versorgungseinrichtungen liegen. Das Ziel besteht darin, entweder die Anzahl der Standorte zu minimieren oder bei vorgegebener Anzahl an Standorten die Anzahl der Kunden, die bedient werden können, zu maximieren. In *Fixed-charge* Problemen werden sowohl die Transportkosten als auch die Fixkosten der Produktionsstandorte berücksichtigt. Die Problemstellung der vorliegenden Arbeit erfordert ein *Fixed-charge*-Modell mit den Eigenschaften *Multi-flow*, *non-nested* und *non-coherent*.

Im Folgenden werden die für die strategische Planung biomassebasierter Wertschöpfungsnetzwerke wichtigen inhaltlichen Aspekte Mehrstufigkeit, Stoffumwandlung, Anzahl abgebildeter Rohstoffe, Zwischen- und Endprodukte, Kapazität und Größendegression sowie Art der

Zielfunktion diskutiert. Die Berücksichtigung technologischer Auswahlentscheidungen in der Standortwahl wird in Abschnitt 3.4.1 dargestellt.

Mehrstufigkeit

Die strategische Planung biomassebasierter Wertschöpfungsketten erfordert Modelle mit mindestens drei bzw. mehr Stufen um Biomassequellen, Biomassevorbereitung, Stoffumwandlungs- und -trennungsanlagen sowie Senken abzubilden (siehe Abschnitt 2.4). Eine hinreichende Flexibilität wird nur erreicht, wenn die Anzahl der Stufen nicht festgelegt und es möglich ist, dass mehrere Wertschöpfungsstufen am gleichen Standort installiert werden.

Die betrachteten Modelle in der Literatur sind meistens maximal zweistufig, erlauben die Standortwahl nur auf einer Stufe und geben die Struktur des Netzwerkes vor (siehe Tabelle 3.2). Von den n-stufigen Modellen (Püchert (1995), Paquet et al. (2004), Melo et al. (2005), Martel (2005), Jacob (2005), Vila et al. (2006), Hübner (2007) und Wollenweber (2008)) werden fast alle mit einem kommerziellen Solver gelöst.

In einem Literaturüberblick zur Standortplanung bei der Errichtung von Distributionssystemen bemerken auch Aikens (1985), dass bis dahin quasi keine Arbeiten zu mehrstufigen Systemen und nichtlinearen Kosten existieren. Sahin und Süral (2007) bestätigen später, dass die meisten Arbeiten zur Standortplanung weiterhin einstufige Systeme betrachten.

Stoffumwandlung, Rohstoffe, Zwischen- und Endprodukte

Bei Abbildung von Stoffumwandlungsvorgängen in einem Graphen ergeben sich sogenannte Kantengewichte (Domschke und Drexl (1990)) bzw. Pfeilmultiplikatoren (Hummeltenberg (1981)), was in vielen Lösungsverfahren nicht oder nur mit deutlich höherem Aufwand berücksichtigt werden kann.

Aus diesem Grund und wegen des starken Fokus auf die Fertigungsindustrie ist die Abbildung von Stoffumwandlungsvorgängen lediglich in sieben der in Tabelle 3.2 aufgelisteten Modelle möglich. In den Arbeiten von Martel (2005), Jacob (2005) und Vila et al. (2006) werden zwar keine Stoffumwandlungsvorgänge betrachtet, allerdings können die dort implementierten Stücklisten bzw. Verbrauchsfaktoren theoretisch zur Abbildung einer Massenveränderung verwendet werden.

Hammerschmid (1990) formuliert ein Modell zur Standortbestimmung für Recyclinganlagen, in dem die Massenreduktion der Reststoffe durch das Recyclingverfahren modelliert wird. Zur Konstruktion eines heuristischen Lösungsverfahrens auf Basis eines klassischen Netzwerkverfahrens muss die Abbildung der Massenreduktion jedoch aus dem Modell entfernt werden. Später werden Stoffumwandlungsvorgänge in wenigen Arbeiten explizit abgebildet (Püchert

(1995), Hugo und Pistikopoulos (2005), Hübner (2007)). Die Modelle werden mit Standard-Solvern gelöst.

In einigen Modellen aus Tabelle 3.2 werden mehrere Produktarten abgebildet. Verschiedene Rohstoffe und Zwischenprodukte werden dagegen nur in fünf Modellen abgebildet, wobei vier davon mit einem kommerziellen Solver gelöst werden. Häufig spielen Rohstoffe überhaupt keine Rolle, da bspw. ein einstufiges System modelliert wird oder nur Standorte für Distributionszentren gesucht werden.

Kapazität und Größendegression

Die meisten Veröffentlichungen mit Anwendungen aus der Fertigungsindustrie bilden Kapazitäten ab, indem für jedes betrachtete Produkt der Verbrauch einer beschränkten Kapazitätsart modelliert wird (z.B. Brown et al. (1987) oder Dogan und Goetschalckx (1999)). Tabelle 3.2 verdeutlicht zudem, dass zwar viele Modelle Maximalkapazitäten für zu errichtende Produktionsanlagen oder Distributionszentren berücksichtigen, Minimalkapazitäten dagegen vergleichsweise seltener modelliert werden.

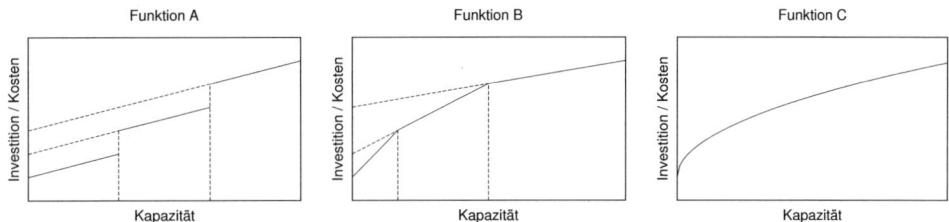

Abb. 3.3: Funktionen zur Berücksichtigung von kapazitätsabhängigen Größendegressionseffekten (siehe auch Hummeltenberg (1981), Paraschis (1989))

Hinsichtlich der Abbildung von kapazitätsabhängigen Größendegressionseffekten können drei funktionale Zusammenhänge unterschieden werden. Wie in Abbildung 3.3 dargestellt ist, werden beim Funktionstyp A Fixkostensprünge beim Erreichen bestimmter Kapazitätsklassen, d.h. nur die Kapazitäten an den Unstetigkeitsstellen der Funktion abgebildet. Solche Funktionen werden angewendet, wenn Anlagen nur mit bestimmten Kapazitäten verfügbar und die spezifischen variablen Kosten unabhängig von der Kapazität sind bzw. die Auslastung einer Anlage mit einer bestimmten Kapazität abgebildet werden soll. Die von der Kapazitätsklasse abhängigen Kosten enthalten dann die gesamten Fixkosten der Anlage.

Wird davon ausgegangen, dass die Anlagenkapazität über den gesamten Bereich skalierbar ist, kann der mit Funktion C in Abbildung 3.3 dargestellte konkave Verlauf unterstellt werden[17]. Diesem liegen normalerweise Größendegressionseffekte (Abschnitt 3.2.4) und die An-

---

[17]Vgl. Hummeltenberg (1981) und Paraschis (1989).

nahme, dass eine Anlage nicht nur mit bestimmten Kapazitäten installiert werden kann, zugrunde. In diesem Zusammenhang wird teilweise auch angenommen, dass mit steigender Kapazität zu anderen Herstellungsverfahren übergegangen wird, die mit höheren Investitionen und geringeren variablen Stückkosten verbunden sind und der Übergang fließend verläuft (siehe Hummeltenberg (1981)).

Funktionstyp B in Abbildung 3.3 beschreibt eine Menge von Funktionen mit unterschiedlichem y-Achsenabschnitt und Steigungen, die jeweils in bestimmten Kapazitätsbereichen zulässig sind. In den meisten Arbeiten aus Tabelle 3.2 sind solche Funktionen implementiert, um verschiedene Produktionsverfahren abzubilden, die jeweils durch fixe und variable Kosten gekennzeichnet sind, wobei teilweise auch mehrere Anlagengrößen mit unterschiedlichen variablen und fixen Kosten betrachtet werden. Dabei enthalten die von der Anlagengröße abhängigen Kosten, wie beim Funktionstyp A, die gesamten Fixkosten für die Anlage mit einer bestimmten Kapazität (Geoffrion und Graves (1974), Kelly und Khumawala (1982), Hammerschmid (1990), Püchert (1995), Dogan und Goetschalckx (1999), Schultmann et al. (2003), Paquet et al. (2004), Lieckens und Vandaele (2007), Wollenweber (2008)). Whitaker (1985) und Moon (1989) modellieren in Abhängigkeit des Durchsatzes nichtlineare Lagerhaltungskosten eines Distributionszentrums.

Funktionstyp B kann auch eingesetzt werden, um den konkaven Kostenverlauf durch die Größendegression in Abhängigkeit der Anlagenkapazität stückweise linear zu approximieren. Diese Motivation liegt den Arbeiten von Verter und Dincer (1995), Verter und Dasci (2002) und Hugo und Pistikopoulos (2005) zugrunde. Dann stellt der y-Achsenabschnitt nicht die Fixkosten der Anlage, sondern den kapazitätsunabhängigen Teil der linearen Funktion zur Approximation der konkaven Originalfunktion dar.

Eine modellendogene Abbildung der Investitionsschätzung unter Berücksichtigung der Größendegression wird nur in der Arbeit von Hugo und Pistikopoulos (2005) dargestellt. Allerdings werden Lösungsverfahren und Rechenzeiten des Modells nicht angegeben.

Zielfunktion

Die meisten Arbeiten aus Tabelle 3.2 verfolgen eine Kostenminimierung. Verter und Dincer (1992) liefern einen Literaturüberblick zur integrierten Standort-, Kapazitäts- und Technologieplanung im Kontext globaler Produktionsstrategien und stellen fest, dass Kosten zur Bestimmung von Produktionsstandorten geeignet sind. Zwar ist das Ziel häufig, Produktionsstandorte so festzulegen, dass der Erfolg langfristig maximiert wird, im Regelfall werden Standortentscheidungen jedoch im Wesentlichen durch die Transport- und Produktionskosten beeinflusst, dagegen sind die Nachfrage und damit die Erlöse unabhängig vom Standort (vgl. Fries (1987)).

Drei dynamische Modelle aus Tabelle 3.2 maximieren den Kapitalwert. Dies wird damit begründet, dass die Investitionsentscheidung im Mittelpunkt der Arbeiten steht und daher im Sinne der Investitionsrechnung der Kapitalwert das geeignete Instrument zur Entscheidung über den Zeitpunkt einer Investition ist (siehe Fleischmann et al. (2006) und z.B. Huchermeier und Cohen (1996), Papageorgiou et al. (2001) sowie Goetschalckx und Fleischmann (2005) für dynamische Standortplanungsmodelle ohne Kapazitätsplanung).

Als Zielsetzung kann jedoch auch in dynamischen Modellen explizit die Kostenminimierung verfolgt werden (z.B. Dogan und Goetschalckx (1999), Melachrinoudis und Min (2000), Melo et al. (2005), Guillén et al. (2005), Martel (2005), Vila et al. (2006) und Ko und Evans (2007)). Hierzu formulieren Melo et al. (2005) für das dort entwickelte dynamische Standortplanungsproblem als Zielsetzung die Aufgabe, eine Supply Chain in jeder Periode hinsichtlich der Bereitstellung von Materialien, Lagerhaltung und Transport der Produkte so zu betreiben, dass die Nachfrage mit den geringsten Kosten bedient werden kann.

Tab. 3.2: Charakteristika integrierter Standort- und Kapazitätsplanungsmodelle

Modell	Lösungsverfahren	Stufen gesamt	Stufen Standortwahl	Mehrere (R)ohstoffe, (Z)wischen-/ (P)rodukte	Stoffumwandlung	Maximalkapazität	Minimalkapazität	Kostenfunktion	Zielfunktion	Technologieplanung
Kuehn und Hamburger (1963)	Add	2	1			✓		C	Kosten	
Feldmann et al. (1966)	Drop	1	1					C	Kosten	
Efroymson und Ray (1966)	B&B	1	1					B[1]	Kosten	
Soland (1974)	B&B	1	1			✓		C	Kosten	
Geoffrion und Graves (1974)	Dekomposition	2	1	P		✓		B[1]	Kosten	
Kelly und Khumawala (1982)	Sukzessive LP	1	1			✓	✓	C	Kosten	
Whitaker (1985)	Greedy	1	1					C	Kosten	
Brown et al. (1987)	Dekomposition	2	1	P		✓	✓	linear	Kosten	✓
Moon (1989)	Dekomposition	2	1	P		✓	✓	C	Kosten	
Eppen et al. (1989)	MIP-Solver	1	1	P		✓		B[4]	Gewinn	✓
Hammerschmid (1990)	Heuristik	2	1	Z	✓[2]	✓	✓	B	Kosten	
Cohen und Moon (1991)	Dekomposition	2	0	P		✓		B	Kosten	
Lee (1991)	Dekomposition	1	1	P		✓		A	Kosten	✓
Shulmann (1991)	Lagrange-Relax.	1	1			✓		B[4]	Auszahl.	
Narasimhan und Pirkul (1992)	Lagrange-Relax.	2	2			✓		A	Kosten	
Verter und Dincer (1995)	Sukzessives Verf.	1	1			✓	✓	C	Kosten	
Püchert (1995)	MIP Solver	n	n	RZP	✓	✓	✓	B	Kosten	✓
Sankaran und Raghavan (1997)	MIP Solver	1	1			✓		A	Kosten	
Dogan und Goetschalckx (1999)	Dekomposition	3	2	P		✓		B[4]	Kosten	✓
Mazzola und Neebe (1999)	Lagrange-Relax.	1	1	P		✓		A	Kosten	
Melachrinoudis und Min (2000)	MIP Solver	1	1					linear	Gewinn	
Verter und Dasci (2002)	Sukz. Prog.	1	1	P				B	Kosten	✓

Tab. 3.2: Charakteristika integrierter Standort- und Kapazitätsplanungsmodelle

Modell	Lösungsverfahren	Stufen gesamt	Stufen Standortwahl	Mehrere (R)oh-stoffe, (Z)wischen-/(P)rodukte	Stoffum-wandlung	Maximal-kapazität	Minimal-kapazität	Kosten-funktion	Ziel-funktion	Techno-logie-planung
Schultmann et al. (2003)	MIP Solver	2	1	Z		✓	✓	B	Kosten	
Paquet et al. (2004)	Dekomposition	n	n	RZP	✓[3]	✓	✓	B[4]	Kosten	✓
Melo et al. (2005)	MIP Solver	n	n	P		✓	✓	A	Kosten	
Aghezzaf (2005)	Lagrange-Relax.	2	2			✓	✓	linear	Kosten	✓
Martel (2005)	Sukzessiv MIP	n	n	RZP	✓[3]	✓	✓	A	Kosten	✓
Guillén et al. (2005)	MIP Solver	2	2	P		✓		linear	NPV	✓
Hugo und Pistikopoulos (2005)	nicht angegeben	2	1	RP	✓	✓	✓	B	NPV	✓
Shen (2005)	Lagrange-Relax.	2	1	P		✓		C	Kosten	
Jacob (2005)	MIP Solver	n	n	ZP	✓[3]	✓		linear	NPV	✓
Amiri (2006)	Lagrange-Relax.	2	2			✓		A	Kosten	
Ulstein et al. (2006)	MIP Solver	1	1	P				linear	Gewinn	
Vila et al. (2006)	MIP Solver	n	n	RZP	✓[3]	✓		A	Kosten	✓
Rausch (2006)	MIP Solver	2	1			✓		A	Kosten	
Ko und Evans (2007)	GA	2	1	P		✓		linear	Kosten	
Lieckens und Vandaele (2007)	GA	2	1			✓		B	Kosten	
Hübner (2007)	MIP Solver	n	n	RZP	✓	✓	✓	A	Kosten	✓
Dupont (2008)	B&B	1	1	P	✓	✓	✓	A	Kosten	
Wollenweber (2008)	Add+Drop	n	n			✓		B	Kosten	
Guillén-Gosálbez et al. (2009)	Dekomposition	2	2	P		(✓)[5]	✓[5]	linear	NPV	✓

[1]Nur vorgeschlagen. [2]Bei der Lösung nicht berücksichtigt. [3]Modell der Fertigungsindustrie, Abbildung von Stoffumwandlung möglich. [4]Keine Minimalkapazität, d.h. keine unteren Grenzen der Kapazitäten. [5]Nur die Erweiterung der Kapazitäten in jeder Periode ist beschränkt. Keine minimale Auslastung gefordert.

3.4 Stoff- und energiestrombasierte Technologieplanung

Im vorliegenden Abschnitt werden die Technologieplanung in den Kontext der Standortplanung biomassebasierter Wertschöpfungsketten eingeordnet (Abschnitt 3.4.1) und die für die Problemstellung dieser Arbeit erforderliche Modellierung von Stoff- und Energieströmen beschrieben (Abschnitt 3.4.2). Als geeignetes Instrument für die Modellierung von Prozessen in frühen Entwicklungsphasen wird in Abschnitt 3.4.3 die Fließschemasimulation dargestellt.

3.4.1 Technologieplanung im Kontext der Standortplanung

Im vorangehenden Abschnitt 3.3 wird aufgezeigt, dass einige Modelle zur Standortplanung Aspekte strategischer Technologieplanung berücksichtigen. Dabei handelt es sich vor allem um die langfristige Wahl der Produktionsverfahren bzw. der Fertigungstechnologie. Diese Wahl wird als Technologieauswahlproblem beschrieben (z.B. Verter und Dincer (1992), Paquet et al. (2004), Vila et al. (2006)). Entscheidungen bezüglich des Wechsels oder der Anpassung von Fertigungstechnologien infolge von Innovation und Weiterentwicklung spielen in Standortplanungsmodellen dagegen eine untergeordnete Rolle[18]. Als Grund kann vor allem die unsichere bzw. nicht vorhandene Datenbasis angeführt werden.

Verter und Dincer (1992) diskutieren Anfang der 90er Jahre Modelle aus den drei Bereichen Standortplanung, Kapazitätsplanung und Technologieauswahl und stellen fest, dass diese Probleme getrennt behandelt werden. Die in Tabelle 3.2 charakterisierten Modelle, die neben Standort- und Kapazitäts- auch Technologieauswahlentscheidungen umfassen, sind meist in den letzten beiden Jahrzehnten entstanden. Die alternativen Technologien unterscheiden sich häufig hinsichtlich fixer und variabler Kosten, Kapazitäten und produzierbarer Produkte. Teilweise werden Kosten für das Wechseln von Technologien abgebildet (z.B. Eppen et al. (1989)). Werden technologiespezifische Kosten abgebildet, können verschiedene Kapazitäten in Form alternativer Technologien modelliert werden. In integrierten Standortplanungs- und Technologieauswahlmodellen werden daher meistens auch Kapazitäten berücksichtigt.

Neben der Wahl des Produktionsverfahrens betrachten einige Autoren im Rahmen der Technologieplanung verschiedene Alternativen für einzelne Maschinen (z.B. Dogan und Goetschalckx (1999)), Produktionslinien (z.B. Hübner (2007)), Transportmodi (z.B. Guillén-Gosálbez et al. (2009)), Lager (z.B. Dogan und Goetschalckx (1999), Guillén-Gosálbez et al. (2009)) und den Flächenverbrauch von Maschinen bzw. das Hallenlayout (z.B. Paquet et al. (2004), Jacob (2005), Vila et al. (2006)).

Die meisten Arbeiten sind sehr stark von der Fertigungsindustrie motiviert. Grundsätzlich werden dabei insbesondere Produkte betrachtet, welche mit alternativen Technologien (z.B.

---

[18]Zur Bestimmung des Zeitpunktes der Technologieanpassung siehe Fine (1993), Verter und Dincer (1992).

Stanzen oder Laserschneiden in der Blechbearbeitung) produziert werden können bzw. Technologien (z.B. CNC-Stanze mit Werkzeugtrommel), die zur Produktion unterschiedlicher Produkte eingesetzt werden können. In der Prozessindustrie relevante Stoffumwandlungsvorgänge werden dagegen nur in wenigen Arbeiten berücksichtigt (siehe Abschnitt 3.3.5.2).

Im Rahmen der strategischen Planung biomassebasierter Wertschöpfungsnetzwerke treten verschiedene Technologieauswahlprobleme auf. Die Wahl des Biomassenutzungskonzepts stellt eine strategische Entscheidung dar. Verschiedene Nutzungsmöglichkeiten konkurrieren bezüglich des verfügbaren Biomasseangebots. In einem Technologieauswahlproblem können Alternativen berücksichtigt werden, wobei auf Basis von Vorgaben und Prozessbewertungen eine ex ante Vorauswahl möglich ist[19].

Weiterhin stehen in vielen Fällen verschiedene Biomassearten zur Produktion bestimmter Produkte mit einer Wertschöpfungskette zur Verfügung. Dies setzt aufgrund unterschiedlicher Eigenschaften der Biomasse, wie Feuchte, Zusammensetzung, Struktur und Energiegehalt, eine biomassespezifische Auslegung der Prozesse voraus. Daher muss in einem strategischen Planungsmodell die Abhängigkeit der Produktionsverfahren von der Biomasseart berücksichtigt werden.

Wahlmöglichkeiten bestehen darüber hinaus innerhalb einer Wertschöpfungskette bezüglich einzelner Prozessschritte, z.B. können sowohl die Schnellpyrolyse als auch eine Torrefizierung der Biomasse vor der Vergasung zur Erhöhung der Energiedichte eingesetzt werden (siehe Abschnitt 2.3). Solche Alternativen führen zu verschiedenen Zwischenprodukten und beeinflussen nachfolgende Produktionsschritte. Die in Abschnitt 2.4 dargestellten Entscheidungen über die Verwendung von Kuppelprodukten und die Energieversorgung der Anlagen stellen ebenfalls Technologieauswahlprobleme dar.

Zur Abbildung technologischer Alternativen müssen die Technologien mit Ressourcenverbräuchen, Produktausbeuten und Bedarfen an thermischer und elektrischer Energie beschrieben werden. Aufgrund der frühen Entwicklungsphase vieler Prozesse zur Biomassenutzung stehen Literaturdaten in sehr begrenztem Umfang zur Verfügung (Abschnitt 2.3). Daher ist es im Rahmen der strategischen Planung biomassebasierter Wertschöpfungsnetzwerke erforderlich, durch eine vorgelagerte Modellierung von Stoff- und Energieströmen die notwendige Datenbasis bereitzustellen. Im nächsten Abschnitt wird daher ein Überblick zu den grundsätzlichen Ansätzen zur Energie- und Stoffstrommodellierung und in Abschnitt 3.4.3 eine Beschreibung der Fließschemasimulation gegeben.

---

[19]Vgl. Abschnitt 2.4 zu den Anforderungen an die strategische Planung biomassebasierter Wertschöpfungsketten.

3.4.2 Ansätze zur Stoff- und Energiestrommodellierung

Zur Modellierung stoffstrombasierter Produktionssysteme werden Ansätze aus der Betriebswirtschaftslehre und den Ingenieurwissenschaften eingesetzt[20]. Aus der Produktionswirtschaft sind die aktivitätsanalytische Modellierung von Stoffströmen, betriebswirtschaftliche Input-Output-Modelle sowie zahlreiche Produktionsfunktionen bekannt. Zur stoff- und energiestrombasierten Abbildung der Systeme sind diese Ansätze jedoch nur begrenzt geeignet (vgl. Rentz (1979), Penkuhn (1997), Spengler et al. (1997) und Fröhling (2005)).

Zur problemadäquaten Abbildung verfahrenstechnischer Prozesse unter Berücksichtigung von Nichtlinearitäten und wechselseitigen Abhängigkeiten von Stoffen sowie technologischer Parameter wie Temperaturen und Drücke werden dagegen Ansätze aus den Ingenieurwissenschaften vorgeschlagen. Fröhling (2005) unterscheidet die Material- und Energiebilanzierung, Regressionsanalysen sowie Fließschemasimulation.

Der Vorteil der Fließschemasimulation besteht in der Bereitstellung umfangreicher Modelle für Prozessschritte einer verfahrenstechnischen Anlage und damit verknüpften Stoffdatenbanken durch kommerzielle Softwarepakete. Somit ist eine unmittelbare Beschreibung der funktionalen Zusammenhänge nicht erforderlich und damit der Zugang zur technologischen Beschreibung von Prozessen erleichtert.

Viele biomassebasierte Prozesse sind nicht im industriellen Maßstab realisiert, so dass Betriebsdaten zur Bildung von Massen- und Energiebilanzen, Verteilungskoeffizienten oder für Regressionsanalysen nicht vorliegen. Demnach stellt die Fließschemasimulation in diesem Kontext ein vielversprechendes Werkzeug zur Stoff- und Energiestrommodellierung dar (z.B. Kerdoncuff (2008), Hamelinck et al. (2004)). In der vorliegenden Arbeit werden Fließschemasimulationsmodelle daher zur Ermittlung der technologischen Beschreibung der untersuchten Wertschöpfungskette eingesetzt bzw. Daten aus bestehenden Arbeiten zur Modellierung der betrachteten Prozesse mittels Fließschemasimulation verwendet (siehe Abschnitt 5.4). Der folgende Abschnitt liefert die hierfür erforderlichen Grundlagen.

3.4.3 Fließschemasimulation

Die Simulation von verfahrenstechnischen Prozessen mit Fließschemasimulationswerkzeugen wird in allen Phasen des Anlagenlebenszyklus, d.h. in der Verfahrensentwicklung, Anlagenplanung und -auslegung und zur Prozessoptimierung während des Betriebs eingesetzt (siehe Lohe und Futterer (1995)). Für viele Fragestellungen, insbesondere während der Verfahrensentwicklung, sind sogenannte stationäre (statische) Modelle hinreichend und Daten für die dynamische

---

[20]Vergleiche Penkuhn (1997), Spengler et al. (1997), Schultmann et al. (2003), Fröhling (2005).

Abbildung verfahrenstechnischer Prozesse nicht verfügbar. Da zeitliche Abhängigkeiten nicht berücksichtigt werden, sind Modellierung und Berechnung zudem erheblich vereinfacht.

Ein Fließschema ist die graphische Darstellung des Aufbaus, Ablaufs und der Funktion verfahrenstechnischer Anlagen (DIN ISO 10628:2000). In Abhängigkeit der Detaillierung werden Grundfließschemata, Verfahrensfließschemata sowie Rohrleitungs- und Instrumentenfließschemata unterschieden. Die Fließschemasimulation bedient sich in der Regel der graphischen Darstellung eines Grundfließschemas und stellt hierfür Grundoperationen für einzelne Anlagenteile oder Prozesse zur Verfügung, die über Stoff- und Energieströme verknüpft werden. Mittels Berechnung von Massen- und Energiebilanzen werden Massen und Zusammensetzungen von Produktströmen sowie Drücke und Temperaturen berechnet (Lohe und Futterer (1995)).

Hinsichtlich des Prinzips, mit dem Fließschemasimulationsprogramme die Berechnungen durchführen, unterscheidet man die sequentiell modulare Berechnung der Grundoperation in der Reihenfolge ihrer Anordnung im Fließschema und die simultane Berechnung aller Vorgänge durch Übertragung des gesamten Fließschemas in ein Gleichungssystem (siehe Lohe und Futterer (1995)).

Für den Einsatz der Fließschemasimulation zur Charakterisierung von biomassebasierten Prozessen in einer frühen Entwicklungsphase wird die sequentiell modulare Simulation eingesetzt (Hamelinck et al. (2004), Kerdoncuff (2008)). Die sequentielle Berechnung der einzelnen Grundoperationen hat dabei insbesondere Vorteile bei der Modellerstellung, Nachvollziehbarkeit der Simulation, Fehlersuche und Erweiterbarkeit der Modelle (Lohe und Futterer (1995)). Nachteile gegenüber der simultanen Berechnung treten bei Rückflüssen zwischen den Grundoperationen auf, da diese iterativ berechnet werden müssen.

Die Struktur sequentiell modularer Fließschemasimulationsprogramme ist in Abbildung 3.4 dargestellt (vgl. Lohe und Futterer (1995)). Die Steuerung des Gesamtablaufs einer Fließschemasimulation erfolgt durch das Hauptprogramm. Dieses ruft nacheinander die Modelle zur Berechnung der Grundoperationen auf, welche wiederum auf Stoffdaten für Reinstoffe und Mischungen sowie thermodynamische Modelle zurückgreifen. Weitere Module ermöglichen die Berechnung von Rückströmen und Designspezifikationen. Hierbei handelt es sich um Vorgaben für bestimmte Parameter (z.B. Druck), die durch Variation nicht bekannter Eingangsparameter iterativ eingestellt werden. Darüber hinaus sind Module zur ökonomischen Bewertung oder Optimierung in das System integriert. Zur Lösung linearer und nichtlinearer Gleichungssysteme, die in den einzelnen Modulen auftreten, werden numerische Unterprogramme eingesetzt.

Es existieren eine Reihe von kommerziellen Fließschemasimulationsprogrammen. Im Rahmen dieser Arbeit wird das Softwarepaket ASPEN PLUS verwendet, da es bereits in anderen Arbeiten erfolgreich zur Modellierung der im Rahmen der Fallstudie der vorliegenden Arbeit

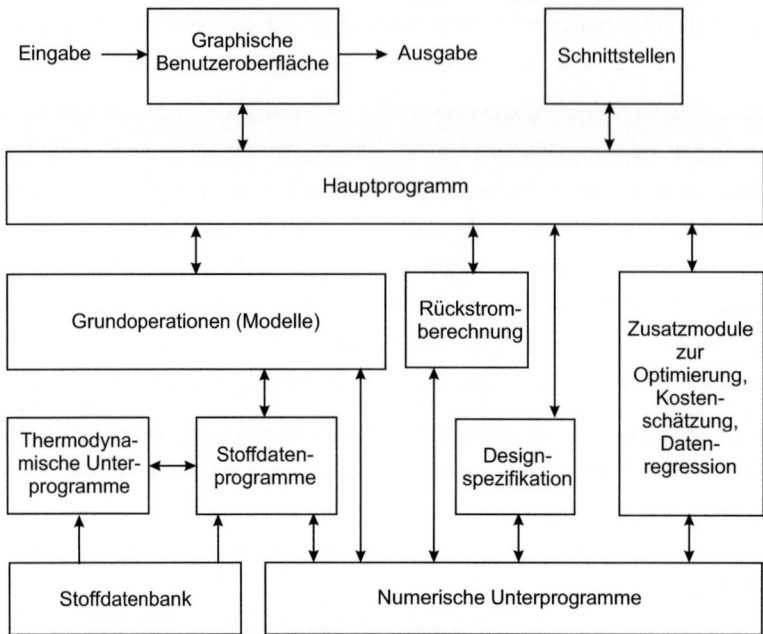

Abb. 3.4: Struktur sequentiell modularer Fließschemasimulationsprogramme (nach Lohe und Futterer (1995))

untersuchten Prozesse eingesetzt wird (z.B. Kerdoncuff (2008)) und auf den darin erstellten Modellen aufgebaut wird.

Die Modellerstellung in ASPEN PLUS erfordert die Festlegung der im Modell verwendeten und erlaubten Komponenten, d.h. Elemente und Verbindungen, in der Komponentenliste (vgl. Sieverdingbeck (2001)). Exogen in das Modell eingehende Stoffströme werden durch die Gesamtmasse und Massenfraktionen der einzelnen Komponenten sowie Druck und Temperatur definiert. Alternativ können Mol- oder Volumenflüsse beschrieben werden. Bei Energie- und Wärmeströmen werden die Leistung und gegebenenfalls die Temperatur festgelegt.

Stoff- und Energieströme verbinden die in ASPEN PLUS verfügbaren Grundoperationen. Neben 58 implementierten Modellen für Grundoperationen stehen in ASPEN PLUS verschiedene Optionen zur Programmierung eigener Module zur Verfügung. Die Grundoperationen sind in die Klassen Stoffstrommischer und -teiler, Stoffstromseparatoren, Wärmeübertrager, Destillationskolonnen, Reaktoren, Druckveränderer und Modelle für Feststoffe eingeteilt (ASPEN (2006)). Mit Manipulatoren können Stoffströme u.a. mit einem Skalar multipliziert oder dupliziert werden. In Tabelle 3.3 werden ausgewählte ASPEN PLUS Grundoperationen aufgeführt, die im Zusammenhang der in Kapitel 5 eingeführten Prozesskette relevant sind (siehe auch Sieverdingbeck (2001), Fröhling (2005), ASPEN (2006), Kerdoncuff (2008)).

Tab. 3.3: Ausgewählte Modelle für Grundoperationen in ASPEN PLUS (siehe Sieverdingbeck (2001), ASPEN (2006))

Gruppe	Modell	Kurzbeschreibung	Parameter (Auswahl)
Mischer / Teiler	MIXER	Zusammenführung und Mischung von Stoffströmen	-
	FLSPLIT	Aufteilung eines Stoffstroms	Massen / Verhältnis austretender Stoffströme
Separatoren	SEP	Komponentenweise Zerlegung eines Stoffes	Anteile abzutrennender Komponenten
	FLASH2	Entspannungsverdampfermodell zur Berechnung der flüssigen und gasförmigen Phase im Phasengleichgewicht	Temperatur und Druck am Ausgang, zulässige Aggregatzustände
Wärmeübertrager	HEATER	Erwärmung / Kühlung eines Stoffstroms	Druck, Temperatur am Ausgang
	HEATX	Wärmeübertragermodell zwischen zwei Stoffströmen	Druck, Temperatur am Ausgang für einen Stoffstrom
Druckveränderer	PUMP	Pumpe	Druck am Ausgang
	COMPR	Kompressor oder Turbine	Druck am Ausgang
Gas-Feststofftrennung	CYCLONE	Zyklonmodell	Abscheidegrad
	FABFL	Gewebefiltermodell	Abscheidegrad in Abhängigkeit des Partikeldurchmessers
Destilationskolonnen	RADFRAC	Flexibles Trennmodell	Berechnungsmethode, Anzahl Böden, Drücke, Aggregatzustände
Reaktoren	RYIELD	Exogene Vorgabe des Zusammenhangs zwischen Input und Output	Ausbeute für jede Stoffstromkomponente
	RGIBBS	Berechnung der Zusammensetzung im Gleichgewicht durch Minimierung der freien Energie nach GIBBS	Druck, Temperatur, Berechnungsoptionen, Komponenten im Produkt

Die Berechnungssequenz legt die Reihenfolge der sequentiell modularen Berechnung der einzelnen Grundoperationen fest. Bei Rückströmen wird das Modell an einem von ASPEN PLUS automatisch ausgewähltem oder vom Benutzer vorgegebenem Stoffstrom getrennt (sog. Schnittstrom). Die Berechnung erfolgt über Konvergenzalgorithmen, im einfachsten Fall durch die Verwendung des Ergebnisses aus dem vorangehenden Iterationsschritt als Startwert für den Schnittstrom.

Schließlich können in ASPEN PLUS benutzerdefinierte Rechenoperationen in einen Modelllauf integriert und Sensitivitätsanalysen zur Untersuchung des Einflusses einzelner Parametereinstellungen durchgeführt werden.

Im Rahmen der vorliegenden Arbeit werden Fließschemasimulationsmodelle zur Ermittlung ausgewählter Eingangsdaten für die technologische Beschreibung einer exemplarischen Prozesskette eingesetzt bzw. Literaturdaten verwendet, die auf dem Einsatz von Fließschemasimulationsmodellen beruhen (siehe Abschnitt 5.4).

3.5 Kosten- und Investitionsschätzung von Anlagen in der Prozessindustrie

Die Grundlage für die Planung der Kapazitäten in dieser Arbeit und damit des Wertschöpfungsnetzwerkes stellt die Schätzung der Investitionen der Anlagenkomponenten dar. Viele Prozessschritte zur stofflichen Umwandlung von Biomasse und Zwischenprodukten (vgl. Abbildung 2.1) sind in einer frühen Entwicklungsphase und erst im Labormaßstab oder als Pilotanlage realisiert. Daher ist die Datengrundlage für eine detaillierte Einzelermittlung der Bedarfspositionen der Investitionen (vgl. Tabelle 3.4) nicht verfügbar. Die Einzelermittlung ist zudem mit hohem zeitlichem und finanziellem Aufwand verbunden und erfordert die Auslegung und Dimensionierung aller Apparate, Maschinen und Nebenkomponenten.

Für die vorliegende Arbeit ist die Modellierung des funktionalen Zusammenhangs zwischen Kapazität und Investitionen erforderlich, um ein Wertschöpfungsnetzwerk unter Berücksichtigung der wechselseitigen Abhängigkeiten von Anzahl, Standort, Technologie und Kapazität der Produktionsprozesse zu planen (Abschnitt 2.4). Dieser funktionale Zusammenhang wird durch Ansätze zur Investitionsschätzung von Anlagen der Prozessindustrie beschrieben.

Der Kapitalbedarf einer Investition wird mit den folgenden Positionen angegeben (siehe Peters et al. (2004), Remmers (1991)):

1. Hauptkomponenten (Reaktoren, Maschinen, Fördertechnik)

2. Direkte Nebenpositionen

    a) Nebenkomponenten

        i. Rohrleitungen (z.B. Wasser, Abwasser, Luft, Dampf)

        ii. Elektrische Einrichtungen (el. Leitungen, Transformation, Beleuchtung)

        iii. Mess- und Regelungstechnik

        iv. Versorgungseinrichtungen (Pumpen, Generatoren, Kompressoren)

    b) Montage Haupt- und Nebenkomponenten und Baustelleneinrichtung

    c) Grundstücke, Gebäude, Hallen und Fundamente

3. Indirekte Nebenpositionen

    a) Engineering und Beratung

Tab. 3.4: Methoden zur Bestimmung des Anlagenkapitalbedarfs und erforderliche Projektierungsunterlagen (in Anlehnung an Remmers (1991))

Methoden zur Vorausbestimmung des Anlagenkapitalbedarfs	Erforderliche Projektierungsunterlagen				
	Kapazitätsvorgabe	Fließschema	Dimensionierung Hauptkomponenten	Dimensionierung Nebenpositionen	Detaillierte Anlagenplanung in allen Teilen
1. Umschlagskoeffizienten des Anlagenkapitals	•				
2. Spezifische Kapitalbedarfsziffern					
a) Durchschnittswerte	•				
b) Richtpreisdiagramme für Gesamtanlagen	•				
3. Globale Zuschlagsfaktoren für Nebenpositionen					
a) Anlagenzustand der Prozessmedien	•	•	•		
b) Projektintegration	•	•	•		
c) Kapazität	•	•	•		
d) Apparatetypen	•	•	•		
e) Durchschnittspreise der Apparate und Maschinen	•	•			
4. Differenzierte Zuschlagsfaktoren für Nebenpositionen					
a) Aggregatszustand der Prozessmedien	•	•	•		
b) Kapazität	•	•	•		
c) Prozessbedingungen und Anlagenleistung	•	•	•		
d) Apparatetypen	•	•	•		
e) Physikalische Grundverfahren	•	•	•		
f) Chemische Prozesse, Hilfsbetriebe	•	•	•		
5. Einzelermittlung der gesamten Materialkosten	•	•	•	•	
6. Einzelermittlung aller Kapitalbedarfspositionen	•	•	•	•	•

   b) Gebühren, Honorare, Zölle

   c) Ersatzteile

   d) Lagerung während der Bauzeit (Ersatzteile, Rohstoffe)

   e) Unvorhergesehenes, Teuerung, Stillstände

   f) Erstinbetriebnahme

   g) Umlaufkapital (Erstbefüllung, Rohstoffe)

   h) Bauzinsen

Auf die Hauptkomponenten (1.) entfallen ca. 15-40 % des Kapitalbedarfs einer Investition bei verfahrenstechnischen Anlagen. Die indirekten Nebenpositionen können je nach Investitionsprojekt zwischen 15 % und über 50 % des gesamten Kapitalbedarfs ausmachen (siehe Peters et al. (2004)).

Remmers (1991) unterscheidet zur Ermittlung des Anlagenkapitalbedarfs einer Investition grundsätzlich zwischen summarischen Verfahren, Faktormethoden und detaillierter Einzelermittlung. Summarische Verfahren sind die beiden erstgenannten Verfahren in Tabelle 3.4: der Umschlagskoeffizient des Anlagenkapitalbedarfs und spezifische Kapitalbedarfsziffern. Die Ermittlung des Anlagenkapitalbedarfs über den Umschlagskoeffizienten des Anlagenkapitals, welcher sich als Quotient aus Umsatz und Kapitalbedarf bestimmt, setzt voraus, dass sowohl der Umschlagskoeffizient als auch der jährlich zu erwartende Umsatz bekannt sind und stellt ein vergleichsweise einfaches Verfahren dar (Remmers (1991)).

Spezifische Kapitalbedarfsziffern geben den Kapitalbedarf einer Anlage bezogen auf eine Kapazitätseinheit an. Kapitalbedarfsziffern basieren somit auf einer bestimmten Anlagenkapazität und stellen daher ebenfalls eine grobe Schätzung dar. Bei diesen Verfahren lassen sich Veränderungen von Preisen über die Zeit, standortspezifische Unterschiede sowie der Einfluss der Kapazität berücksichtigen. Zeitliche und räumliche Unterschiede können über Indizes, z.B. für Maschinenpreise, Materialpreise oder Löhne, abgebildet werden. Ein Beispiel ist der Kölpel-Schulze-Index (siehe VCI (2010) und Abschnitt 5.6).

Faktormethoden basieren auf der Einzelermittlung des Kapitalbedarfs für die Hauptkomponenten und Zuschlagsfaktoren für die direkten und indirekten Nebenpositionen der Investition. Während differenzierte Zuschlagsfaktoren zwischen verschiedenen Nebenkomponenten unterscheiden, werden mit globalen Zuschlagsfaktoren alle Nebenpositionen einer Anlage geschätzt. Für Anwendungen sei auf Chauvel et al. (2003) und Peters et al. (2004) verwiesen.

Zur Berücksichtigung der Kapazität wird der Größendegressionsansatz verwendet. Dieser bildet ab, dass der spezifische Kapitalbedarf pro Kapazitätseinheit mit zunehmender Anlagengröße abnimmt (siehe auch Abschnitt 3.2.4). Sind eine Investition I^{Basis} für die Kapazität κ^{Basis} einer Hauptkomponente sowie der Größendegressionsexponent R bekannt, lautet der Größendegressionsansatz zur Ermittlung der Investition I für die Kapazität κ wie folgt (vgl. z.B. Chauvel et al. (2003)):

$$I = I^{\text{Basis}} \left(\frac{\kappa}{\kappa^{\text{Basis}}} \right)^{R}.$$ [3.6]

Ist ein anlagenspezifischer Größendegressionsexponent nicht bekannt, gilt als Faustregel für verfahrenstechnische Anlagen ein Wert von ca. 0,7 (Chauvel et al. (2003)).

Technische Obergrenzen für die Kapazitäten einzelner Anlagenkomponenten, z.B. durch Anbacken von Materialien bei Vergrößerung des Durchmessers eines Ofens oder Probleme mit dem Wärmeübergang, führen dazu, dass ab einer bestimmten Gesamtkapazität mehrere Anlagen installiert werden. In solchen Fällen treten geringere Größendegressionseffekte auf und der Größendegressionsexponent nimmt Werte oberhalb von 0,8 an (siehe Chauvel et al. (2003)).

Wie in Abschnitt 3.2.4 ausgeführt, können für manche Positionen der Investition, wie Baustelleneinrichtung, Montage und einzelne direkte Nebenkomponenten, stärkere Größendegressionseffekte auftreten als bei der zugehörigen Hauptkomponente, bzw. sind die Auszahlungen in bestimmten Bereichen sogar unabhängig von der Anlagenkapazität (z.B. Aufstellen einer Kolonne, siehe Abschnitt 3.2.4).

Darauf basierend wird der in Gleichung 3.7 dargestellte Ansatz zur Schätzung der Gesamtinvestition einer Anlage in der vorliegenden Arbeit verwendet (siehe z.B. Hamelinck et al. (2004)).

$$I = \underbrace{\sum_u I_u^{Basis} \cdot \left(\frac{\kappa_u}{\kappa_u^{Basis}} \right)^{R_u}}_{\text{Hauptkomponenten}} \cdot \underbrace{\left(1 + A_u^D \cdot \left(\frac{\kappa_u^A}{\kappa_u^{A,Basis}} \right)^{R_u^A} \right)}_{\text{Direkte Nebenpositionen}} \cdot \underbrace{\left(1 + A_u^I \right)}_{\text{Indirekte Nebenpositionen}} \qquad [3.7]$$

Darin werden die Investitionen für die Hauptkomponenten u unter Berücksichtigung der Größendegression und die direkten Nebenpositionen über einen Zuschlagsfaktor A_u^D ermittelt, wobei für diesen Faktor eine weiterer Größendegressionsexponent R_u^A bezogen auf die Basiskapazität $\kappa_u^{A,Basis}$ modelliert wird. Die indirekten Nebenpositionen der Investition werden mit dem Faktor A_u^I geschätzt.

Basierend auf der Investitionsschätzung einer Anlage können eine Reihe von Kosten in (linearer) Abhängigkeit der Investition geschätzt werden. Neben Abschreibungen und Zinsen gilt das vor allem für die Kosten für Reparatur und Instandhaltung, Realsteuern und Sachversicherungen (Rentz (1979)). Die Schätzung der Investitionen und investitionsabhängiger Kosten wird in Kapitel 5 für die Fallstudie der vorliegenden Arbeit dargestellt.

3.6 Strategische Planung biomassebasierter Prozessketten in der Literatur

Im vorliegenden Abschnitt wird der aktuelle Stand der Wissenschaft im Umfeld der sich aus den in Abschnitt 2.4 definierten Anforderungen an die strategische Planung biomassebasierter Wertschöpfungsnetzwerke ergebenden Aufgaben dargestellt.

Dazu wird in Abschnitt 3.6.1 zunächst der Einsatz Geographischer Informationssysteme (GIS) zur Schätzung von Biomassepotenzialen und Durchführung von Bewertungs- und Planungsaufgaben aufgezeigt. In Abschnitt 3.6.2 werden Arbeiten, welche die Schätzung von Kosten biomassebasierter Wertschöpfungsketten fokussieren, in den Kontext der strategischen Planung eingeordnet. In Abschnitt 3.6.3 wird der Beitrag von Entscheidungsunterstützungssystemen zur Gestaltung biomassebasierter Wertschöpfungsnetzwerke erörtert. Der aktuelle Stand von Optimierungsmodellen für biomassebasierte Wertschöpfungsnetzwerke wird in Abschnitt 3.6.4 dargestellt. Die Ausführungen werden mit einer Zusammenfassung und der Ableitung von Schlussfolgerungen für die vorliegende Arbeit abgeschlossen (Abschnitt 3.6.5).

3.6.1 Potenzial- und Standortanalysen mit Geographischen Informationssystemen (GIS)

Geographische Informationssysteme (GIS) sind Software-Systeme, die geographische Daten zusammenführen und visualisieren. Daten liegen dabei in Layern vor, bspw. politische Karten, Straßenkarten, Daten zur Topographie, Bodenbedeckung, Klima- und Wetterdaten oder regionale Kostendaten und werden im GIS zusammengeführt, kombiniert, verschnitten und somit zu neuen Daten, bspw. den landkreisspezifischen Kosten für das Sammeln von Biomasse, aggregiert. Hierzu bieten kommerzielle GIS meist eine große Anzahl an Werkzeugen an.

GIS werden aufgrund der verstreuten, dezentralen Verfügbarkeit von Biomasse zur Darstellung der räumlichen Verteilung von Biomassepotenzialen und darüber hinaus zur Bestimmung von Transportkosten oder zur Identifizierung und Visualisierung von Anlagenstandorten und Einzugsgebieten eingesetzt. Im Folgenden werden einige Arbeiten exemplarisch vorgestellt.

Noon und Daly (1996) analysieren die mögliche Nutzung von Biomasse in konventionellen Kohlekraftwerken. Hierzu werden Daten zu Biomassepotenzialen, Standorten von Kohlekraftwerken und Transportkosten in einem GIS erfasst. Zur Kostenanalyse werden für ein bestimmtes Kohlekraftwerk der Erfassungsradius und spezifische Anforderungen an die als möglichen Brennstoff zu untersuchende Biomasse, z.B. maximale Feuchte, festgelegt. Auf Basis der Straßenkarte, Biomasseerfassungs- und Transportkosten werden mit dem GIS durch Berechnung kürzester Wege die Kosten für die Biomassebereitstellung für das betrachtete Kohlekraftwerk ermittelt.

Voivontas et al. (2001) führen eine GIS-gestützte Potenzialanalyse zur Ermittlung des theoretischen, technischen und ökonomischen Biomassepotenzials zur Erzeugung elektrischer Energie in einer bestimmten Region durch. Das theoretisch verfügbare Potenzial wird auf Basis statistischer Daten und verschiedener thematischer Karten mit dem GIS berechnet und dient der Vorauswahl von Regionen mit einem vielversprechenden Biomassepotenzial. Für solche Regionen wird das technische Potenzial auf Basis eines angenommenen Anlagenstandortes und einer zugehörigen Kapazität bestimmt. Mit dem GIS wird der erforderliche Einzugsradius der Biomasse um die Anlage ermittelt und mit einem vom Anwender vorgegebenen maximalen Radius verglichen. Zur Überprüfung des ökonomischen Potenzials werden Transportdistanzen und Transportkosten mit dem GIS berechnet und mittlere Stromgestehungskosten der Anlagen betrachtet.

Panichelli und Gnansounou (2008) identifizieren ein Produktionsnetzwerk mit zwei Anlagenstandorten aus einer Vorauswahl von neun möglichen Standorten mit einem GIS als ökonomisch sinnvolle Lösung. Dazu schätzen sie die Biomassepotenziale und die Transportkosten zwischen den Anfallorten der Biomasse im Wald und den neun möglichen Anlagenstandorten unter Berücksichtigung kürzester Wege.

Kappler (2008) führt eine GIS-gestützte Analyse zur Identifizierung von Biomassepotenzialen auf Gemeindeebene durch und vergleicht verschiedene Szenarien zur BtL-Kraftstoffproduktion in Baden-Württemberg. Berücksichtigt werden dabei unter anderem Bodenbedeckungsdaten und topographische Informationen sowie detaillierte Daten zum Transport von Biomasse sowie von Zwischen- und Endprodukten (siehe Abschnitt 5.1.1).

In weiteren Arbeiten (z.B. Graham et al. (2000), Moller (2003), Nord-Lassen und Talbot (2004) und Ranta (2005)) werden vergleichbare Ansätze verfolgt, um Biomassepotenziale mit Geographischen Informationssystemen zu berechnen und die Wirtschaftlichkeit möglicher Anlagenstandorte auf Basis regionaler Kosten, wie Steuern, Transportkosten und räumlich differenzierter Erfassungskosten der Biomasse zu bewerten. Grundsätzlich werden dabei durch Auswertung verschiedener Szenarien aus einer Menge möglicher Standorte ein oder mehrere Anlagenstandorte als kostengünstig identifiziert, wobei sich die Anlagenkapazitäten durch Festlegung des Einzugsgebietes der Biomasse ergeben.

Der GIS-basierte Ansatz kann wegen der großen Bedeutung des Anwenders im Planungsprozess bei einer überschaubaren Anzahl möglicher Standorte und einer einfachen (einstufigen) Struktur des Produktionssystems angewendet werden. Technologische Charakteristika wie Stoffumwandlungsvorgänge oder entscheidungsrelevante Energieströme werden in diesen Arbeiten nicht berücksichtigt. Im Rahmen der vorliegenden Arbeit wird ein GIS zur räumlichen Abbildung der Biomassepotenziale als Datengrundlage zur Anwendung des entwickelten Planungsmodells ECLIPTIC eingesetzt (siehe Abschnitt 5.1.4).

3.6.2 Kostenschätzung biomassebasierter Prozessketten

Eine weitere Gruppe von Arbeiten befasst sich mit Kostenschätzungen für die Bereitstellung, den Transport und/oder die Verarbeitung unterschiedlicher Biomassearten in bestimmten Regionen ohne dabei ein GIS einzusetzen. Stattdessen werden Methoden zur Kosten- und Investitionsschätzung und Szenarioanalysen verwendet.

Bereitstellungskosten umfassen je nach Anwendungsfall und Systemgrenze die Kosten für Biomasseanbau und Landbewirtschaftung, Arbeitslöhne und Abschreibungen für Erntemaschinen sowie Zwischenlagerung und Transport. Die Gesamtkosten einer Wertschöpfungskette umfassen darüber hinaus fixe Kostenarten, die in frühen Phasen der Prozessentwicklung oft in Abhängigkeit der Investitionen geschätzt werden, bspw. Abschreibungen, Zinsen, Reparatur- und Instandhaltungskosten, Steuern, Versicherungen und Gemeinkosten für Administration oder Vertrieb sowie variable Kostenarten wie Materialkosten, Personalkosten, Kosten für Energie und die Kosten für die Entsorgung von Kuppelprodukten (z.B. Remmers (1991), Chauvel et al. (2003) bzw. Abschnitt 3.5). Neben der ökonomischen Bewertung wird in den Arbeiten zur Kostenschätzung teilweise eine ökologische Bewertung für ausgewählte umweltrelevante Kategorien durchgeführt.

So schätzen bspw. Kumar und Sokhansanj (2007) die Kosten, Energieverbräuche und CO_2-Emissionen für die Erfassung und den Transport von Rutenhirse (switchgrass) zu einem möglichen Bioraffineriestandort unter Berücksichtigung verschiedener Vorbereitungsoptionen der Biomasse wie Ballenpressung und Hacken. In weiteren Arbeiten werden die Bereitstellungskosten für ausgewählte Biomassearten in bestimmten Regionen unter Berücksichtigung von Transportmittel und -distanzen sowie Anbaumethoden geschätzt (z.B. Allen et al. (1998) oder Hamelinck et al. (2005)).

In verschiedenen Arbeiten werden Herstellkosten auf Basis von Annahmen bezüglich Anlagengrößen und -standorten bzw. durchschnittlichen Transportentfernungen ermittelt. Calis et al. (2002) schätzen z.B. die Kosten für die Erzeugung von Synthesegas aus Holz aus den baltischen Staaten in einer potenziellen Anlage in Rotterdam. Dabei wird der Schiffstransport von Holz mit der dezentralen Produktion von Pyrolyseöl und dessen Schiffstransport verglichen. Hamelinck et al. (2005) schätzen die Kosten der Erzeugung von elektrischer Energie und Methanol aus Biomasse unter Berücksichtigung lokaler Rahmenbedingungen in Lateinamerika und Europa sowie des Überseetransportes der Biomasse.

Tatsiopoulos und Tolis (2003) verwenden verschiedene Szenarien um zentrale und dezentrale Produktionssysteme sowie verschiedene Anlagenkapazitäten zur Erzeugung elektrischer Energie aus Baumwollstängel in Griechenland zu analysieren. Die Kosten für die Erfassung der Biomasse umfassen die Kosten für das Sammeln, Transportieren und Lagern der Biomasse bei vorgegebenem Anlagenstandort und festgelegter Kapazität.

Nguyen und Prince (1996) analysieren den Zusammenhang zwischen Transportkosten der Biomasse in einem bestimmten Radius um eine Anlage sowie Produktionskosten unter Berücksichtigung von Größendegressionseffekten für Anlagen zur Produktion von Bioethanol aus Rohrzucker und Melasse.

Caputo et al. (2005) berechnen den Kapitalwert von Anlagen zur Gewinnung elektrischer Energie aus Biomasse mittels Wirbelschichtfeuerung und einer Dampfturbine sowie Wirbelschichtvergasung in einem Gas- und Dampfkombikraftwerk. Hierzu schätzen sie die jährlichen Ein- und Auszahlungen sowie die Investitionen auf Basis von Literaturdaten unter Berücksichtigung des nichtlinearen Einflusses der Kapazität. Die Transportkosten werden als Funktion des kreisförmig angenommenen Einzugsgebietes um die Anlage und in Abhängigkeit der Anlagenkapazität berechnet. Auf Basis dieser Daten wird der Kapitalwert für Anlagenkapazitäten zwischen 5 MW und 50 MW verglichen.

Die Arbeiten zur Kostenschätzung werden häufig als Tabellenkalkulation oder mit Hilfe von kommerziellen Softwaretools zur Stoffflusssimulation umgesetzt (z.B. De Mol et al. (1997), Sokhansanj et al. (2006) und Kumar und Sokhansanj (2007)). Die Untersuchungen sind insbesondere als vorgelagerter Schritt zur Bereitstellung von Daten zu Erfassungs- und Transportkosten für die strategische Planung von biomassebasierten Wertschöpfungsnetzwerken und zur Ableitung grundsätzlicher Aussagen bezüglich der Wirtschaftlichkeit einer Wertschöpfungskette geeignet. Weiterhin bewerten diese Arbeiten verschiedene Erntemethoden, Vorbehandlungsschritte und Transportmittel als Grundlage für eine Vorauswahl. Aus der Bewertung verschiedener Anlagenanordnungen, Standorte und Kapazitäten können weitere Schlussfolgerungen für die Planung abgeleitet werden.

In der vorliegenden Arbeit stellt die Kostenschätzung der Biomasseerfassung und des Biomassetransportes eine wichtige Grundlage zur Anwendung des entwickelten strategischen Planungsmodells dar (siehe Kapitel 5).

3.6.3 Entscheidungsunterstützungssysteme für biomassebasierte Wertschöpfungsnetzwerke

EDV-Werkzeuge, die Entscheidungsträgern aufbereitete Informationen zur Verfügung stellen und über eine hierzu geeignete Nutzeroberfläche verfügen, werden als Entscheidungsunterstützungssysteme bezeichnet. Häufig besteht ein solches System aus mehreren Teilsystemen und Datenbanken. Für diese Definition des Begriffes wird auch in deutschsprachigen Veröffentlichungen häufig der englische Begriff *Decision Support System (DSS)* verwendet.

Eine spezielle Ausprägung sind *Environmental Decision Support Systems (EDSS)*, die nach Matthies et al. (2007) dadurch gekennzeichnet sind, dass die Modelle einen Umweltbezug haben (z.B. Wasser- oder Landmanagement) und in vielen Fällen Informationen aus Geographischen Informationssystemen nutzen. Einige Autoren (z.B. Noon und Daly (1996), Voivontas et al. (2001)) bezeichnen ein GIS bereits als Entscheidungsunterstützungssystem (vgl. Abschnitt 3.6.1). Im Folgenden werden ausgewählte Arbeiten vorgestellt, die GIS gemeinsam mit Methoden des Operations Research im Rahmen von Entscheidungsunterstützungssystemen einsetzen. Einen Literaturüberblick zum Stand im Jahre 2000 liefert Mitchell (2000).

Freppaz et al. (2004) entwerfen ein DSS, welches bei Entscheidungen über Anlagengrößen und Bezugsquellen für Biomasse sowie der zu produzierenden thermischen und elektrischen Energie Unterstützung leisten soll. Das System umfasst eine GIS-basierte Benutzeroberfläche, eine Datenbank und ein lineares Optimierungsmodell. Die betrachtete Region wird im GIS in ein Raster aufgeteilt. Der Nutzer wählt manuell die für die Biomassenutzung in Frage kommenden Zellen aus und legt die Anlagenstandorte fest. Das Biomassepotenzial jeder Zelle wird manuell eingegeben oder mit dem GIS in Abhängigkeit der Anbauflächen berechnet. Das GIS berechnet die Entfernung von den Zellen zu den ausgewählten Anlagenstandorten. Mit Hilfe des Optimierungsmodells wird die Aufteilung der in den Zellen verfügbaren Biomasse auf die ausgewählten Anlagenstandorte unter Berücksichtigung der Verkaufserlöse für die elektrische und thermische Energie, Biomasseerfassungskosten, Transportkosten, kapazitätsunabhängigen Fixkosten und variablen Kosten der Anlagen sowie Distributionskosten berechnet.

Ein weiteres Entscheidungsunterstützungssystem mit Bezug zu strategischen Entscheidungen bei biomassebasierten Prozessketten wird von Frombo et al. (2009) vorgeschlagen. Dieses EDSS verfügt über eine GIS-Oberfläche, mit welcher Regionen in Raster aufgeteilt und Informationen über das Biomasseaufkommen und die Hangneigung angezeigt werden. Darauf basierend wählt der Nutzer manuell einen Anlagenstandort aus und ordnet dieser Anlage eine Technologie sowie einen maximalen Einzugsradius für die Biomasse zu. Das System umfasst eine Datenbank, die Informationen wie Dichte, Feuchtigkeit und Heizwert verschiedener holzartiger Biomasse enthält. Weiterhin sind verschiedene Prozesse zur Biomasseerfassung wie Fällen oder Entrindung hinterlegt und können unter Berücksichtigung von Informationen über das Territorium und das angenommene Transportmittel vom Nutzer ausgewählt werden. Als Technologien sind Verbrennung, Vergasung und Schnellpyrolyse abgebildet und durch die thermischen und elektrischen Wirkungsgrade sowie spezifische jährliche Kosten (fixe Kosten und Instandhaltungskosten) charakterisiert. Den zweiten Teil des EDSS bildet ein lineares Optimierungsmodell, welches auf Basis des im Vorfeld durch den Nutzer festgelegten Standortes die Kapazität der Anlage berechnet. Die Zielfunktion beinhaltet die Kosten für die Erfassung oder den Kauf von Biomasse, den Transport und die Verarbeitung der Biomasse sowie Erlöse aus dem Verkauf des Produktes. Entscheidungsvariable ist die Menge an Biomasse, die aus jeder Zelle des Rasters genutzt wird und somit die Anlagenkapazität bestimmt.

Ayoub et al. (2007) schlagen ein Entscheidungsunterstützungssystem vor, welches eine Planung auf zwei Ebenen vorsieht. Auf der nationalen Ebene werden zunächst die verfügbaren Biomassepotenziale und Anfallorte sowie mögliche Logistikkonzepte und Technologien identifiziert. Auf der regionalen Ebene erfolgt dann die Bestimmung von Standorten und Kapazitäten der einzelnen Anlagen mittels manueller Festlegung durch den Nutzer oder statistischer Clusterbildung. Bei Letzterem werden die Biomassequellen zu Clustern zusammengefasst und für jedes entstehende Gebiet ein Lagerort bestimmt. Durch Clustern der Lagerorte werden wiederum Anlagenstandorte identifiziert. Die Kapazitäten ergeben sich entsprechend der den Anlagen zugeordneten Biomasse. Ein Austausch zwischen beiden Ebenen ist vorgesehen.

Die dargestellten Arbeiten aus dem Bereich der EDSS für biomassebasierte Prozessketten verdeutlichen, dass diese vor allem durch die Bedienbarkeit des Systems und die Nachvollziehbarkeit der Lösung motiviert sind. Dabei kombinieren sie die Vorgehensweise bei der Standortanalyse mit Hilfe von GIS (siehe Abschnitt 3.6.1) mit Ansätzen zur Datenspeicherung und einfachen Optimierungsmodellen. Der Nutzer muss auf Basis der aufbereiteten Daten wichtige Entscheidungen, vor allem über Standorte, selbst treffen. Eine Anwendung bei einem mehrstufigen Standortplanungsproblem unter Berücksichtigung verschiedener, wechselseitiger ökonomischer und technologischer Abhängigkeiten, wie in Abschnitt 2.4 dargestellt, ist dagegen kaum möglich und erhöht mit zunehmender Komplexität des Planungsproblems die Wahrscheinlichkeit deutlich suboptimaler Lösungen.

3.6.4 Optimierungsmodelle für biomassebasierte Wertschöpfungsnetzwerke

Im vorliegenden Abschnitt wird der aktuelle Stand der Arbeiten zu Optimierungsmodellen zur Gestaltung biomassebasierter Wertschöpfungsnetzwerke dargestellt. Die Modelle sind überwiegend als gemischt-ganzzahlige lineare Probleme formuliert und berücksichtigen neben der Bestimmung der Standorte jeweils weitere Planungsaufgaben. Daher werden die im Bezug auf die vorliegende Arbeit relevanten Ansätze am Ende des Abschnittes vergleichend gegenübergestellt und der darüber hinausgehende Forschungsbedarf aufgezeigt. Die im Folgenden betrachteten Arbeiten werden zudem dahingehend analysiert, ob die in Abschnitt 2.4 formulierten Anforderungen an die strategische Planung biomassebasierter Wertschöpfungsnetzwerke für die jeweils in den einzelnen Arbeiten untersuchten Prozessketten gelten und somit einen allgemein formulierten Ansatz rechtfertigen.

De Mol et al. (1997) stellen ein einfaches gemischt-ganzzahliges lineares Programm zur Bestimmung des Standortes einer Anlage vor. Die Produkte werden nicht spezifiziert. Die Struktur der Prozesskette (einstufig oder zweistufig) sowie die Anlagenkapazität werden ex ante festgelegt und im Rahmen einer Szenarioanalyse variiert.

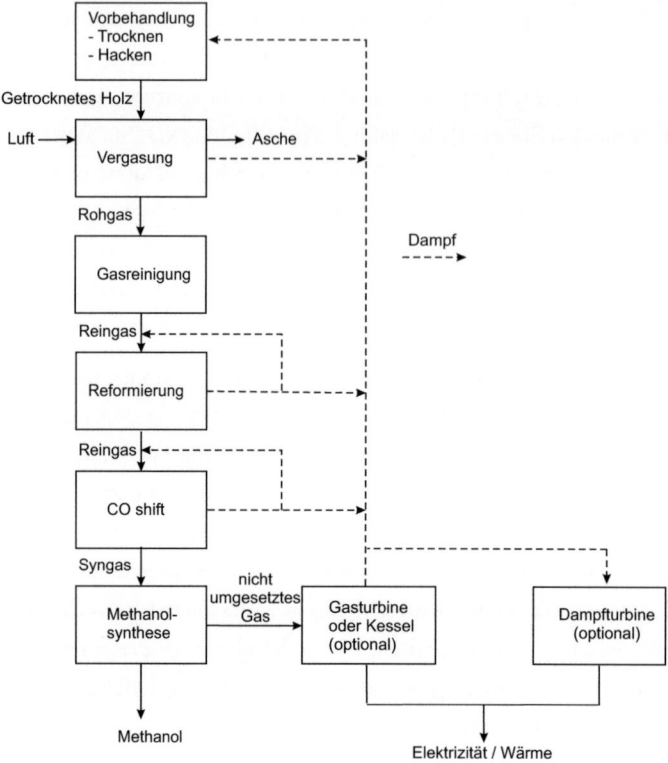

Abb. 3.5: Stoff- und Energieströme der Prozesskette zur Methanolproduktion in Leduc et al. (2008)

Nagel (2000) formuliert ein gemischt-ganzzahliges lineares Programm, um ein Wärmeversorgungsnetz in einer Region zu planen. Abgebildet werden verschiedene Anlagen zur Bereitstellung von Wärme, mehrere Biomassetypen und die Nachfrage. Die Zielfunktion enthält investitionsabhängige Kosten sowie weitere fixe und variable Produktionskosten in linearer Abhängigkeit von der Kapazität bzw. Auslastung der Anlagen. Das Modell ist auf die speziellen Erfordernisse des betrachteten Wärmenetzes zugeschnitten und bildet wichtige Aspekte wie Größendegressionseffekte nicht ab, die im Rahmen dieser Arbeit für die Planung biomassebasierter Prozessketten relevant sind (vgl. Abschnitt 2.4).

Leduc et al. (2008) entwickeln ein gemischt-ganzzahliges lineares Modell, um die Standorte von Holzvergasungsanlagen mit anschließender Methanolsynthese zu bestimmen. Die betrachtete Prozesskette ist in Abbildung 3.5 dargestellt und besteht aus den Hauptschritten Biomassevorbehandlung, Vergasung, Gasreinigung, Gasreformierung, CO-Shift und Methanolsynthese.

Das Modell bildet den Transport der Biomasse zu den Produktionsstandorten und des Methanols zu den Tankstellen ab. Zusätzlich werden Transportkosten von den Tankstellen zu Wohngebieten modelliert. Die Standorte für die Produktionsanlagen und Biokraftstofftankstellen werden bestimmt. Die Kapazität für jeden möglichen Anlagenstandort ist im Modell fest vorgege-ben[21]. Die durch die Errichtung einer Anlage entstehenden jährlichen Fixkosten und die spezi-fischen variablen Produktionskosten sind unabhängig von der Kapazität, d.h. es werden keine Größendegressionseffekte im Modell abgebildet.

In der von Leduc et al. (2008) beschriebenen Prozesskette fällt Überschusswärme an. Es be-steht die Möglichkeit, diese zum Betrieb einer Dampfturbine einzusetzen. Weiterhin wird die Entstehung eines energetisch nutzbaren, gasförmigen Kuppelproduktes mit der Option, dieses in einer Gasturbine energetisch zu verwerten, dargestellt (siehe Abbildung 3.5). Im gemischt-ganzzahligen linearen Modell wird die anfallende Überschusswärme mit einem festen Preis vergütet, modellendogene Entscheidungen über die Verwendung der Wärme und Kuppelpro-dukte und die Berücksichtigung der hierzu erforderlichen Anlagen sind nicht vorgesehen. Ei-ne räumliche Trennung der Biomassevorbereitung, welche die Vorgänge Hacken und Trocknen umfasst, von der Vergasung und Synthese erfolgt ebenfalls nicht. Die Stoffumwandlung wird für jeden möglichen Produktionsstandort mit einem von der Art der verarbeiteten Biomasse unab-hängigen Effizienzkoeffizienten modelliert. Daher können in dem Modell weder verschiedene Biomassearten noch mehrere Produktionsstufen oder die Struktur des Produktionsnetzwerkes abgebildet werden.

In Leduc et al. (2010b) wird das Modell aus Leduc et al. (2008) zur Bestimmung von Stand-orten zur Ethanolproduktion mit den Prozessschritten Vorbehandlung, Hydrolyse, Fermentation und Destillation verwendet. Außerdem wird in Leduc et al. (2010a) eine dynamische Erweite-rung des Modells eingeführt, in der sich über die Zeit verändernde Preise, Biomasseaufkom-men und Nachfragemengen berücksichtigt werden. In drei Szenarien wird für unterschiedliche Anlagengrößen jeweils der Standort genau einer Anlage bestimmt, die jeweils zu Beginn des Planungshorizontes errichtet wird.

Kerdoncuff (2008) führt umfangreiche Arbeiten zur Energie- und Stoffbilanzierung einer Prozesskette zur Pyrolyse von Biomasse mit anschließender Vergasung, Gasreinigung und -kon-ditionierung sowie Fischer-Tropsch-Synthese zur Kraftstoffproduktion durch. Basierend auf den erhobenen Daten formuliert er ein dreistufiges Modell zur kostenminimalen Bestimmung von Produktionsstandorten unter Berücksichtigung des Transportes von zwei Biomassearten, einem Zwischenprodukt und einem Endprodukt. Standorte werden auf zwei Stufen bestimmt. Die Anlagenkapazitäten, Anzahl der zu errichtenden Standorte auf beiden Stufen und die Struk-tur des Produktionsnetzwerkes, entweder in Form einer zentralen Anlage oder eines dezentrales Konzepts mit dem Transport des Zwischenprodukts bei vorgegebener Anzahl an Anlagenstand-orten sowie damit einhergehende technologische Unterschiede der Anlagen werden ex ante fest-gelegt und in verschiedenen Szenarien verglichen.

---

[21]Leduc et al. (2008) geben an, auch die Größe (size) der Anlagen zu berechnen, wobei es sich um die Bestim-mung der Auslastung handelt.

Koch (2009) beschäftigt sich in seiner Arbeit mit der techno-ökonomischen und ökologischen Bewertung von Co-Vergärungsanlagen. Darin werden verschiedene ligninarme Biomassearten mikrobiologisch zu methanhaltigem Biogas und Gärrest abgebaut. Das Biogas wird anschließend energetisch zur Strom- und Wärmegewinnung am gleichen Anlagenstandort genutzt. Koch (2009) formuliert ein zweistufiges Standortplanungsproblem unter Berücksichtigung des Transportes verschiedener Substratarten zu den gesuchten Anlagenstandorten und des Transportes des Gärrestes zu Gärrestverwertungsstandorten mit vorgegebener Kapazität. Für die Co-Vergärungsanlagen werden Größendegressionseffekte mittels verschiedener Kapazitätsklassen berücksichtigt.

Zamboni et al. (2009) formulieren ein gemischt-ganzzahliges lineares Optimierungsproblem zur strategischen Planung der möglichen Bioethanolproduktion in einer Region. Die vorgegebene Nachfrage nach Biokraftstoff verteilt sich auf die Kraftstofflager in der betrachteten Region. Die Transporte der Biomasse von den Quellen zu den potenziellen Produktionsstandorten und von dort zu den Kraftstofflagern werden abgebildet. Standortentscheidungen sind auf einer Stufe möglich. Die Transporte können auf ex ante festgelegten Verbindungen mittels verschiedener Transportmittel (LKW, Güterzug, Binnenschiff) erfolgen. Die Entfernungen werden, wie bei Kerdoncuff (2008) und Koch (2009), ausgehend von der Luftlinienentfernung mit einem transportmittelspezifischen Korrekturfaktor multipliziert. Die Anzahl täglich benötigter Transporteinheiten wird im Modell auf Basis der transportierten Massen mit ganzzahligen Variablen ermittelt. Die Anlagen können mit vier verschiedenen Kapazitäten errichtet werden, für die jeweils Abschreibungen und variable Produktionskosten im Rahmen der Kostenminimierung berücksichtigt werden. Somit können Größendegressionseffekte abgebildet werden, wobei eine Skalierung der Investitionen zwischen den Kapazitätsklassen nicht vorgesehen ist. In der Modellanwendung für Norditalien wird das Biomassepotenzial auf 60 Quellen verteilt. Es werden zwei Standorte ermittelt, welche die Biomasse aus insgesamt drei Quellregionen beziehen.

Die in Zamboni et al. (2009) betrachtete Prozesskette kann grundsätzlich in mehrere Stufen aufgeteilt werden. Mit den Destillationsrückständen fällt ein energetisch verwertbares Kuppelprodukt an, welches bspw. für die Produktion elektrischer Energie mittels einer Dampfturbine (vgl. Franceschin et al. (2008)) zur Deckung des internen Bedarfs oder zur Einspeisung in das Elektrizitätsnetz genutzt werden kann. Somit könnte im Rahmen einer Standortplanung, welche die Anforderungen aus Abschnitt 2.4 erfüllt, über die in Zamboni et al. (2009) behandelten Fragestellungen hinausgehend bspw. untersucht werden, ob eine zentrale Anlage zur Strom- und Wärmegewinnung aus dem Destillationsrückstand oder eine dezentrale energetische Verwertung in einem zu errichtenden Produktionsnetzwerk ökonomisch vorteilhaft ist. Im Modell der vorliegenden Arbeit werden explizit Standortentscheidungen auf mehreren Stufen und die Energieversorgung der Anlagen abgebildet, so dass die genannten Fragestellungen untersucht werden könnten.

Dunett et al. (2008) entwickeln ein Standortplanungsmodell für die Ethanolproduktion aus lignozellulosehaltiger Biomasse bei kontinuierlicher Abbildung der Anlagenkapazitäten. Die Prozesskette mit den Verfahrensstufen Vorbehandlung, Verzuckerung, Fermentation und einer dreistufigen Aufkonzentration des Ethanols (Stripping, Rektifikation und Purifikation) ist in Abbildung 3.6 dargestellt. Die abgeschiedene Schlempe aus Lignin und nicht umgesetzter Zellulose wird getrocknet und in einem Kraft-Wärme-Kopplungsprozess zur Gewinnung von Wärme und Elektrizität eingesetzt. Beides wird zur Deckung interner thermischer und elektrischer Energiebedarfe der verschiedenen Prozessschritte verwendet. In einem alternativen Szenario wird davon ausgegangen, dass infolge einer technologischen Weiterentwicklung auf das Stripping verzichtet werden kann und somit sowohl die Gesamtinvestitionen als auch die Energiebedarfe reduziert werden können. Infolgedessen wird ein Teil der Wärme und der elektrischen Energie aus dem Blockheizkraftwerk veräußert. Ethanol, elektrische Energie und Wärme werden als Produkte abgebildet, für welche Nachfrageobergrenzen in den Regionen vorgegeben werden. Es wird nicht zwischen dem Ein- und Verkaufspreis der Produkte differenziert.

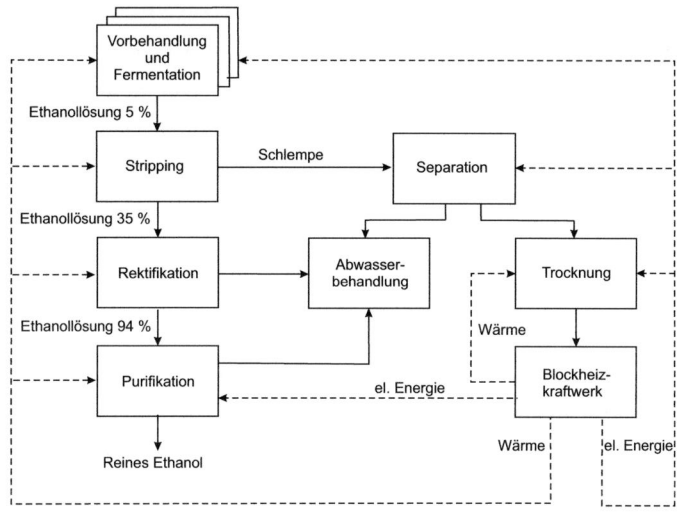

Abb. 3.6: Stoff- und Energieströme der Prozesskette zur Ethanolproduktion in Dunett et al. (2008)

Ein Schwerpunkt der Arbeit von Dunett et al. (2008) liegt in der Abbildung der Art und Anzahl von Verkehrsträgern und der darauf basierenden Berechnung der Logistikkosten. Das Modell bildet Größendegressionseffekte durch stückweise lineare Approximation der Gesamtkostenfunktionen der Anlagen ab. Dabei werden für jeden Kapazitätsbereich eine Binärvariable definiert sowie die Gesamtkosten an der unteren Klassengrenze und die anteiligen Gesamtkosten der gewählten Kapazitätsklasse addiert. Die Modellierung basiert auf dem Multiple Choice-Ansatz (siehe Abschnitt 4.6.2.2).

Das Modell ist n-stufig formuliert. Für jede Region werden Massenbilanzen für die Produkte formuliert. Eine Region ist zugleich potenzieller Produktionsstandort. In der Modellanwendung werden je nach Szenario Regionen für die Ethanolproduktion, Purifikation und Blockheizkraftwerke bestimmt. Die Abbildung verschiedener Biomassearten ist im Modell vorgesehen, in den Anwendungsbeispielen wird aber nur eine fiktive Biomasseart ohne direkte Entsprechung in der Realität berücksichtigt. Außerdem wird nur eine Indexmenge für Quellen, mögliche Produktionsstandorte und Senken modelliert, so dass ein möglicher Standort immer auch Quelle und Senke ist.

Die Arbeit von Dunett et al. (2008) konzentriert sich auf die Untersuchung des Einflusses ausgewählter Parameter auf die Gestaltung eines Biomassewertschöpfungsnetzwerkes. Hierzu wird eine abstrakte Untersuchungsregion definiert. Darin wird eine Verteilung des Biomasseaufkommens auf 25, in einer Matrix gleichmäßig angeordnete, quadratische Zellen angenommen, die durch ihren Mittelpunkt abgebildet werden. Es wird untersucht, welchen Einfluss die Größe der einzelnen Zellen (25, 50, 100 km^2), die weiterentwickelte Technologie sowie die Größendegression der Anlagen auf die Struktur des Produktionsnetzwerkes haben. Dabei wird bspw. bei Quellen mit einer Fläche von 25 km^2 und somit eher geringen Transportdistanzen bei theoretisch angenommener, technologischer Weiterentwicklung zu einer dezentralen Anlagenstruktur übergegangen. Weiterhin wird der Einfluss einer hohen Nachfrage nach elektrischer Energie in einer Region, die ein dicht besiedeltes Gebiet repräsentiert, auf den Anlagenstandort des Blockheizkraftwerkes untersucht.

Zusammenfassend kann zur Arbeit von Dunett et al. (2008) festgestellt werden, dass der Fokus auf der Analyse grundsätzlicher Zusammenhänge biomassebasierter Wertschöpfungsnetzwerke liegt. In Abgrenzung dazu verfolgt die vorliegende Arbeit die Entwicklung eines umfassenden Planungsansatzes zur Darstellung des Wertschöpfungsnetzwerkes in einer konkreten Region unter Berücksichtigung geographischer Spezifika. Anders als in der Arbeit von Dunett et al. (2008) werden eine hinreichende Anzahl an Quellen und potenziellen Standorten, mehrere Biomassearten und modellendogene Entscheidungen über die Verwendungsmöglichkeiten von Kuppelprodukten explizit abgebildet. Während in der vorliegenden Arbeit für eine effiziente Modellformulierung verschiedene Modellvarianten vergleichend gegenübergestellt werden (Abschnitt 4.6.2.2), liefern Dunett et al. (2008) keine Hinweise zu Rechenzeiten. Bezüglich der möglichen Übertragbarkeit ihres generischen Ansatzes auf reale Planungsprobleme kann daher keine Aussage gemacht werden.

Eine weitere Arbeit zur strategischen Planung biomassebasierter Wertschöpfungsnetzwerke wird von Schattka (2011) vorgelegt. Das formulierte Modell berücksichtigt eine beliebige Anzahl an Wertschöpfungsstufen, für die sowohl Anzahl, Standorte als auch Kapazitätsklassen bestimmt werden. Eine Interpolation zwischen den Kapazitätsklassen ist nicht möglich. In der Modellanwendung werden fünf Produktionstechnologien betrachtet, wobei zwei Technologien in einer möglichen Kapazitätsklasse und die restlichen in zwei unterschiedlichen Kapazitätsklassen realisiert werden können. Größendegressionseffekte werden somit nur teilweise abgebildet.

Schwerpunkte der Arbeit von Schattka (2011) liegen in der Abbildung dynamischer Entwicklungen, z.B. sich verändernde Preise für Biomasse oder ein Anstieg der Kraftstoffnachfrage, und in der Berücksichtigung von Unsicherheiten. Die hohe zeitliche Auflösung von 20 Planungsperioden und die Berücksichtigung verschiedener möglicher Entwicklungen im Rahmen einer szenariobasierten Erweiterung des Modells führen zu sehr großen Probleminstanzen und Rechenzeiten, welchen neben der bereits erwähnten Einschränkung bei den Kapazitätsklassen durch Vereinfachung des allgemein formulierten Planungsmodells und einer ex ante Vorauswahl von Produktionsstandorten und Technologien begegnet werden. Dabei werden das n-stufige Modell auf drei Stufen reduziert und die Indexmengen der Kapazitätsklassen und Technologien zusammengeführt. Nach der Vorauswahl werden für eine exemplarische Modellanwendung 10 mögliche Produktionsstandorte in Niedersachsen betrachtet. Für die szenariobasierte Betrachtung wird die Modellkomplexität weiter eingeschränkt und ein einstufiger Produktionsprozess betrachtet.

Kim et al. (2011) formulieren ebenfalls ein Problem zur strategischen Planung mehrstufiger biomassebasierter Produktionsprozesse unter Berücksichtigung verschiedener Biomassetypen, Quellen, Standorte und Senken. Größendegressionseffekte werden über Kapazitätsklassen abgebildet, wobei variable und fixe Kosten in Abhängigkeit der Kapazität angegeben werden. Das Modell ist dreistufig formuliert und umfasst den Transport der Biomasse zur ersten Konversionsanlage, eines Zwischenproduktes zur zweiten Konversionsanlage und von dort zu den Senken. Da der erste und zweite Produktionsschritt wahlweise auch am selben Standort ausgeführt werden können, sind sowohl zentrale als auch dezentrale Anlagenkonzepte möglich. Die Massenbilanzen basieren auf Stoffumwandlungsfaktoren für die beiden Produktionsschritte, Energieströme werden nicht berücksichtigt. In beiden Produktionsschritten können Kuppelprodukte entstehen, für die im Modell eine monetäre Gutschrift gegeben wird. Eine modellendogene Entscheidung über die Verwendung der Kuppelprodukte ist nicht möglich.

Im Beispielszenario werden 30 Quellen, 29 mögliche Standorte für den ersten Produktionsschritt, 10 mögliche Standorte für den zweiten Produktionsschritt, 10 Senken und ein zweistufiger Prozess zur Schnellpyrolyse mit anschließender FT-Synthese in jeweils vier Kapazitätsklassen modelliert. Dabei werden aus fünf Biomassetypen zunächst das Hauptprodukt Bioöl und die Kuppelprodukte Pyrolysekoks und -gas gewonnen. Die FT-Synthese liefert Diesel und ein methanhaltiges Gas. Die Biomassevorbehandlung und Trocknung werden nicht abgebildet. Auch auf weitere Prozessschritte sowie den Hintergrund der techno-ökonomischen Parameter, u.a. zur Ermittlung der Investitionen, wird nicht eingegangen.

Neben den genannten gemischt-ganzzahligen linearen Modellen setzen einzelne Autoren heuristische Methoden ein, um spezielle strategische Fragestellungen biomassebasierter Wertschöpfungsnetzwerke zu untersuchen. Diese Ansätze können nicht auf allgemeinere Problemstellungen zur strategischen Planung biomassebasierter Wertschöpfungsnetzwerke übertragen werden. López et al. (2008) verwenden bspw. eine Partikel-Schwarm Heuristik, um den Standort und das Einzugsgebiet eines Biomassekraftwerks zu bestimmen. Das Biomassepotenzial wird in einer sehr hohen Auflösung in einem Raster mit Zellen von 2 km^2 erfasst. Die Investition hängt linear von der Kapazität und der Länge der zu installierenden elektrischen Leitungen ab. Die Zielfunktion ist das Verhältnis von Einzahlungsüberschuss über die Laufzeit der Anlage zur Investition und daher nichtlinear. Rentizelas und Tatsiopoulos (2009) implementieren eine konkave Kostenfunktion zur Abbildung von Größendegressionseffekten und verwenden einen genetischen Algorithmus und sequentiell quadratische Programmierung zur Berechnung der Kapazität und des Standortes einer Kraft-Wärme-Kopplungsanlage unter Berücksichtigung der Auslastung der Anlage und der Lagerhaltung.

Zusammenfassend kann festgestellt werden, dass in jüngster Zeit verstärkt auf dem Gebiet gemischt-ganzzahliger linearer Modelle zur strategischen Planung biomassebasierter Wertschöpfungsnetzwerke geforscht wird. Die zentralen Aspekte der wichtigsten Arbeiten sind in Tabelle 3.5 dargestellt.

Dabei ist insbesondere eine Lücke zwischen theoretischer Modellformulierung und umfassender Modellanwendung, bspw. mit mehreren Biomassearten und Technologien, der Berücksichtigung von Größendegressionseffekten sowie einer hinreichenden Anzahl an Quellen und potenziellen Standorten, festzustellen. Die Verbindung zwischen den Optimierungsmodellen und der Datengrundlage, bspw. auf Basis der in den Abschnitten 3.6.1 und 3.6.2 dargestellten Methoden, erfolgt nur teilweise. Mit Ausnahme von Schattka (2011) werden keine Angaben zu Modellgröße und Rechenzeiten gemacht. Insbesondere das vergleichsweise umfassende Modell von Dunett et al. (2008) wird lediglich auf ein abstraktes Raster und eine fiktive Biomasseart ohne Berücksichtigung geographischer Charakteristika angewendet. Darüber hinaus werden keine alternativen Technologien für Biomasse oder Zwischen-/Kuppelprodukte betrachtet. Auch werden Quellen, Standorte und Senken nicht getrennt abgebildet. Die anderen Modelle bilden Größendegressionseffekte überhaupt nicht oder lediglich in Form von Kapazitätsklassen ab, wobei nur eine sehr begrenzte Anzahl an Klassen, zwischen denen nicht interpoliert werden kann, betrachtet wird. Alternative Technologien werden nur von Schattka (2011) betrachtet, allerdings bei der Modellanwendung im Rahmen einer Vorauswahl wieder aus dem Modell entfernt.

Die Ausführungen zeigen außerdem, dass die in den jeweiligen Arbeiten betrachteten Wertschöpfungsketten allen in Abschnitt 2.4 identifizierten Kriterien biomassebasierter Wertschöpfungsnetzwerke entsprechen. Insbesondere fallen auch energetisch nutzbare Kuppelprodukte an, für die verschiedene Verwertungsoptionen möglich sind, die in den bisherigen Arbeiten nicht betrachtet werden. Bei einer allgemeineren Fragestellung kann somit das in der vorliegenden Arbeit entwickelte Modell, in welchem endogen über die Verwendung der Kuppelprodukte entschieden wird, angewendet werden.

3.6.5 Zusammenfassung des aktuellen Standes zur strategischen Planung biomassebasierter Wertschöpfungsnetzwerke

In den vorangehenden Abschnitten wird der aktuelle Stand von Arbeiten mit einem relevanten Beitrag zur strategischen Planung biomassebasierter Wertschöpfungsnetzwerke aufgezeigt. Die Arbeiten auf Basis Geographischer Informationssysteme (Abschnitt 3.6.1) und zur Kostenanalyse (Abschnitt 3.6.2) stellen wichtige Daten für die strategische Planung zur Verfügung. Ein Beitrag zur Planung kann durch eine mögliche Vorauswahl und den Vergleich von Standortalternativen geleistet werden. Durch die Entwicklung von Entscheidungsunterstützungssystemen (Abschnitt 3.6.3) werden planerische Aufgaben durch eine verbesserte Darstellung der relevanten Informationen erleichtert, komplexe Lösungen können jedoch kaum entwickelt und nicht hinsichtlich ihrer Optimalität überprüft werden.

Dagegen liefern vor allem die untersuchten gemischt-ganzzahligen linearen Modelle Planungswerkzeuge, die komplexe Sachverhalte abbilden können. Allerdings existiert bisher kein Ansatz, der eine detailliere techno-ökonomische Datenbasis und Abbildung der Biomassepotenziale in einer Region verfolgt und sowohl Anzahl und Standorte der Produktionsanlagen auf mehreren Stufen unter Berücksichtigung von Größendegressionseffekten und eine modellendogene Investitionsschätzung als auch Entscheidungen über alternative Technologien und eine explizite Betrachtung der Energieversorgung der Anlagen verfolgt.

Im weiteren Fortgang der Arbeit wird im nachfolgenden Kapitel 4 das in dieser Arbeit entwickelte Planungsmodell ECLIPTIC unter Berücksichtigung der Anforderungen aus Abschnitt 2.4 und des aktuellen Standes der im vorliegenden Kapitel diskutierten Arbeiten dargestellt und damit ein umfassendes Planungswerkzeug vorgelegt. Dieses wird auf eine Fallstudie angewendet, deren Datenbasis in Kapitel 5 ermittelt wird. Die Ergebnisse der Modellanwendung werden in Kapitel 6 ausführlich diskutiert.

Tab. 3.5: Vergleich gemischt-ganzzahliger linearer Modelle zur strategischen Planung biomassebasierter Wertschöpfungsnetzwerke

	Kerdoncuff (2008)	Dunett et al. (2008)	Leduc et al. (2008), Leduc et al. (2010a)	Zamboni et al. (2009)	Kim et al. (2011)	Schattka (2011)
Betrachtung mehrerer Biomassearten	nein	ja*	nein	nein	ja	ja
Modellierung der Biomassepotenziale	Gemeinden	nein	Regionen	Raster	Quellen (k.A.)	Landkreise
Abbildung von Quellen, Standorten und Senken	nein	nein	ja	nein	ja	ja
Entfernungsmatrizen mit realen Distanzen	nein	nein	nein	nein	ja	ja
Bestimmung der Anzahl an Produktionsschritten je Standort	nein	ja	nein	nein	ja	ja*
Kapazitäten mit Größendegression	nein	kontinuierlich	nein	nein	diskret	diskret
n-stufige Modellstruktur	nein	ja	nein	nein	nein	ja*
Modellendogene Investitionsschätzung	nein	nein	nein	nein	nein	nein
Abbildung alternativer Technologien	nein	nein	nein	nein	nein	ja*
Modellendogene Planung der Energieversorgung der Anlagen	nein	nein	nein	nein	nein	nein
Zielfunktion	Kosten	Kosten	Kosten / Gewinn	Kosten	Gewinn	Kapitalwert

* Allgemein formuliert, keine Anwendung bzw. im angewendeten Modell nicht enthalten.

4 Entwicklung des Modells ECLIPTIC zur integrierten Standort-, Kapazitäts- und Technologieplanung biomassebasierter Wertschöpfungsnetzwerke

Im vorliegenden Kapitel wird das im Rahmen dieser Arbeit entwickelte Modell ECLIPTIC (Modeling of Energy Conversion and Local Framework for Integrated Planning of Transportation, Investments and Capacities) zur strategischen Planung biomassebasierter Wertschöpfungsnetzwerke beschrieben. Das Modell basiert auf den in Abschnitt 2.4 definierten Anforderungen an die strategische Planung biomassebasierter Wertschöpfungsnetzwerke und den in Kapitel 3 dargestellten Grundlagen.

In Abschnitt 4.1 werden zunächst die im Modell verwendete Terminologie und die Struktur des Modells dargestellt. In Abschnitt 4.2 wird die Zielfunktion des Modells aufgestellt. Die Modellierung der Stoffumwandlung wird in Abschnitt 4.3 und die Energiebilanzierung im Modell in Abschnitt 4.4 erläutert. Die Abbildung der Biomassepotenziale und der Distribution der Produkte finden sich in Abschnitt 4.5. In Abschnitt 4.6 werden verschiedene Modellvarianten zur Abbildung der Investitionsschätzung und der damit verbundenen Kapazitätsplanung entwickelt und deren Rechenzeiten verglichen. Dabei werden mehrere Varianten gemischt-ganzzahliger linearer Formulierungen des stückweise linear approximierten Ausgangsproblems bei Lösung mit einem kommerziellen Solver verglichen. Außerdem wird die exakte Lösung des nichtkonvexen Problems mit dem Verfahren von Soland untersucht. Schließlich wird in Abschnitt 4.7 eine Erweiterung zu einem dynamischen Modell vorgestellt.

4.1 Struktur des ECLIPTIC-Modells

Im Folgenden werden die grundsätzlichen Eigenschaften des entwickelten Modells vorgestellt und in die Literatur eingeordnet. Hierzu wird auf die Anzahl und Art der Stufen im Modell, Indexmengen und Entscheidungsvariablen eingegangen.

Damit das Modell für unterschiedliche biomassebasierte Wertschöpfungsketten (Abschnitt 2.3) eingesetzt werden kann, ist die Anzahl der an verschiedenen Standorten zu installierenden Stoffumwandlungs- oder Stofftrennungsschritte im Modell nicht vorgegeben, d.h. das Modell hat eine n-stufige Struktur (siehe Abschnitt 2.4 und Abschnitt 3.3.5.2).

Das Modell basiert auf der Struktur der Wertschöpfungsketten zur stofflichen und energeti-schen Biomassenutzung (siehe Abbildung 2.3 in Abschnitt 2.4). Die erste Stufe umfasst den Transport der Biomasse zu den Standorten der Vorbehandlungsschritte (*VS*). Anschließend er-folgt die Weiterverarbeitung der vorbehandelten Biomasse in *n* möglichen Stofftrennungs- und -umwandlungsschritten (*US*) am gleichen oder verschiedenen Standorten. In der letzten Stufe werden die Produkte zu den Senken transportiert.

Im entwickelten Modell werden mehrere Biomassearten, Zwischen- und Endprodukte abge-bildet. Eine Reihe aufeinanderfolgender Stofftrennungs- und/oder -umwandlungsschritte einer Prozesskette mit den zugehörigen Nebenkomponenten (Pumpen, Wärmeübertrager, etc.), die am gleichen Standort installiert werden müssen, wird in dieser Arbeit als Produktionsschritt ei-ner Wertschöpfungskette bezeichnet. Aufeinanderfolgende Prozesse einer Wertschöpfungskette können bspw. dann nicht räumlich getrennt werden, wenn das Zwischenprodukt überhaupt nicht bzw. nicht wirtschaftlich transportiert werden kann.

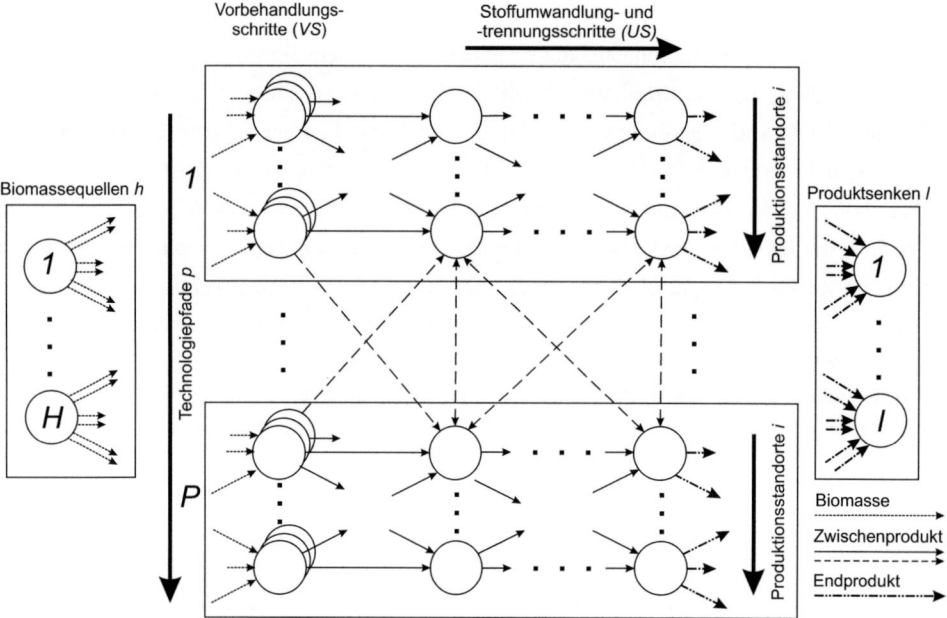

Abb. 4.1: Darstellung der ECLIPTIC-Modellstruktur mit Technologien, Produktionsschritten, Massen-strömen, Quellen, Standorten und Senken

Die Menge an Produktionsschritten, welche einen Nutzungspfad bzw. eine Wertschöpfungs-kette zur Produktion eines oder mehrerer Endprodukte bildet (vgl. Abbildung 2.1), wird in die-ser Arbeit als Technologie(-pfad) bezeichnet. Technologiepfade werden im Modell durch eine Indexmenge abgebildet. Somit sind nur dann unterschiedliche Indizes für Technologien und darin enthaltene Produktionsschritte erforderlich, wenn Alternativen bezüglich der Nutzung der Biomasse oder eines Zwischenproduktes bestehen.

Abbildung 4.1 stellt diese Struktur schematisch dar. Darin sind Biomassequellen h, mögliche Produktionsstandorte i und die Senken für die Produkte l abgebildet. Technologien sind vertikal angeordnet. Jede Technologie enthält einen möglichen Vorbehandlungsschritt zur Verarbeitung von Biomasse. Die nachfolgenden Stufen bilden Stoffumwandlungs- oder -trennungsschritte ab, wobei jeder Schritt am gleichen oder an einem anderen Standort bzw. auch am Standort der Vorbehandlung realisiert werden kann.

Zwischenprodukte, die in einer anderen Technologie (Nutzungspfad) als Rohstoff verwendet werden können, sind in Abbildung 4.1 durch eine gestrichelte Kante dargestellt. Somit können mehrere miteinander verschaltete Wertschöpfungsketten betrachtet und ein umfassendes Netzwerk zur Biomassenutzung abgebildet werden. Verschaltungen zwischen Wertschöpfungsketten entstehen bspw. durch die Nutzung von Kuppelprodukten, durch Separation einer Biomasseart in unterschiedlich nutzbare Fraktionen (parallele Nutzung) oder durch eine sogenannte Kaskadennutzung, in der Biomasse zunächst stofflich und dann energetisch genutzt wird (siehe Abschnitt 2.3, Arnold et al. (2009), Dornburg (2004)).

Auf dieser Basis werden die folgenden Entscheidungsvariablen zur Abbildung der Massenströme definiert:

- $m^{BM}_{p,b,h,i}$ ist der Massenstrom einer Biomasse (BM) vom Typ b, der von der Quelle h zum Produktionsstandort i zur Verarbeitung mit der Technologie p transportiert wird.

- Der Massenstrom $m^{ZP}_{p,z,i,j}$ beschreibt ein Zwischenprodukt (ZP) vom Typ z, das vom Produktionsstandort i zum Standort j zur Weiterverarbeitung durch den nächsten Produktionsschritt der Technologie p transportiert wird. i und j sind aus der gleichen Indexmenge, d.h. Zwischenprodukte können am selben Standort weiterverarbeitet werden.

- Ein Massenstrom $m^{EP}_{p,f,i,l}$ eines mit der Technologie p produzierten Endproduktes (EP) f wird vom Produktionsstandort i zur Senke l transportiert.

- Zur Abbildung des Transports eines Zwischenproduktes z zwischen der Technologie p am Standort i und der Technologie p' am Standort j dient die Variable $m^{Int}_{p,p',z,i,j}$.

Während im Modell von Dunett et al. (2008) für jede Technologie und jeden Standort die Kapazität als Variable modelliert wird (Abschnitt 3.6.4), werden im vorliegenden Modell die Massenströme in Abhängigkeit der Technologie angegeben. Neben der Speicherung der Information, welche Biomasse bzw. welches Zwischenprodukt in welcher Technologie an einem Standort verwendet wird, liegt ein Vorteil darin, dass bei Nicht-Realisierung einer Technologie an einem bestimmten Standort über die entsprechende Binärvariable alle zur Technologie gehörenden Massenströme auf Null gesetzt werden können. Dies kann zu besseren Rechenzeiten führen. Die gesamte Nomenklatur des Modells ist in Tabelle 4.1 angegeben. In den folgenden Abschnitten werden die Zielfunktion und die Nebenbedingungen des Modells dargestellt.

Tab. 4.1: Indexmengen, Variablen und Parameter des ECLIPTIC-Modells

Indexmengen	
$b \in \{1, ..., B\}$	Biomassearten
$z, z' \in \{1, ..., Z\}$	Zwischenprodukte
$f \in \{1, ..., F\}$	Endprodukte
$o \in \{1, ..., O\}$	Hilfs- und Reststoffe
$p, p' \in \{1, ..., P\}$	Technologie(-pfade)
$h \in \{1, ..., H\}$	Biomassequellen
$i, j, k \in \{1, ..., I\}$	Mögliche Produktionsstandorte
$l, l', l'' \in \{1, ..., L\}$	Senken für die Produkte
$e \in \{el, th1, th2, ...\}$	Elektrische und thermische Energieströme
$r \in \{1, ..., R\}$	Investitionsabhängige Kostenarten
$g_{p,b}^{VS} \in \{1, ..., G_{p,b}^{VS}\}$	Stützpunkte der Investitionsschätzung zur Vorbehandlung (VS) von Biomasse b mit Technologie p
$g_{p,z}^{US} \in \{1, ..., G_{p,z}^{US}\}$	Stützpunkte der Investitionsschätzung zur Umwandlung (US) von Zwischenprodukt z mit Technologie p
$u \in \Upsilon_{p,b}^{VS}$	Hauptkomponenten des Vorbehandlungsschrittes der Technologie p für die Biomasseart b
$u \in \Upsilon_{p,z}^{US}$	Hauptkomponenten des Stoffumwandlungsschrittes der Technologie p für die Verarbeitung von z

Entscheidungsvariablen	
Kontinuierlich	
$m_{p,b,h,i}^{BM}$	Massenstrom Biomasse [t/a]
$m_{p,z,i,j}^{ZP}$	Massenstrom Zwischenprodukte z einer Technologie p [t/a]
$m_{p,p',z,i,j}^{Int}$	Massenstrom Zwischenprodukte von Technologiepfad p am Standort i zu p' am Standort j [t/a]
$m_{p,f,i,l}^{EP}$	Massenstrom Endprodukt [t/a]
Binär	
$\mu_{p,b,i,g_{p,b}^{VS}}^{VS}$	Binärvariablen für Kapazitätssegmente der Biomassevorbehandlung
$\mu_{p,z,i,g_{p,z}^{US}}^{US}$	Binärvariablen für Kapazitätssegmente der Stoffumwandlung und -trennung
$v_{p,b,i}^{VS}$	Binärvariable für Standortentscheidung, nur im CPLEX SOS2-Modell
$v_{p,z,i}^{US}$	Binärvariable für Standortentscheidung, nur im CPLEX SOS2-Modell

Tab. 4.1: Indexmengen, Variablen und Parameter des ECLIPTIC-Modells

Weitere Variablen	
$E_{i,e}^{De}$	Benötigte Leistung der Art e am Standort i [MW]
$E_{i,e}^{Su}$	Verfügbare Leistung der Art e am Standort i [MW]
$E_{i,e}^{Sale}$	Leistungsüberschuss (Verkauf) am Standort i [MW]
$E_{i,e}^{Buy}$	Leistungsbedarf (Zukauf) am Standort i [MW]
$I_{p,b}^{VS}(m_{p,b}^{in})$	Investition [€] einer Anlage zur Vorbehandlung von Biomasse b mit Technologiepfad p und Kapazität $m_{p,b}^{in}$ [t$_{Input}$/a]
$I_{p,z}^{US}(m_{p,z}^{in})$	Investition [€] einer Anlage zur Weiterverarbeitung von Zwischenprodukt z mit Technologiepfad p und Kapazität $m_{p,z}^{in}$ [t$_{Input}$/a]
$\omega_{p,b,i,g_{p,b}^{VS}}^{VS}$	Kontinuierliche Kapazitätsvariable (Multiple Choice-Modell) bzw. Gewichte (SOS2-Modell) [t$_{Input}$/a]
$\omega_{p,z,i,g_{p,Z}^{US}}^{US}$	Kontinuierliche Kapazitätsvariable (Multiple Choice-Modell) bzw. Gewichte (SOS2-Modell) [t$_{Input}$/a]
I^{Ges}	Gesamtinvestitionen [€]
K^x	Kosten der Art x (Gesamt, Biomasse, Transport, Energie, sonstige) [€/a]

Parameter	
Technologisch	
$\beta_{p,b,z}^{VS}$	Stoffstromverhältnis Biomassevorbehandlung [t$_{Output}$/t$_{Input}$]
$\beta_{p,z',z}^{US}$	Stoffstromverhältnis für Zwischenprodukte (ZP) [t$_{Output}$/t$_{Input}$]
$\beta_{p,z,f}^{EP}$	Stoffstromverhältnis für Endprodukte (EP) [t$_{Output}$/t$_{Input}$]
$\gamma_{p,b,e}^{VS,De}$	Spezifische benötigte Leistung der Art e zur Vorbehandlung der Biomasse b im Technologiepfad p [MW/t$_{Input}$/a]
$\gamma_{p,z,e}^{US,De}$	Spezifische benötigte Leistung der Art e zur Verarbeitung des Zwischenproduktes z im Technologiepfad p [MW/t$_{Input}$/a]
$\gamma_{p,b,e}^{VS,Su}$	Spezifische bereitgestellte Leistung der Art e aus der Vorbehandlung der Biomasse b im Technologiepfad p [MW/t$_{Input}$/a]
$\gamma_{p,z,e}^{US,Su}$	Spezifische bereitgestellte Leistung der Art e aus der Verarbeitung des Zwischenproduktes z im Technologiepfad p [MW/t$_{Input}$/a]
$\delta_{p,b,o}$	Spezifische Massen an Hilfs- oder Reststoffen o zur Biomassevorbehandlung [t/t$_{Input}$]
$\delta_{p,z,o}$	Spezifische Massen an Hilfs- oder Reststoffen o zur Verarbeitung von Zwischenprodukten [t/t$_{Input}$]
V	Anlagenverfügbarkeit [h/a]
Biomasse und Produkte	
$A_{b,h}$	Biomasseangebot der Art b der Quelle h [t/a]
N_f	Gesamtnachfrage Endprodukt f [t/a]
$w_{f,l}$	Gewichtung der Nachfrage nach f für die Senke l

Tab. 4.1: Indexmengen, Variablen und Parameter des ECLIPTIC-Modells

Investitionsschätzung

I_u^{Basis}	Basisinvestition der Hauptkomponente u [€]
κ_u^{Basis}	Basiskapazität der Hauptkomponente u [m³], [t], [mol], [W]
A_u^D	Faktor für direkte Nebenpositionen der Investition
$\kappa_u^{Basis,A}$	Basiskapazität des Faktors A_u^D [m³], [t], [mol], [W]
A_u^I	Faktor für indirekte Nebenpositionen der Investition
R_u, R_u^A	Größendegressionsexponenten
$\alpha_{p,b,u}^{VS}, \alpha_{p,b,u}^{VS,A}$	Faktoren zur Umrechnung technischer Einheiten und für Massenveränderungen innerhalb eines Vorbehandlungsschrittes
$\alpha_{p,z,u}^{US}, \alpha_{p,z,u}^{US,A}$	Faktoren zur Umrechnung technischer Einheiten und für die Massenveränderungen innerhalb eines Stoffumwandlung/-trennungschrittes
$n_{g_{p,b}^{VS}}^{VS}$	Stützpunkte Investitionsschätzung Biomassevorbehandlung [t]
$n_{g_{p,z}^{US}}^{US}$	Stützpunkte Investitionsschätzung Stoffumwandlung/-trennung [t]
$s_{p,b,i,g_{p,b}^{VS}}^{VS}$	Steigung Geradenabschnitte im Multiple Choice-Modell [€/t]
$s_{p,z,i,g_{p,z}^{US}}^{US}$	Steigung Geradenabschnitte im Multiple Choice-Modell [€/t]
$y_{p,b,g_{p,b}^{VS}}^{VS}$	y-Achsenabschnitte im Multiple Choice-Modell [€]
$y_{p,z,g_{p,z}^{US}}^{US}$	y-Achsenabschnitte im Multiple Choice-Modell [€]

Ökonomische Parameter

$c_{b,h}^{BM}$	Kosten für die Erfassung der Biomasse der Art b für Quelle h [€/t]
c_r	Faktor zur Schätzung der Kostenart r in Abhängigkeit der Gesamtinvestitionen [%]
ΔI_r	Korrektur der Gesamtinvestitionen für die Kostenart r
$c_b^{T,BM,fix}$	Entfernungsunabhängige spezifische Transportkosten für Biomasse [€/t]
$c_b^{T,BM,var}$	Entfernungsabhängige spezifische Transportkosten für Biomasse [€/(t·km)]
$d_{h,i}^{Quellen}$	Entfernung zwischen Quelle h und Produktionsstandort i [km]
$c_z^{T,ZP,fix}$	Entfernungsunabhängige spezifische Transportkosten für Zwischenprodukte [€/t]
$c_z^{T,ZP,var}$	Entfernungsabhängige spezifische Transportkosten für Zwischenprodukte [€/(t·km)]
$d_{i,j}^{Standorte}$	Entfernung zwischen Produktionsstandorten i und j [km]
$c_f^{T,EP,fix}$	Entfernungsunabhängige spezifische Transportkosten für Endprodukte [€/t]
$c_f^{T,EP,var}$	Entfernungsabhängige spezifische Transportkosten für Endprodukte [€/(t·km)]

Tab. 4.1: Indexmengen, Variablen und Parameter des ECLIPTIC-Modells

$d_{i,l}^{Senken}$	Entfernung von Produktionsstandort i zur Senke l [km]
p^{el}	Verkaufspreis elektrische Energie [€/kWh]
c^{el}	Bezugspreis elektrische Energie [€/kWh]
c_o^{Sonst}	Kosten für Hilfsstoff o oder Entsorgung von Reststoff o [€/t]

4.2 Zielfunktion

Die Wirtschaftlichkeit biomassebasierter Wertschöpfungsketten wird durch den Vergleich der spezifischen Herstell- bzw. Selbstkosten mit den entsprechenden Kosten konventioneller Produkte bewertet. In dieser Arbeit soll daher ein Wertschöpfungsnetzwerk zur Herstellung von Produkten aus Biomasse so bestimmt werden, dass die Summe der Kosten für die Ernte bzw. das Sammeln der Biomasse, für den Transport von Biomasse, Zwischen- und Endprodukten sowie der fixen Kosten infolge der Errichtung der Produktionsstandortes und der variablen Kosten zum Betrieb der Anlagen minimal ist.

In Abschnitt 3.3.5.2 wird aufgezeigt, dass die Kostenminimierung in den meisten Arbeiten als geeignetes Ziel in der Standortplanung betrachtet wird. Dabei wird angenommen, dass die Nachfrage vorgegeben ist, z.B. durch die Quotenregelungen des Gesetzgebers bei Biokraftstoffen (Abschnitt 2.2) oder eine Absatzprognose. Der Zusammenhang zwischen Angebot, Preis und Absatzmenge wird mangels Daten bei Standortentscheidungen meistens nicht berücksichtigt (vgl. Hummeltenberg (1981)). Melo et al. (2005), Klose und Drexl (2005) und andere legen daher auch in dynamischen Modellen Wertschöpfungsnetzwerke so aus, dass die Gesamtkosten minimal sind. Dagegen wählen in den bisher existierenden Ansätzen zu strategischen Planung mit Biomassebezug (Abschnitt 3.6.4) Leduc et al. (2008) den Gewinn und Schattka (2011) den Kapitalwert als Zielkriterium.

Die Zielfunktion des ECLIPTIC-Modells zur Minimierung der Gesamtkosten K^{Ges} ist in Gleichung 4.1 gegeben.

$$K^{Ges} = K^{Biomasse} + \sum_{r=1}^{R} c_r \cdot \left(I^{Ges} - \Delta I_r \right) + K^{Transport} + K^{Energie} + K^{Sonstige} \qquad [4.1]$$

Darin sind $K^{Biomasse}$ Kosten zur Erfassung der Biomasse, z.B. durch Ernten oder Sammeln[1]. Diese umfassen Abschreibungen und Energiekosten für Erntemaschinen sowie Lohnkosten. Die genaue Zusammensetzung ist für die im Rahmen der Fallstudie betrachteten Biomassearten

---

[1]Gegebenenfalls kann auch ein Bezugspreis für Biomasse abgebildet werden.

in Abschnitt 5.2 gegeben. Die Biomasseerfassungskosten werden spezifisch für die verschiedenen Biomassearten abgebildet (siehe Gleichung 4.2). Gegebenenfalls kann eine räumliche Differenzierung modelliert werden, die in der Fallstudie der vorliegenden Arbeit jedoch nicht angewendet wird.

$$K^{Biomasse} = \sum_{p=1}^{P} \sum_{b=1}^{B} \sum_{h=1}^{H} \sum_{i=1}^{I} c_{b,h}^{BM} m_{p,b,h,i}^{BM} \qquad [4.2]$$

In Gleichung 4.1 bezeichnet I^{Ges} die Gesamtinvestitionen, welche für das gesamte Wertschöpfungsnetzwerk getätigt werden. Kostenarten r wie Abschreibungen, Zinsen, Reparatur und Instandhaltung, Versicherungen, Steuern und Löhne hängen linear von den Investitionen ab bzw. werden linear in Abhängigkeit der Investitionen geschätzt (siehe Abschnitt 3.5). Die kumulierten Investitionen bestehen aus den Investitionen für Biomassevorbehandlungsanlagen und Anlagen zur Stoffumwandlung bzw. -trennung und berechnen sich wie in Gleichung 4.3 angegeben. Sie müssen gegebenenfalls für die einzelnen Kostenarten r um ΔI_r, z.B. Grundstücke, korrigiert werden (vgl. Rentz (1979)). Die modellendogene Berechnung der Investitionen wird in Abschnitt 4.6 dargestellt.

$$I^{Ges} = \sum_{p=1}^{P} \sum_{i=1}^{I} \left(\sum_{b=1}^{B} \widetilde{I}_{p,b,i}^{VS} + \sum_{z=1}^{Z} \widetilde{I}_{p,z,i}^{US} \right) \qquad [4.3]$$

Die Transportkosten $K^{Transport}$ in Gleichung 4.4 setzen sich aus den Transportkosten für Biomasse, Zwischenprodukte und Endprodukte zusammen. Der Transport von Zwischenprodukten wird innerhalb und zwischen Technologiepfaden abgebildet. Sind die Produktionsschritte am gleichen Standort installiert, fallen keine Transportkosten an. Es werden jeweils ein entfernungsunabhängiger Transportkostensatz (fix), z.B. für das Be- und Entladen, Warte- und Stillstandzeiten sowie Fixkosten, ein entfernungsabhängiger Transportkostensatz (var), z.B. für Energie und Personal, und die Entfernungen d von den Quellen zu den Produktionsstandorten, zwischen den Produktionsstandorten und von dort zu den Senken abgebildet[2].

$$\begin{aligned}
K^{Transport} =& \sum_{b=1}^{B} \sum_{h=1}^{H} \sum_{i=1}^{I} \left(c_b^{T,BM,fix} + c_b^{T,BM,var} \cdot d_{h,i}^{Quellen} \right) \cdot \sum_{p=1}^{P} m_{p,b,h,i}^{BM} \\
&+ \sum_{z=1}^{Z} \sum_{i=1}^{I} \sum_{\substack{j=1,\\i \neq j}}^{I} \left(c_z^{T,ZP,fix} + c_z^{T,ZP,var} \cdot d_{i,j}^{Standorte} \right) \cdot \left(\sum_{p=1}^{P} m_{p,z,i,j}^{ZP} + \sum_{p=1}^{P} \sum_{p'=1}^{P} m_{p,p',z,i,j}^{Int} \right) \\
&+ \sum_{f=1}^{F} \sum_{i=1}^{I} \sum_{l=1}^{L} \left(c_f^{T,EP,fix} + c_f^{T,EP,var} \cdot d_{i,l}^{Senken} \right) \cdot \sum_{p=1}^{P} m_{p,f,i,l}^{EP}
\end{aligned}$$
$$[4.4]$$

[2]Fixe und variable Transportkostensätze können gegebenenfalls mittels linearer Regression aus Transportkosten für verschiedene Distanzen bestimmt werden.

Die Bereitstellung von thermischer und elektrischer Energie kann bspw. mit Dampf- und Gasturbinen erfolgen (siehe Abschnitt 2.4). Die damit verbundenen Kosten werden über die von den Investitionen dieser Anlagen abhängigen Kosten und den Verbrauch von Rohstoffen modelliert. Es besteht die Möglichkeit, an den Produktionsstandorten i elektrische Energie (el) in das Elektrizitätsnetz einzuspeisen oder daraus zu beziehen. Die entsprechenden Kosten bzw. Erlöse werden in Gleichung 4.5 über die spezifischen Kosten c^{el} und den Preis p^{el} in €/kwh für die sich bei der jährlichen Anlagenverfügbarkeit V ergebende benötigte bzw. bereitgestellte Energie aus dem Leistungsbedarf ($E^{Buy}_{i,e=el}$ [MW]) bzw. dem Leistungsüberschuss ($E^{Sale}_{i,e=el}$ [MW]) berechnet. Leistungsbedarf und -überschuss werden über Nebenbedingungen ermittelt (siehe Abschnitt 4.4).

$$K^{Energie} = \sum_{i=1}^{I} \left(p^{el} \cdot E^{Sale}_{i,e=el} + c^{el} \cdot E^{Buy}_{i,e=el} \right) / 1000 \cdot V \qquad [4.5]$$

Die Abbildung verschiedener Preise für den Zukauf und Verkauf von elektrischer Energie geht auf Netznutzungsgebühren, Steuern und Transaktionskosten zurück. Im Modell von Dunett et al. (2008) (siehe Abschnitt 3.6.4), in dem ebenfalls Kosten und Erlöse für elektrische Energie berücksichtigt werden, wird dagegen nur ein Preis abgebildet. Außerdem werden die Entscheidungen dort auf Basis einer regional vorgegebenen Nachfrage nach elektrischer Energie getroffen. In der vorliegenden Arbeit ist dagegen die modellendogene Bewertung der internen Verwendung der elektrischen Energie gegenüber dem optionalen Verkauf ausschlaggebend.

Schließlich werden in der Zielfunktion mit $K^{Sonstige}$ Kosten für Hilfsstoffe (z.B. Wasser oder Lösemittel) und für die Entsorgung oder Behandlung von Nebenprodukten, für die keine modellendogene Verwertungsoption abgebildet wird (z.B. Schlacken oder Abwasser), berücksichtigt. Die Massen werden über Massenstromverhältnisse $\delta_{p,b,o}$, falls die Stoffe bei der Verarbeitung von Biomasse und $\delta_{p,z,o}$, falls die Stoffe bei der Verarbeitung von Zwischenprodukten anfallen bzw. benötigt werden, berechnet. Dies ist in Gleichung 4.6 dargestellt. Diese Kosten sind dann entscheidungsrelevant, wenn alternative Biomassearten in einer Technologie verwendet werden können und diese bzw. deren Zwischenprodukte unterschiedliche Massen an Hilfsstoffen benötigen bzw. zu unterschiedlichen Massen an Reststoffen führen.

$$K^{Sonstige} = \sum_{o=1}^{O} c_o^{Sonst} \cdot \left(\sum_{p=1}^{P} \left(\sum_{b=1}^{B} \sum_{h=1}^{H} \sum_{i=1}^{I} \delta_{p,b,o} \cdot m^{BM}_{p,b,h,i} + \sum_{z=1}^{Z} \sum_{j=1}^{I} \sum_{i=1}^{I} \delta_{p,z,o} \cdot m^{ZP}_{p,z,j,i} \right) \right) \qquad [4.6]$$

Nachdem im vorangehenden Abschnitt 4.1 der grundsätzliche Aufbau des Modells und im vorliegenden Abschnitt die Zielfunktion dargestellt wurden, werden in den folgenden Abschnitten 4.3 bis 4.6 die in den Nebenbedingungen des Modells abgebildete Stoffumwandlung, Energiebilanzierung, Verfügbarkeit von Biomasse, Nachfrage sowie Investitionsschätzung erläutert.

4.3 Modellierung der Stoffumwandlung

Stoffumwandlungs- und -trennungsvorgänge biomassebasierter Wertschöpfungsketten werden im Modell mit Stoffumwandlungskoeffizienten bzw. Massenstromverhältnissen, welche die Verarbeitung einer Biomasseart oder eines Zwischenproduktes zu einem oder mehreren Zwischen- oder Endprodukten beschreiben, abgebildet. Ein Stoffumwandlungskoeffizient β beschreibt den Output eines Zwischenproduktes z oder eines Endproduktes f in t/a bei der Verarbeitung einer Tonne der Biomasseart b oder eines Zwischenproduktes z durch einen Produktionsschritt der Technologie p. Dabei kann es sich um einen Vorbehandlungs- oder einen Stoffumwandlungs- bzw. -trennungsschritt handeln.

Massenstromverhältnisse werden auch in den Modellen zu biomassebasierten Wertschöpfungsnetzwerken von Kerdoncuff (2008) und Schattka (2011) verwendet (Abschnitt 3.6.4). Alternativ ist eine Modellierung mit Input- und Outputkoeffizienten möglich, die für jeden Produktionsschritt in Abhängigkeit der Kapazität (Inputmassenstrom) angeben, welche Mengen eines Rohstoffes benötigt, bzw. welche Mengen eines Produktes produziert werden (siehe Dunett et al. (2008)).

Die Modellierung der Stoffumwandlung erfolgt im ECLIPTIC-Modell durch Massenbilanzen für die Zwischen- und Endprodukte für jede Technologie p und jeden Produktionsstandort i. Die Massenbilanz für die Zwischenprodukte ist in Gleichung 4.7 angegeben. Die Produktion bzw. Bereitstellung eines Zwischenproduktes z zur Weiterverarbeitung in der Technologie p erfolgt darin durch einen Vorbereitungsschritt VS, durch einen Stoffumwandlungs- bzw. -trennungsschritt US oder durch eine andere Technologie p'. Die an andere Technologien gelieferten Massen müssen zusätzlich berücksichtigt werden.

$$\sum_{j=1}^{I} m_{p,z,i,j}^{ZP} = \sum_{b=1}^{B}\sum_{h=1}^{H} m_{p,b,h,i}^{BM} \cdot \beta_{p,b,z}^{VS} + \sum_{z'=1}^{Z}\sum_{j=1}^{I} m_{p,z',j,i}^{ZP} \cdot \beta_{p,z',z}^{US}$$
$$+ \sum_{\substack{p'=1,\,j=1 \\ p' \neq p}}^{P} \sum_{}^{I} \left(m_{p,p',z,i,j}^{Int} - m_{p',p,z,j,i}^{Int} \right) \qquad \text{[4.7]}$$
$$\forall p \in \{1,...,P\} \quad \forall z \in \{1,...,Z\} \quad \forall i \in \{1,...,I\}$$

Die Produktion der Endprodukte f durch Stoffumwandlung- oder -trennung der Zwischenprodukte z wird wie folgt modelliert:

$$\sum_{l=1}^{L} m_{p,f,i,l}^{EP} = \sum_{z=1}^{Z}\sum_{j=1}^{I} m_{p,z,j,i}^{ZP} \cdot \beta_{p,z,f}^{EP} \qquad \text{[4.8]}$$
$$\forall p \in \{1,...,P\} \quad \forall f \in \{1,...,F\} \quad \forall i \in \{1,...,I\}.$$

Weiterhin wird ausgeschlossen, dass im Modell über Schleifen zwischen den Technologien nicht produzierte Massen an Zwischenprodukten auftreten können. Ansonsten könnten z.B. $x + y$ Einheiten eines Zwischenproduktes von Technologiepfad A an den Technologiepfad B geliefert werden, dort aber nur x Einheiten genutzt und y Einheiten zurück an Technologiepfad A geliefert wird. Dort werden nur x Einheiten tatsächlich produziert. Daher wird die Masse der Zwischenprodukte z aus Technologie p am Standort i, die an eine andere Technologie p' am Standort j geliefert werden darf, im Modell auf die am Standort i produzierte Masse eingeschränkt:

$$\sum_{p'=1}^{P} \sum_{j=1}^{I} m_{p,p',z,i,j}^{Int} \leq \sum_{b=1}^{B} \sum_{h=1}^{H} m_{p,b,h,i}^{BM} \cdot \beta_{p,b,z}^{VS} + \sum_{z'=1}^{Z} \sum_{j=1}^{I} m_{p,z',j,i}^{ZP} \cdot \beta_{p,z',z}^{US} \qquad [4.9]$$

$$\forall p \in \{1,...,P\} \quad \forall z \in \{1,...,Z\} \quad \forall i \in \{1,...,I\}.$$

4.4 Modellierung der Energieströme und der Energiebereitstellung

Energieströme sind, wie in Abschnitt 2.4 dargestellt, im Kontext der Entscheidungen zu Standorten, Kapazitäten und zur Netzwerkstruktur biomassebasierter Wertschöpfungsketten entscheidungsrelevant. In den bisherigen Arbeiten zur strategischen Planung biomassebasierter Wertschöpfungsnetzwerke werden diese Aspekte jedoch nicht berücksichtigt (siehe Abschnitt 3.6).

Energiebedarfe und -überschüsse werden im Modell für elektrische Energie el und thermische Energieströme $th1, th2, ...$, bspw. Wärmeströme mit verschiedenen Temperaturen, abgebildet. Die Berechnung der Energiebedarfe oder -überschüsse eines Produktionsschritts erfolgt auf Basis der Kapazität des Produktionsschritts am jeweiligen Standort. Im Modell werden vom Input-Massenstrom abhängige Leistungsfaktoren γ in MW/t/a abgebildet. Die Anlagenverfügbarkeit wird in der Zielfunktion berücksichtigt (siehe Abschnitt 4.2).

Die gesamte benötigte Leistung $E_{i,e}^{De}$ an einem Produktionsstandort i berechnet sich aus den Bedarfen der dort installierten Produktionsschritte zur Vorbereitung von Biomasse und zur Stoffumwandlung bzw. -trennung von Zwischenprodukten:

$$E_{i,e}^{De} = \sum_{p=1}^{P} \sum_{b=1}^{B} \sum_{h=1}^{H} \gamma_{p,b,e}^{VS,De} \cdot m_{p,b,h,i}^{BM} + \sum_{p=1}^{P} \sum_{z=1}^{Z} \sum_{j=1}^{I} \gamma_{p,z,e}^{US,De} \cdot m_{p,z,j,i}^{ZP} \qquad [4.10]$$

$$\forall i \in \{1,...,I\} \quad \forall e \in \{el, th1, th2, ...\}.$$

Die mögliche Verschaltung thermischer Energieströme (Wärmeintegration) ist ex ante zu analysieren. Die ermittelte Auslegung wird unter Berücksichtigung der erforderlichen Investitionen in ECLIPTIC abgebildet. Hierfür werden im Rahmen der Fallstudie dieser Arbeit Fließschemasimulationsmodelle eingesetzt (Abschnitt 5.4).

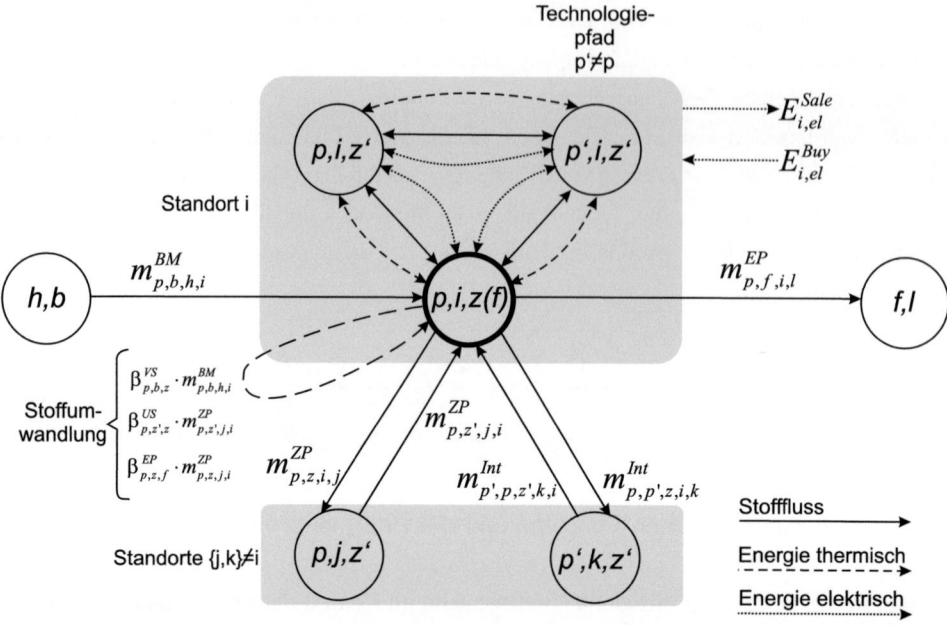

Abb. 4.2: Schematische Darstellung möglicher Stoffströme von Quellen sowie zu und zwischen Standorten und zu Senken für einen Produktionsschritt des Technologiepfades p zur Produktion des Zwischenprodukts z bzw. des Endprodukts f sowie der möglichen Energieströme am Standort i

Analog zu Gleichung 4.10 wird die insgesamt verfügbare Leistung $E_{i,e}^{Su}$ an jedem Standort i für jede Leistungsart e berechnet:

$$E_{i,e}^{Su} = \sum_{p=1}^{P}\sum_{b=1}^{B}\sum_{h=1}^{H} \gamma_{p,b,e}^{VS,Su} \cdot m_{p,b,h,i}^{BM} + \sum_{p=1}^{P}\sum_{z=1}^{Z}\sum_{j=1}^{I} \gamma_{p,z,e}^{US,Su} \cdot m_{p,z,j,i}^{ZP}$$

$$\forall i \in \{1,...,I\} \quad \forall e \in \{el,th1,th2,...\}.$$

[4.11]

Auf Basis der gesamten benötigten und verfügbaren Leistungen werden Bilanzen formuliert. Die benötigte thermische Leistung muss gedeckt werden, d.h.:

$$E_{i,e}^{De} \le E_{i,e}^{Su} \quad \forall i \in \{1,...,I\} \quad \forall e \in \{th1,th2,...\}.$$

[4.12]

Die bereitgestellte elektrische Leistung muss entweder für eigene Bedarfe genutzt oder kann durch Einspeisung ins Elektrizitätsnetz ($E_{i,e}^{Sale}$) veräußert bzw. bei Unterdeckung daraus bezogen ($E_{i,e}^{Buy}$) werden (Gleichung 4.13). Abbildung 4.2 stellt die Modellierung der Stoff- und Energiebilanzierung in ECLIPTIC zusammenfassend dar.

$$E_{i,e}^{De} + E_{i,e}^{Sale} = E_{i,e}^{Su} + E_{i,e}^{Buy} \quad \forall i \in \{1,...,I\} \quad e = el$$

[4.13]

4.5 Abbildung der Biomassepotenziale und der Nachfrage

Das Biomassepotenzial in einer Region wird ex ante ermittelt und den Quellen h, bspw. in Abhängigkeit von Bodennutzungsdaten und der Zugänglichkeit, zugeordnet (vergleiche Abschnitte 3.6.1 und 5.1). Die Nutzung des aus Quelle h verfügbaren Potenzials $A_{b,h}$ der Biomasseart b wird durch folgende Kapazitätsrestriktion beschränkt:

$$\sum_{p=1}^{P}\sum_{i=1}^{I} m_{p,b,h,i}^{BM} \leq A_{b,h} \quad \forall b \in \{1,...,B\} \quad \forall h \in \{1,...,H\}. \tag{4.14}$$

Die Gesamtnachfrage N_f nach dem Endprodukt vom Typ f muss durch Herstellung mit den Technologien p an den Produktionsstandorten i befriedigt werden:

$$\sum_{p=1}^{P}\sum_{i=1}^{I}\sum_{l=1}^{L} m_{p,f,i,l}^{EP} = N_f \quad \forall f \in \{1,...,F\}. \tag{4.15}$$

Die Distribution der Endprodukte wird mit einem Gewicht $w_{f,l}$ modelliert, welches den Anteil der Gesamtnachfrage beschreibt, der in Senke l nachgefragt wird:

$$\sum_{p=1}^{P}\sum_{i=1}^{I}\sum_{l''=1}^{L} m_{p,f,i,l''}^{EP} \cdot \frac{w_{f,l}}{\sum_{l'=1}^{L} w_{f,l'}} = \sum_{p=1}^{P}\sum_{i=1}^{I} m_{p,f,i,l}^{EP} \quad \forall f \in \{1,...,F\} \quad \forall l \in \{1,...,L\}. \tag{4.16}$$

Soll die Gesamtmenge zu genau einer Senke l' geliefert werden, nimmt $w_{f,l}$ für l' einen beliebigen positiven und für alle anderen Senken den Wert Null an.

4.6 Modellierung der Größendegression zur Planung der Kapazitäten

Im vorliegenden Abschnitt wird die modellendogene Investitionsschätzung für Vorbehandlungs- sowie Stofftrennungs- und -umwandlungsschritte beschrieben. Der zugrunde liegende nichtlineare Zusammenhang zwischen Investition und Kapazität wird in Abschnitt 3.5 dargestellt.

Dabei besteht zum einen die Möglichkeit, nichtkonvexe Kostenfunktionen zu verwenden und ein nichtlineares Modell zu lösen. Zum anderen kann in einem gemischt-ganzzahligen linearen Modell eine stückweise lineare Approximation der nichtkonvexen Funktionen abgebildet werden (Abschnitt 3.3). Von den Ansätzen zur exakten oder heuristischen Lösung des Standort- und Kapazitätplanungsproblems mit konkaven Funktionen kann das Verfahren von Soland (1974) auf das vorliegende Problem übertragen werden (Abschnitt 3.3.1.2).

Im Folgenden wird in Unterabschnitt 4.6.1 zunächst die Übertragung des Ansatzes zur Investitionsschätzung aus Abschnitt 3.5 auf die vorliegende Problemstellung dargestellt. In Unterabschnitt 4.6.2.1 werden Ansätze zur stückweise linearen Abbildung von nichtkonvexen Funktionen in gemischt-ganzzahligen linearen Modellen beschrieben. Die Implementierung der stückweise linearen Approximation der Funktionen zur Investitionsschätzung in einem gemischt-ganzzahligen linearen Modell wird in Abschnitt 4.6.2.2 und die Anwendung des Verfahrens von Soland in Abschnitt 4.6.2.3 dargestellt.

4.6.1 Schätzung der Investitionen der Produktionsschritte

Der Größendegressionseffekt beschreibt die mit steigender Anlagenkapazität sinkenden spezifischen Investitionen (vgl. Abschnitt 3.2.4 und Abschnitt 3.5) und wirkt sich im Modell über die in Abhängigkeit der Investition geschätzten Kosten wie Abschreibungen, Zinsen, Reparatur und Instandhaltung aus (vgl. Abschnitt 4.1).

Auf Basis des in Abschnitt 3.5 (Gleichung 3.7) formulierten Ansatzes zur Schätzung der Investitionen wird die Investitionsschätzung in ECLIPTIC für Vorbehandlungsschritte (*VS*) und Stoffumwandlungs- bzw. -trennungsschritte (*US*) gemäß Gleichung 4.17 und Gleichung 4.18 formuliert.

$$I^{VS}_{p,b,u}(m^{in}_{p,b}) = I^{Basis}_u \cdot \left(\frac{\alpha^{VS}_{p,b,u} \cdot m^{in}_{p,b}}{\kappa^{Basis}_u} \right)^{R_u} \cdot \left(1 + A^D_u \cdot \left(\frac{\alpha^{VS,A}_{p,b,u} \cdot m^{in}_{p,b}}{\kappa^{Basis,A}_u} \right)^{R^A_u} \right) \cdot \left(1 + A^I_u \right) \qquad [4.17]$$

$$\forall p \in \{1, ..., P\} \quad \forall b \in \{1, ..., B\} \quad \forall u \in \Upsilon^{VS}_{p,b}$$

$$I^{US}_{p,z,u}(m^{in}_{p,z}) = I^{Basis}_u \cdot \left(\frac{\alpha^{US}_{p,z,u} \cdot m^{in}_{p,z}}{\kappa^{Basis}_u} \right)^{R_u} \cdot \left(1 + A^D_u \cdot \left(\frac{\alpha^{US,A}_{p,z,u} \cdot m^{in}_{p,z}}{\kappa^{Basis,A}_u} \right)^{R^A_u} \right) \cdot \left(1 + A^I_u \right) \qquad [4.18]$$

$$\forall p \in \{1, ..., P\} \quad \forall z \in \{1, ..., Z\} \quad \forall u \in \Upsilon^{US}_{p,z}$$

Darin wird die Investition $I^{VS}_{p,b,u}$ ($I^{US}_{p,z,u}$) einer Hauptkomponente u des Technologiepfades p mit der Kapazität $m^{in}_{p,b}$ ($m^{in}_{p,z}$) des zugehörigen Produktionsschrittes zur Vorbehandlung der Biomasseart b (Verarbeitung des Zwischenproduktes z) berechnet. Die Faktoren $\alpha^{US}_{p,b,u}$ ($\alpha^{VS}_{p,z,u}$) werden verwendet, um die Kapazität auf die technische Einheit der Basiskapazität κ^{Basis}_u (z.B. Volumen- oder Molstrom) umzurechnen und um Stoffumwandlungsvorgänge zu berücksichtigen, welche in möglicherweise vorgelagerten Hauptkomponenten des Produktionsschrittes stattfinden. In Abschnitt 5.6.2 werden die verschiedenen Faktoren für die Hauptkomponenten der Wertschöpfungskette der Fallstudie ermittelt.

4.6.2 Implementierung der Investitionsschätzung in ECLIPTIC

Abbildung 4.3 zeigt ein Beispiel einer konkaven Funktion $I(x)$ zur Investitionsschätzung und deren exemplarische stückweise lineare Approximation durch drei Geraden in den Abschnitten $[n_1; n_2]$, $[n_2; n_3]$ und $[n_3; n_4]$. Die Parameter n_g mit $g \in \{1, ..., G\}$ werden als Stützpunkte bezeichnet. Die Investitionen an den Stützpunkten werden mit $I(n_g)$ bezeichnet. Der y-Achsenabschnitt der Gerade im Abschnitt $[n_{g-1}; n_g]$, $g \in \{2, ..., G\}$ sei y_g und die Steigung s_g. Der erste Stützpunkt n_1 stellt die Minimal- und der letzte Stützpunkt n_G die Maximalkapazität dar. In vielen Modellen zur Standort- und Kapazitätsplanung werden Maximalkapazitäten, Minimalkapazitäten dagegen oft nicht abgebildet (siehe Tabelle 3.2, Abschnitt 3.3.5.2).

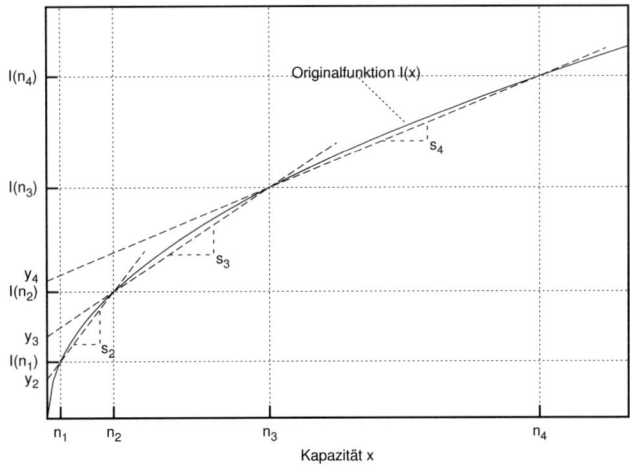

Abb. 4.3: Stückweise lineare Approximation einer konkaven Funktion zur Schätzung der Investitionen

Im folgenden Abschnitt 4.6.2.1 werden Ansätze zur stückweise linearen Abbildung von nichtkonvexen Funktionen in gemischt-ganzzahligen linearen Programmen und in Abschnitt 4.6.2.2 wird die stückweise lineare Abbildung der Investitionsschätzung in ECLIPTIC dargestellt.

4.6.2.1 Approximation nichtkonvexer Funktionen in gemischt-ganzzahligen linearen Programmen

Es existieren verschiedene Formulierungen zur stückweise linearen Approximation einer nichtkonvexen Funktion in einem gemischt-ganzzahligen linearen Programm. Im Folgenden werden vier verschiedene Ansätze auf Basis der im vorangehenden Abschnitt eingeführten Notation (siehe Abbildung 4.3) vorgestellt.

Im sogenannten inkrementellen Modell (vgl. Dantzig (1963), Hadley (1964), Croxton et al. (2003)) gibt die Variable ω_g für jedes Segment zwischen $[n_{g-1}; n_g]$ die von diesem Segment genutzte Kapazität an. Sie kann nur einen positiven Wert annehmen, wenn die Binärvariable μ_g für das zugehörige Segment den Wert 1 annimmt und muss den größtmöglichen Wert $n_g - n_{g-1}$ annehmen, wenn die nächstgrößere Kapazitätsklasse genutzt wird. Der Ansatz ist im Problem 4.19 dargestellt (die zugehörigen Variablen für die Minimalkapazität werden auf Null gesetzt, d.h. $y_1 = 0$ und $s_1 = 0$). Wollenweber (2008) verwendet eine inkrementelle Formulierung zur stückweise linearen Abbildung der Kosten in einem Standort- und Kapazitätsplanungsmodell (Abschnitt 3.3).

$$
\begin{aligned}
Min \quad & \sum_{g=2}^{G} \left(s_g \omega_g + \left((y_g + s_g n_{g-1}) - (y_{g-1} + s_{g-1} n_{g-1}) \right) \mu_g \right) \\
s.t. \quad & (n_g - n_{g-1})\mu_{g+1} \leq \omega_g \leq (n_g - n_{g-1})\mu_g \quad \forall g \in \{2, ..., G\} \\
& \mu_g \in \{0; 1\} \quad \forall g \in \{2, ..., G\}
\end{aligned}
\qquad [4.19]
$$

Im Multiple Choice-Ansatz (z.B. Balakrishan und Graves (1989), Croxton et al. (2003)), welches im Programm 4.20 angegeben ist, kann ω_g nur für ein einziges Segment $[n_{g-1}; n_g]$ für alle $g \in \{2, ..., G\}$ einen positiven Wert annehmen und repräsentiert somit den gesamten Kapazitätsbereich. Daher darf nur eine Binärvariable den Wert 1 annehmen.

$$
\begin{aligned}
Min \quad & \sum_{g=2}^{G} \left(s_g \omega_g + y_g \mu_g \right) \\
s.t. \quad & n_{g-1}\mu_g \leq \omega_g \leq n_g \mu_g \quad \forall g \in \{2, ..., G\} \\
& \sum_{g=2}^{G} \mu_g \leq 1 \\
& \mu_g \in \{0; 1\} \quad \forall g \in \{2, ..., G\}
\end{aligned}
\qquad [4.20]
$$

In den in Tabelle 3.2 (Abschnitt 3.3) angegebenen Modellen zur integrierten Standort- und Kapazitätsplanung verwenden Geoffrion und Graves (1974), Hammerschmid (1990), Püchert (1995), Schultmann et al. (2003), Hugo und Pistikopoulos (2005) und Lieckens und Vandaele (2007) eine Multiple Choice-Formulierung zur Abbildung von Kapazitätsklassen für jeden Kapazitätsbereich bzw. Anlagentyp. Dunett et al. (2008) verwendet ebenfalls eine Multiple Choice-Formulierung zur Berechnung der Kapazitäten (Abschnitt 3.6.4). Dort werden die Gesamtkosten in der Zielfunktion durch Addition der anteiligen Kosten der gewählten Kapazitätsklasse und der Kosten am oberen Ende der nächstkleineren Kapazitätsklasse ermittelt. Diese Formulierung lehnt sich an das Konvexkombinationsmodell an. Bei Formulierung der stückweise linearen Funktion mit diesem Ansatz werden anstelle der kontinuierlichen Variablen ω_g

Gewichte für die untere ω_g^u und obere Grenze ω_g^o jedes Kapazitätsbereichs $[n_{g-1}; n_g]$ angegeben (siehe z.B. Croxton et al. (2003)). Die Kapazität ergibt sich dann als $\sum_{g=2}^{G}(\omega_g^u n_g + \omega_g^o n_{g+1})$. Der Ansatz wird im folgenden Programm 4.21 dargestellt.

$$Min \quad \sum_{g=2}^{G}\left(\omega_g^u(s_g n_{g-1} + y_g) + \omega_g^o(s_g n_g + y_g)\right)$$

$$s.t. \quad \omega_g^u + \omega_g^o = \mu_g \quad \forall g \in \{2, ..., G\}$$

$$\sum_{g=2}^{G} \mu_g \leq 1 \qquad\qquad\qquad\qquad\qquad [4.21]$$

$$\omega_g^u, \omega_g^o \geq 0, \qquad \mu_g \in \{0; 1\} \quad \forall g \in \{2, ..., G\}$$

Croxton et al. (2003) vergleichen die drei vorgestellten Ansätze und zeigen, dass die relaxierten lineare Programme äquivalent sind. In der vorliegenden Arbeit wird die Anwendung des Multiple Choice-Modells verfolgt.

Eine weitere Formulierung der stückweise linearen Approximation nichtkonvexer Funktionen findet sich in Nemhauser und Wolsey (1988). Der Ansatz basiert ebenfalls auf Konvexkombinationen, kommt aber mit weniger Gewichten ω aus, da für jeden Stützpunkt genau ein Gewicht benötigt wird. Über sogenannte Special ordered Sets of Type 2 (SOS2) wird sichergestellt, dass lediglich zwei benachbarte Gewichte einen Wert größer Null annehmen können. Diese Eigenschaft wird erstmals von Beale und Tomlin (1970) formuliert (siehe auch Beale und Forrest (1976)). Im folgenden Abschnitt werden die Implementierung der stückweise linearen Investitionsschätzung mit dem Multiple Choice und mit Special ordered Sets of Type 2 vorgestellt und die Rechenzeiten beider Ansätze verglichen.

4.6.2.2 Modellierung der stückweise linearen Investitionsschätzung

Im vorliegenden Abschnitt wird zunächst der Einsatz des Multiple Choice-Ansatzes (MC) zur stückweise linearen Approximation der Investitionsschätzung im ECLIPTIC-Modell beschrieben und dann eine auf SOS2 basierende Implementierung vorgestellt. Danach werden die Rechenzeiten beider Modelle verglichen.

Die Berechnung der kontinuierlichen, den einzelnen Segmenten zugeordneten Variablen ω_g lautet für die Vorbehandlungsschritte VS im Multiple Choice-Modell zunächst wie folgt:

$$\sum_{h=1}^{H} m_{p,b,h,i}^{BM} = \sum_{g_{p,b}^{VS}=2}^{G_{p,b}^{VS}} \omega_{p,b,i,g_{p,b}^{VS}}^{VS} \quad \forall p \in \{1, ..., P\} \quad \forall b \in \{1, ..., B\} \quad \forall i \in \{1, ..., I\}. \qquad [4.22]$$

Die Summe über die Stützpunkte beginnt darin mit dem zweiten Stützpunkt, da die zugehörige Variable $\omega_{p,b,i,2}$ den Kapazitätsbereich zwischen der Minimalkapazität (erster Stützpunkt) und dem zweiten Stützpunkt repräsentiert.

In den Stoffumwandlungs- und -trennungsschritten können Zwischenprodukte, die mit dem gleichen oder gegebenenfalls einem anderen Technologiepfad p' jeweils am gleichen oder an einem anderen Standort produziert werden, verarbeitet werden. Die Nebenbedingungen zur Berechnung der Gewichte lauten daher:

$$\sum_{j=1}^{I} m_{p,z,j,i}^{ZP} + \sum_{p'=1}^{P} \sum_{j=1}^{I} m_{p',p,z,j,i}^{Int} = \sum_{g_{p,z}^{US}=2}^{G_{p,z}^{US}} \omega_{p,z,i,g_{p,Z}^{US}}^{US}$$ [4.23]

$$\forall p \in \{1,...,P\} \quad \forall z \in \{1,...,Z\} \quad \forall i \in \{1,...,I\}.$$

Die Einhaltung der unteren und oberen Grenzen der Kapazitätsbereiche, also der Stützpunkte, wird durch

$$n_{g_{p,b}^{VS}-1}^{VS} \cdot \mu_{p,b,i,g_{p,b}^{VS}}^{VS} \leq \omega_{p,b,i,g_{p,b}^{VS}}^{VS} \leq n_{g_{p,b}^{VS}}^{VS} \cdot \mu_{p,b,i,g_{p,b}^{VS}}^{VS}$$

$$\forall p \in \{1,...,P\} \quad \forall b \in \{1,...,B\} \quad \forall i \in \{1,...,I\} \quad \forall g_{p,b}^{VS} \in \{2,...,G_{p,b}^{VS}\}$$ [4.24]

und

$$n_{g_{p,z}^{US}-1}^{US} \cdot \mu_{p,z,i,g_{p,z}^{US}}^{US} \leq \omega_{p,z,i,g_{p,z}^{US}}^{US} \leq n_{g_{p,z}^{US}}^{US} \cdot \mu_{p,z,i,g_{p,z}^{US}}^{US}$$

$$\forall p \in \{1,...,P\} \quad \forall z \in \{1,...,Z\} \quad \forall i \in \{1,...,I\} \quad \forall g_{p,z}^{US} \in \{2,...,G_{p,z}^{US}\}$$ [4.25]

garantiert. Weiterhin werden die Gewichte für das Segment unterhalb des Stützpunktes für die Minimalkapazität explizit auf Null gesetzt und genau eine Binärvariable mit dem Wert Eins gefordert. Die zugehörigen Nebenbedingungen lauten:

$$\omega_{p,b,i,1}^{VS} = 0 \quad \forall p \in \{1,...,P\} \quad \forall b \in \{1,...,B\} \quad \forall i \in \{1,...,I\},$$

$$\sum_{g_{p,b}^{VS}=1}^{G_{p,b}^{VS}} \mu_{p,b,i,g_{p,b}^{VS}}^{VS} = 1 \quad \forall p \in \{1,...,P\} \quad \forall b \in \{1,...,B\} \quad \forall i \in \{1,...,I\}$$ [4.26]

und

$$\omega_{p,z,i,1}^{US} = 0 \quad \forall p \in \{1,...,P\} \quad \forall z \in \{1,...,Z\} \quad \forall i \in \{1,...,I\},$$

$$\sum_{g_{p,z}^{US}=1}^{G_{p,z}^{US}} \mu_{p,z,i,g_{p,z}^{US}}^{US} = 1 \quad \forall p \in \{1,...,P\} \quad \forall z \in \{1,...,Z\} \quad \forall i \in \{1,...,I\}.$$ [4.27]

Darin bilden die Binärvariablen für $g_{p,b}^{VS} = 1$ und $g_{p,z}^{US} = 1$ jeweils den Fall ab, dass keine Anlage gebaut wird. Eine alternative Formulierung, in der nur die Binärvariablen für die verschiedenen Kapazitätsbereiche summiert werden und für diese Summe gefordert wird, dass sie ≤ 1 ist, führt dagegen zu schlechteren Rechenzeiten.

Die Investitionen werden schließlich mit den Steigungen s_g und y-Achsenabschnitten y_g der einzelnen Segmente g wie folgt geschätzt:

$$\widetilde{I}_{p,b,i}^{VS} = \sum_{g_{p,b}^{VS}=1}^{G_{p,b}^{VS}} \left(\omega_{p,b,i,g_{p,b}^{VS}}^{VS} \cdot s_{p,b,i,g_{p,b}^{VS}}^{VS} + y_{p,b,g_{p,b}^{VS}}^{VS} \cdot \mu_{p,b,i,g_{p,b}^{VS}}^{VS} \right) \qquad [4.28]$$

$$\forall p \in \{1,...,P\} \quad \forall b \in \{1,...,B\} \quad \forall i \in \{1,...,I\},$$

$$\widetilde{I}_{p,z,i}^{US} = \sum_{g_{p,z}^{US}=1}^{G_{p,z}^{US}} \left(\omega_{p,z,i,g_{p,z}^{US}}^{US} \cdot s_{p,z,i,g_{p,z}^{US}}^{US} + y_{p,z,g_{p,z}^{US}}^{US} \cdot \mu_{p,z,i,g_{p,z}^{US}}^{US} \right) \qquad [4.29]$$

$$\forall p \in \{1,...,P\} \quad \forall z \in \{1,...,Z\} \quad \forall i \in \{1,...,I\}.$$

Die Berechnung der Achsenabschnitte und Steigungen erfolgt mit den Formeln 4.17 und 4.18 für die verschiedenen Geradengleichungen der einzelnen Segmente. Die einzelnen Hauptkomponenten u sind dabei in den Gleichungen 4.28 und 4.29 für die Produktionsschritte aggregiert.

Bei der Modellierung der stückweise linearen Investitionsfunktionen mit Special ordered Sets of Type 2 stellen die Variablen $\omega_{p,b,i,g_{p,b}^{VS}}^{VS}$ bzw. $\omega_{p,z,i,g_{p,z}^{US}}^{US}$ Gewichte für jeden Stützpunkt $n_{g_{p,b}^{VS}}^{VS}$ und $n_{g_{p,z}^{US}}^{US}$ dar und nehmen Werte im Bereich $[0;1]$ an. Diese Gewichte werden dann durch die Nebenbedingungen 4.30 und 4.31 berechnet.

$$\sum_{h=1}^{H} m_{p,b,h,i}^{BM} = \sum_{g_{p,b}^{VS}=1}^{G_{p,b}^{VS}} \omega_{p,b,i,g_{p,b}^{VS}}^{VS} \cdot n_{g_{p,b}^{VS}}^{VS} \qquad [4.30]$$

$$\forall p \in \{1,...,P\} \quad \forall b \in \{1,...,B\} \quad \forall i \in \{1,...,I\}$$

$$\sum_{j=1}^{I} m_{p,z,j,i}^{ZP} + \sum_{p'=1}^{P} \sum_{j=1}^{I} m_{p',p,z,j,i}^{Int} = \sum_{g_{p,z}^{US}=1}^{G_{p,z}^{US}} \omega_{p,z,j,g_{p,z}^{US}}^{US} \cdot n_{g_{p,z}^{US}}^{US} \qquad [4.31]$$

$$\forall p \in \{1,...,P\} \quad \forall z \in \{1,...,Z\} \quad \forall i \in \{1,...,I\}$$

Die Funktionen zur Investitionsschätzung aus Abschnitt 4.6.1 (Gleichungen 4.17 und 4.18) werden, wie in Gleichung 4.32 dargestellt, mit den Investitionen für die Vorbehandlungsschritte und für die Stofftrennungs- und -umwandlungsschritte analog approximiert.

$$\widetilde{I}_{p,b,i}^{VS} = \sum_{g_{p,b}^{VS}=1}^{G_{p,b}^{VS}} \sum_{u \in \Upsilon_{p,b}^{VS}} \omega_{p,b,i,g_{p,b}^{VS}}^{VS} \cdot I_{p,b,u}^{VS} \left(n_{g_{p,b}^{VS}}^{VS} \right) \quad \forall p \in \{1,...,P\} \quad \forall b \in \{1,...,B\} \quad \forall i \in \{1,...,I\}$$

[4.32]

Die SOS2-Bedingungen stellen sicher, dass nur zwei benachbarte Gewichte einen Wert größer Null annehmen dürfen. Die Implementierung des Modells mit dem SOS2-Variablentyp des CPLEX-Solvers 12 für die Gewichte ω kann mit den Binärvariablen $v_{p,b,i}^{VS}$ und $v_{p,z,i}^{US}$, welche den Fall abbilden, dass jeweils keine Anlage gebaut wird, erfolgen. Für die Vorbehandlungsschritte gilt dann:

$$\omega_{p,b,i,g_{p,b}^{VS}}^{VS} \in [0;1] \quad \text{SOS2-Variable} \quad \forall g_{p,b}^{VS} \in \{1,...,G_{p,b}^{VS}\} \quad v_{p,b,i}^{VS} \in \{0;1\},$$

$$\sum_{g_{p,b}^{VS}=1}^{G_{p,b}^{VS}} \omega_{p,b,i,g_{p,b}^{VS}}^{VS} + v_{p,b,i}^{VS} = 1 \quad \forall p \in \{1,...,P\} \quad \forall b \in \{b,...,B\} \quad \forall i \in \{1,...,I\}.$$

[4.33]

Im Hinblick auf die Rechenzeiten zeigt sich jedoch, dass hiermit im Vergleich zum Multiple Choice-Modell deutlich schlechtere Rechenzeiten erzielt werden.

Alternativ können die SOS2-Bedingungen mit Binärvariablen formuliert werden (siehe Nemhauser und Wolsey (1988)). Die Binärvariablen $\mu_{p,b,i,g_{p,b}^{VS}}^{VS}$ und $\mu_{p,z,i,g_{p,z}^{US}}^{US}$ werden dann eingesetzt, um abzubilden, ob ein Stützpunkt zur Approximation der zugehörigen Investition verwendet wird. Die folgenden Nebenbedingungen stellen die Bedingungen der SOS2 und die Berücksichtigung der Minimalkapazitäten für die Vorbehandlungsschritte sicher:

$$\forall p \in \{1,...,P\} \quad \forall b \in \{1,...,B\} \quad \forall i \in \{1,...,I\}:$$

$$\omega_{p,b,i,g_{p,b}^{VS}}^{VS} \le \mu_{p,b,i,g_{p,b}^{VS}}^{VS} \qquad\qquad g_{p,b}^{VS} = 1,$$

[4.34]

$$\omega_{p,b,i,g_{p,b}^{VS}}^{VS} \le \mu_{p,b,i,g_{p,b}^{VS}-1}^{VS} + \mu_{p,b,i,g_{p,b}^{VS}}^{VS} \qquad \forall g_{p,b}^{VS} \in \{2,...,G_{p,b}^{VS}-1\},$$

[4.35]

$$\omega_{p,b,i,g_{p,b}^{VS}}^{VS} \le \mu_{p,b,i,g_{p,b}^{VS}-1}^{VS} \qquad\qquad g_{p,b}^{VS} = G_{p,b}^{VS},$$

[4.36]

$$\omega_{p,b,i,g_{p,b}^{VS}}^{VS} \in [0;1], \quad \mu_{p,b,i,g_{p,b}^{VS}}^{VS} \in \{0;1\} \quad \forall g_{p,b}^{VS} \in \{1,...,G_{p,b}^{VS}\},$$

[4.37]

$$\sum_{g_{p,b}^{VS}=1}^{G_{p,b}^{VS}} \omega_{p,b,i,g_{p,b}^{VS}}^{VS} + \mu_{p,b,i,G_{p,b}^{VS}}^{VS} = 1,$$

[4.38]

$$\sum_{g_{p,b}^{VS}=1}^{G_{p,b}^{VS}} \mu_{p,b,i,g_{p,b}^{VS}}^{VS} = 1.$$

[4.39]

Nimmt darin $\mu^{VS}_{p,b,i,g^{VS}_{p,b}}$ für $g^{VS}_{p,b} = 1$ den Wert Eins an, garantieren die Restriktionen 4.34 und 4.35, dass die Gewichte für den ersten und zweiten Stützpunkt Werte zwischen Null und Eins annehmen dürfen. Der Kapazitätsbereich zwischen der Maximalkapazität und dem vorletzten Stützpunkt wird verwendet, wenn $\mu^{VS}_{p,b,i,G^{VS}_{p,b}-1}$ den Wert Eins annimmt. Dies wird mit den Restriktionen 4.35 und 4.36 garantiert. Für alle anderen Kapazitätsbereiche wird die SOS2-Bedingung mit der Restriktion 4.35 formuliert. Restriktion 4.38 fordert, dass die Summe der Gewichte genau den Wert Eins ergibt, solange die Binärvariable für den letzten Stützpunkt $G^{VS}_{p,b}$ nicht den Wert Eins annimmt. Mit dieser Binärvariablen wird der Fall abgebildet, dass keine Anlage errichtet wird. Restriktion 4.39 stellt schließlich sicher, dass genau eine Binärvariable den Wert Eins annimmt. Die Berücksichtigung der Minimalkapazitäten und die dadurch erforderliche Abbildung des Falls, dass keine Anlage errichtet wird, stellen Erweiterungen des Ansatzes aus Nemhauser und Wolsey (1988) dar. Für die Umwandlungs- und Trennungsschritte werden analoge Nebenbedingungen formuliert.

Die Rechenzeiten der beiden Modelle werden auf Grundlage der Fallstudie dieser Arbeit (Kapitel 5) in Tabelle 4.2 verglichen. Die Modellgröße wird durch die Anzahl an Quellen, möglichen Standorten, Senken und Kapazitätsklassen variiert. In Tabelle 4.2 sind jeweils die Anzahl an Variablen insgesamt und an Binärvariablen dargestellt sowie die Anzahl der Gleichungen. Mit jeder Modellgröße werden ca. 10 Modellläufe mit verschiedenen Parameterbelegungen durchgeführt. Variiert werden dabei die Kostenparameter, die Maximalkapazitäten und die zu produzierenden Endproduktmengen.

Es zeigt sich dabei zunächst, dass die Rechenzeiten in Abhängigkeit der gewählten Parameter stark schwanken. Hohe Rechenzeiten ergeben sich insbesondere bei Produktionsmengen, die einen großen Teil der im jeweiligen Szenario verfügbaren Biomasse benötigen und bei Modellläufen mit vergleichsweise vielen Standorten in der Lösung.

Der Vergleich der beiden Modellvarianten, Multiple Choice- und SOS2-Ansatz, lässt keine eindeutige Schlussfolgerung zu. Tendenziell ist jedoch zu beobachten, dass bei Modellläufen mit einem vergleichsweise geringen Anteil der Binärvariablen an der gesamten Variablenanzahl, die MC-Formulierung besser abschneidet. In einem Fall beträgt die Rechenzeit durchschnittlich nur 1/4 der Rechenzeit des SOS2-Modells. Dagegen scheint bei Modellen mit einer größeren Anzahl an Binärvariablen der SOS2-Ansatz besser geeignet zu sein. Hier werden in den einzelnen Modellläufen meist um 40 % bis 80 % schnellere Rechenzeiten im Vergleich zum MC-Modell beobachtet. Da der Anteil der Binärvariablen bei Erhöhung der Anzahl an Stützpunkten zur stückweise linearen Approximation der Investitionsschätzung ansteigt, ist der SOS2-Ansatz demzufolge eher bei einer großen Anzahl an Stützpunkten im untersuchten Anwendungsfall geeignet. Im Rahmen der Anwendung des Modells auf die Fallstudie in Kapitel 6 können mehrere Anlagen desselben Produktionsschrittes an einem Standort realisiert werden, so dass sich eine große Anzahl an Binärvariablen ergibt und das SOS2-Modell bessere Rechenzeiten liefert. Diese Aussagen basieren auf der in dieser Arbeit betrachteten Prozesskette mit den abgebildeten Wertschöpfungsstufen und Größendegressionseffekten (siehe Kapitel 5).

Tab. 4.2: Vergleich der Rechenzeiten der gemischt-ganzzahligen linearen Modellvarianten zur stückweise linearen Approximation der Investitionsfunktionen

Modell	Anzahl Variablen Gesamt	Binär	Anzahl Gleichungen	Rechenzeit (Sek.) Min	Max	Durchschnitt
MC	337.241	19.840	113.587	297	54.006	6.624
SOS2			116.147	119	53.946	5.156
MC	111.021	5.120	29.847	88	743	334
SOS2			31.127	117	456	225
MC	120.621	9.920	39.447	166	3.206	775
SOS2			40.727	96	7.911	1.362
MC	318.041	10.240	94.387	84	1.970	795
SOS2			96.947	201	10.381	3.136
MC	111.981	5.600	30.807	373	920	618
SOS2			32.087	417	2.279	1.368

Neben dem Vergleich der Rechenzeiten der beiden Modellvarianten werden weitere Maßnahmen zur Verbesserung der Rechenzeiten der einzelnen Modelle geprüft. Hierbei handelt es um verschiedene CPLEX-Einstellungen zur Steuerung des Branch-and-Cut Verfahrens, bspw. zum Erzeugen von Clique- oder Coverungleichungen (Kallrath (2002)) und das Einfügen zusätzlicher, redundanter Restriktionen. So können bspw. alle Stoffströme, die zu einem Standort oder von einem Standort weg führen, durch eine entsprechende Nebenbedingung auf Null gesetzt werden, wenn keine Anlage an dem Standort errichtet wird. Allerdings ergibt sich, dass mit den geprüften Einstellungen des CPLEX-Solvers oder mit den untersuchten zusätzlichen Restriktionen lediglich die Rechenzeit einzelner Modellläufe verbessert werden kann. Für verschiedene Modellgrößen und Parameter wird dagegen im Rahmen der vorliegenden Arbeit keine Einstellung gefunden, die zu einer Reduzierung der Rechenzeiten führt.

4.6.2.3 Anwendung des Verfahrens von Soland zur Lösung des nichtkonvexen Modells

Das in Abschnitt 3.3.1.2 dargestellte Verfahren von Soland (1974) zur exakten Lösung von Standortproblemen mit konkaven Kosten wird im Folgenden auf das entwickelte ECLIPTIC-Modell angewendet. Die hierzu eingesetzte ECLIPTIC-Version ist in folgenden Punkten gegenüber der in den vorangehenden Abschnitten beschriebenen Modellversion vereinfacht:

- Anstelle der n-stufigen Modellstruktur wird eine vierstufige Struktur mit Quellen, drei Stufen zur Bestimmung von Produktionsstandorten und Senken implementiert.

- Es wird kein Technologieindex berücksichtigt.

- Anstelle der allgemein formulierten Energiebilanzierung (Abschnitt 4.4) werden verschiedene Optionen zur Energiebereitstellung vorgegeben, für welche Energieströme modellendogen bilanziert und Investitionen modellendogen geschätzt werden.

- Es werden keine Minimalkapazitäten für die Anlagen berücksichtigt.

Das Verfahren von Soland wird gemäß der Beschreibung in Abschnitt 3.3.1.2 in GAMS implementiert und das in jedem Schritt des Branch-and-Bound Algorithmus zu lösende lineare Programm mit dem CPLEX-Solver gelöst. Die Investitionsschätzung wird durch die sich in jedem Knoten mittels Interpolation zwischen den Kapazitäten α und β ergebenden Geradengleichungen ersetzt (siehe Abschnitt 3.3.1.2). Das Verfahren wird in den folgenden Punkten an das vorliegende Problem angepasst:

1. Neben den investitionsabhängigen Kosten mit konkavem Verlauf werden die weiteren Bestandteile der Zielfunktion berücksichtigt.

2. Die Berechnung der Investition erfolgt in jedem Schritt für die jeweils gültigen Grenzen α und β für die Kapazitäten jeder Vorbereitungsanlage und jeder Stoffumwandlungsanlage an jedem Standort mit den Originalfunktionen 4.17 und 4.18. Damit werden die oberen Schranken bestimmt.

3. Der Approximationsfehler wird für jeden Standort und jeden Anlagentyp berechnet und die Anlage mit dem maximalen Fehler zum Verzweigen ausgewählt.

Dasselbe Problem wird außerdem mit dem in Abschnitt 4.6.2.2 eingeführten Ansatz zur stückweise linearen Approximation der Investitionsschätzung mit Special ordered Sets of Type 2 mit Binärvariablen implementiert. Zum Vergleich der beiden Ansätze werden eine Reihe von Szenarien mit beiden Verfahren gelöst. Die Szenarien umfassen 2 Biomassearten, 29 Senken, 3 Produktionsschritte sowie realistische ökonomische und technologische Parameter. Der Anwendungsfall lehnt sich an die in Kapitel 5 vorgestellte Fallstudie an. Die einzelnen Szenarien unterscheiden sich durch die Anzahl an Quellen und möglichen Produktionsstandorten. Außerdem wird die Produktionsmenge variiert.

Die Ergebnisse sind in Tabelle 4.3 dargestellt. Angegeben wird neben der in jedem Szenario vorgegebenen Anzahl an Quellen und Standorten in der Spalte *Anteil Biomasse für Endprodukte* der Anteil des in den Quellen verfügbaren Biomassepotenzials, welcher mindestens zur Produktion der im Szenario vorgegebenen Endproduktmenge benötigt wird. Für die Modellierung der Kapazitätsplanung im gemischt-ganzzahligen linearen Modell werden für jeden Produktionsschritt sechs Stützpunkte für die Investitionsschätzung definiert (5 %, 10 %, 25 %, 40 %, 75 %

und 100 % der jeweiligen Maximalkapazität)[3]. In Tabelle 4.3 sind für die einzelnen Szenarien die Anzahl an Knoten in den Branch-and-Bound Bäumen, die Rechenzeiten und Zielfunktionswerte angegeben.

Tab. 4.3: Vergleich des MIP-Ansatzes und des Verfahrens von Soland anhand ausgewählter Szenarien

Szenario	Anzahl Quellen	Anzahl potenzielle Standorte	Anteil Biomasse für Endprodukte [%]	Anzahl Knoten MIP	Anzahl Knoten Soland	Rechenzeit MIP [Sek.]	Rechenzeit Soland [Sek.]	Zielfunktionswert MIP [€]	Zielfunktionswert Soland [€]
1	15	3	54	60	98	< 1	11	65.883.405	65.892.664
2	15	5	54	121	120	< 1	15	65.883.405	65.892.664
3	15	10	54	626	64	2	09	64.078.337	64.078.337
4	15	20	54	635	240	23	41	64.078.337	64.078.337
5	29	20	27	583	244	20	43	62.809.143	62.809.143
6	29	20	44	2.518	3.462	31	1.002	97.793.770	97.807.425
7	10	5	81	69	40	< 1	6	66.285.518	66.299.933
8	10	10	81	211	148	1	23	65.949.555	65.963.970
9	10	15	81	784	373	4	64	65.850.156	65.856.992
10	10	20	81	806	552	6	105	65.850.156	65.856.992
11	15	10	97	1.453	5.762	19	1.624	113.552.223	113.566.057
12	16	10	94	1.327	22.856	14	16.670	119.832.971	119.849.652
13	17	10	91	1.195	35.262	13	37.893	125.621.471	125.638.440

Die Rechenzeiten des MIP-Ansatzes betragen in einem Szenario 1:31 min und für die restlichen Szenarien jeweils weniger als 30 Sekunden. Die Rechenzeiten bei Anwendung des Verfahrens von Soland liegen dagegen zwischen wenigen Sekunden und mehr als 10 Stunden. Das implementierte Verfahren von Soland ist somit zur Lösung von großen Modellen nicht geeignet.

Die Anzahl der Knoten des Branch-and-Bound Baumes des Verfahrens von Soland ist in fast allen Szenarien (Nr. 2, 3, 4, 5, 7, 9 und 10) geringer als die Anzahl der Knoten des vom CPLEX-Solver aufgebauten Branch-and-Bound Baumes zur Lösung des gemischt-ganzzahligen linearen Problems. Sobald jedoch mehr als ein potenzieller Standort zum Betrieb eines oder mehrerer Produktionsschritte genutzt wird, vervielfacht sich beim Verfahren von Soland die Anzahl der Knoten und damit die Rechenzeit (vergleiche Szenario 6, 11, 12 und 13). Für alle Szenarien, deren Lösung mehr als drei genutzte Standorte enthält, kann mit der vorgegebenen maximalen Baumgröße von 80.000 Knoten mit dem Verfahren von Soland keine optimale Lösung ermittelt werden.

---

[3]Der Einfluss der Stützpunkte auf die Lösung wird in Abschnitt 5.6.3 untersucht.

Beide Verfahren liefern in allen Szenarien die gleiche Lösung. Auch die Zielfunktionswerte sind nahezu identisch. Die Unterschätzung der Investitionen und damit der investitionsabhängigen Kosten durch die stückweise lineare Approximation im gemischt-ganzzahligen linearen Modell beträgt maximal 0,02 % (Szenarien 7 und 8). Hieraus kann geschlossen werden, dass die stückweise lineare Approximation der Investitionsschätzung zumindest für kleine Anwendungsbeispiele keine Auswirkungen auf die Lösung hat.

4.7 Dynamische Version des entwickelten ECLIPTIC-Modells

Im vorliegenden Abschnitt wird eine dynamische Erweiterung des entwickelten Modells beschrieben. Dieses verfügt zusätzlich über eine Indexmenge $t \in \{1, ..., T\}$ für die einzelnen Perioden, welche für alle in Tabelle 4.1 definierten Modellvariablen verwendet wird. Parameter, die für jede Periode einen anderen Wert annehmen können, sind die Biomassepotenziale, Nachfrage nach Endprodukten, Basisinvestitionen der Hauptkomponenten und die spezifischen Kosten. Im Rahmen der vorliegenden Arbeit wird nur die Nachfrage zwischen den Perioden variiert (siehe Abschnitt 6.3.4).

In der Zielfunktion (Gleichung 4.1) werden im dynamischen Modell die Kosten über alle Perioden summiert. Für die Biomasseerfassungs-, Transport-, Energie-, und sonstigen Kosten ergeben sich die Kosten jeweils durch die Multiplikation des relevanten Massen- oder Energiestroms der Periode mit dem Kostensatz der Periode. Für die investitionsabhängigen Kosten wird angenommen, dass diese erstmals in der Periode, in welcher die Investition getätigt wird und dann in allen darauf folgenden Perioden auftreten. Gleichung 4.3 zur Berechnung der Gesamtinvestitionen wird daher im dynamischen Modell durch folgende Gleichung zur Berechnung der kumulierten Gesamtinvestition in Periode t ersetzt:

$$I_t^{Ges} = \sum_{p=1}^{P} \sum_{i=1}^{I} \sum_{\substack{t'=1, \\ t' \leq t}}^{T} \left(\sum_{b=1}^{B} \widetilde{I}_{p,b,i,t'}^{VS} + \sum_{z=1}^{Z} \widetilde{I}_{p,z,i,t'}^{US} \right). \qquad [4.40]$$

Die Massenbilanz für Zwischenprodukte (4.7), die Massenbilanz für Endprodukte (4.8), die Nebenbedingung zur Modellierung der Massenströme zwischen Technologiepfaden (4.9), die Berechnung des Leistungsbedarfs (4.10), der Leistungsüberschüsse (4.11), die thermische und elektrische Leistungsbilanzen (4.12 und 4.13) sowie das verfügbare Biomasseangebot (4.14) werden im dynamischen Modell für jede Periode formuliert.

Außerdem wird die Variable $m_{f,t}^{ZK}$ zur Abbildung der Nachfrage des Endproduktes f, die in Periode t nicht durch das Wertschöpfungsnetzwerk gedeckt wird, eingeführt. Sie entspricht der in Periode t zugekauften Endproduktmenge und ermöglicht die Verschiebung von Investitionen in die Zukunft, um Größendegressionseffekte zu realisieren. Infolgedessen wird Nebenbedingung 4.15 aus dem einperiodigen Modell durch folgende Gleichung ersetzt:

$$\sum_{p=1}^{P}\sum_{i=1}^{I}\sum_{l=1}^{L} m_{p,f,i,l,t}^{EP} + m_{f,t}^{ZK} = N_{f,t} \quad \forall f \in \{1,...,F\} \quad \forall t \in \{1,...,T\}. \qquad [4.41]$$

In der Zielfunktion werden zusätzlich die Kosten für den möglichen Zukauf der Endprodukte gemäß Gleichung 4.42 berücksichtigt. Nebenbedingung 4.16 zur Verteilung der Endprodukte gilt in jeder Periode des dynamischen Modells.

$$K_t^{Zukauf} = \sum_{f=1}^{F} m_{f,t}^{ZK} \cdot c_{f,t}^{ZK}. \qquad [4.42]$$

Die Investitionsschätzung im dynamischen Modell wird mit dem in Abschnitt 4.6.2.2 beschriebenen Ansatz mit Special Ordered Sets of Type 2 und Binärvariablen implementiert. Hierzu werden die Nebenbedingungen 4.30 und 4.31 des statischen Modells durch folgende Nebenbedingungen ersetzt:

$$\sum_{h=1}^{H} m_{p,b,h,i,t}^{BM} \leq \sum_{\substack{t'=1 \\ t' \leq t}}^{T} \sum_{g_{p,b}^{VS}=1}^{G_{p,b}^{VS}} \omega_{p,b,i,g_{p,b}^{VS},t'}^{VS} \cdot n_{g_{p,b}^{VS}}^{VS} \qquad [4.43]$$

$$\forall p \in \{1,...,P\} \quad \forall b \in \{1,...,B\} \quad \forall i \in \{1,...,I\} \quad \forall t \in \{1,...,T\},$$

$$\sum_{j=1}^{I} m_{p,z,j,i,t}^{ZP} + \sum_{p'=1}^{P}\sum_{j=1}^{I} m_{p',p,z,j,i,t}^{Int} \leq \sum_{\substack{t'=1 \\ t' \leq t}}^{T} \sum_{g_{p,z}^{US}=1}^{G_{p,z}^{US}} \omega_{p,z,j,g_{p,z}^{US},t'}^{US} \cdot n_{g_{p,z}^{US}}^{US} \qquad [4.44]$$

$$\forall p \in \{1,...,P\} \quad \forall z \in \{1,...,Z\} \quad \forall i \in \{1,...,I\} \quad \forall t \in \{1,...,T\}.$$

Die entsprechenden Gleichungen des statischen Modells werden somit zu Ungleichungen, womit abgebildet wird, dass die Kapazität eines Produktionsschrittes nicht in jeder Periode vollständig genutzt werden muss. Außerdem wird die Verarbeitung von Biomasse und Zwischenprodukten in einem Produktionsschritt für die Periode, in welcher der Produktionsschritt installiert wird, und für alle nachfolgenden Perioden erlaubt. Es wird nicht verboten, mehrere Anlagen des gleichen Typs am gleichen Standort in verschiedenen Perioden zu errichten. Die weiteren Restriktionen zur Modellierung der Investitionsschätzung (4.32 bis 4.39 des statischen Modells) im SOS2-Modell mit Binärvariablen werden entsprechend für alle Perioden modelliert.

Weiterhin kann in dynamischen Modellen eine in jeder Periode beschränkte Verfügbarkeit von Kapital in Höhe von Kap_t angenommen werden (vgl. Melo et al. (2005)). In einer Periode nicht investiertes Kapital Kap_t^{Rest} steht in der nächsten Periode zur Verfügung, wobei eine Verzinsung mit dem Zinssatz z pro Periode berücksichtigt wird. Die zugehörigen Restriktionen auf Basis von Melo et al. (2005) lauten für das vorliegende Modell:

$$\sum_{p=1}^{P} \sum_{i=1}^{I} \left(\sum_{b=1}^{B} \widetilde{I}_{p,b,i,t}^{VS} + \sum_{z=1}^{Z} \widetilde{I}_{p,z,i,t}^{US} \right) + Kap_t^{Rest} = Kap_t \quad t = 1, \qquad [4.45]$$

$$\sum_{p=1}^{P} \sum_{i=1}^{I} \left(\sum_{b=1}^{B} \widetilde{I}_{p,b,i,t}^{VS} + \sum_{z=1}^{Z} \widetilde{I}_{p,z,i,t}^{US} \right) + Kap_t^{Rest} = Kap_t + \left(1 + \frac{z}{100} \right) \cdot Kap_{t-1}^{Rest} \quad \forall t \in \{2,...,T\}.$$
$$[4.46]$$

Das hier vorgestellte dynamische Modell stellt eine Erweiterung zum entwickelten Modell ECLIPTIC dar. Eine exemplarische Anwendung wird in Abschnitt 6.3.4 auf die im nächsten Kapitel entwickelte Fallstudie vorgestellt. Den Schwerpunkt der vorliegenden Arbeit bildet die Anwendung des statischen Modells zur Analyse der betrachteten Fallstudie.

5 Ermittlung der ECLIPTIC-Eingangsparameter zur strategischen Planung und Bewertung der Produktion von FT-Kraftstoff in Baden-Württemberg

Im vorangehenden Kapitel wird das Modell ECLIPTIC zur strategischen Planung biomasse-basierter Wertschöpfungsnetzwerke entwickelt. Zur Darstellung der Eignung und der Einsatz-fähigkeit des Modells im Hinblick auf praxisrelevante Anwendungen wird im vorliegenden Kapitel die Datenbasis für eine umfassende Fallstudie bereitgestellt.

Darin wird die mögliche Produktion eines Biokraftstoffes der zweiten Generation im Bundesland Baden-Württemberg betrachtet. Hierzu werden in Abschnitt 5.1 ausgewählte Biomassepotenziale in Baden-Württemberg ermittelt und mit Hilfe eines Geographischen Informationssystems einer diskreten Anzahl an Quellen zugeordnet. Die Kosten zur Bereitstellung der Biomasse werden in Abschnitt 5.2 dargestellt.

Die betrachtete Prozesskette besteht aus den Schritten Biomassezerkleinerung, Trocknung, Pyrolyse, Vergasung, Gasreinigung und -konditionierung, Fischer-Tropsch-Synthese sowie Produktaufbereitung und wird in Abschnitt 5.3 charakterisiert. Darauf aufbauend wird in Abschnitt 5.4 die Vorgehensweise zur Stoff- und Energiebilanzierung der Prozesskette als Grundlage der techno-ökonomischen Abbildung in ECLIPTIC beschrieben. Dabei werden insbesondere die Abbildung der energetischen Verwertung von Kuppelprodukten der Wertschöpfungskette sowie die betrachteten Alternativen zur Biomassetrocknung dargestellt. Dazu wird die in Abschnitt 3.4.3 eingeführte Fließschemasimulation mit ASPEN PLUS eingesetzt. Die Abbildung der Technologien und Produktionsschritte in ECLIPTIC wird in Abschnitt 5.5 erläutert.

Abschnitt 5.6 dient der Darstellung der Investitionsschätzung der Hauptkomponenten der Prozesskette (siehe Abschnitt 3.5) und deren stückweise lineare Approximation gemäß den Ausführungen in Abschnitt 4.6.2. Schließlich werden die Parameter zur Abbildung der Transporte von Biomasse, Zwischen- und Endprodukten in Abschnitt 5.7 ermittelt.

5.1 Abbildung der Biomassepotenziale, der Kraftstoffnachfrage und potenzieller Produktionsstandorte

Im vorliegenden Abschnitt werden Biomassepotenziale zur Fischer-Tropsch-Kraftstoffproduktion in Baden-Württemberg ermittelt. Hierzu werden zunächst in Abschnitt 5.1.1 die in Baden-

Württemberg verfügbaren Biomassearten dargestellt. Für den Einsatz in den betrachteten Produktionsprozessen sind insbesondere die Biomassearten Waldrestholz und Reststroh geeignet. In Abschnitt 5.1.2 werden verschiedene Studien zur Schätzung der Waldrestholzpotenziale verglichen und ein realistisches Aufkommen identifiziert. Die Reststrohpotenziale hängen insbesondere von den Ackerflächen, Getreideerträgen und der maximal entnehmbaren Strohmenge ab und werden auf Basis aktueller Daten in Abschnitt 5.1.3 berechnet.

Zur Nutzung der Biomassepotenziale kommen über die in dieser Arbeit exemplarisch betrachtete Prozesskette hinausgehend weitere Pfade in Frage (siehe Abschnitt 2.3). Wie die Potenziale in Zukunft tatsächlich genutzt werden, hängt von verschiedenen Faktoren, wie Wirtschaftlichkeit und Substitutionsmöglichkeiten einzelner Produkte sowie von der Marktsituation konventioneller Kraftstoffe ab. Da in der vorliegenden Arbeit ein bestimmter Nutzungspfad analysiert und ökonomisch bewertet wird, werden mögliche Nutzungskonkurrenzen nicht berücksichtigt.

5.1.1 Biomassepotenziale in Baden-Württemberg

Im Vorfeld strategischer Entscheidungen zur energetischen und stofflichen Nutzung von Biomasse müssen die Potenziale in einer Region identifiziert und quantifiziert werden. In diesem Kontext werden verschiedene Potenzialbegriffe verwendet. Das *theoretische Potenzial*[1] ist die Energiemenge, welche in Form der Biomasse in einer Region insgesamt vorhanden ist. Das *technische Potenzial* beschreibt den davon zugänglichen Teil. Berücksichtigt werden neben technischen auch gesetzliche und ökologische Einschränkungen. Das *wirtschaftliche Potenzial* bezeichnet die Menge, die bei Berücksichtigung ökonomischer Kriterien wie Kosten wettbewerbsfähig genutzt werden kann.

Die Schätzung von Potenzialen ist mit großen Unsicherheiten behaftet. Oft ist es bereits schwierig, das theoretische Gesamtpotenzial zu ermitteln. Teilweise liegen Daten zur bereits genutzten Menge nicht vor und müssen daher aus statistischen Größen geschätzt werden. Schließlich beeinflussen u.a. Wetterereignisse, der Klimawandel und eine sich verändernde Flächennutzung die zukünftig verfügbaren Mengen. Biomassepotenziale werden daher häufig über die genannten Potenzialbegriffe hinausgehend in Abhängigkeit verschiedener Annahmen und möglicher zukünftiger Entwicklungen beschrieben.

Nach Schätzungen des Biomasse Aktionsplan Baden-Württembergs (LWMBW (2010)) verfügt das Bundesland über ein technisches Gesamtpotenzial zur Endenergieerzeugung von 130-200 PJ nutzbarer Biomasse. Die größten ungenutzten Potenziale stellen Reststoffe aus der Forst- und Landwirtschaft sowie der Anbau von Energiepflanzen dar (siehe Abbildung 5.1). Für die

---

[1] Siehe Kaltschmidt und Thrän (2009) zur Definition der Potenzialbegriffe.

Produktion von Biokraftstoffen der zweiten Generation sind in Baden-Württemberg Reststoffe aus der nachhaltigen Bewirtschaftung der Wälder, d.h. Schwachholz, Kronenholz und Waldrestholz, außerdem Landschaftspflegeholz, Reststroh und der Anbau von Energiepflanzen in Form von Kurzumtriebsplantagen, bspw. mit Pappeln, geeignet. Andere Biomassearten kommen dagegen aufgrund des Wasseranteils, von Verunreinigungen oder des geringen Aufkommens nicht in Frage (siehe Abschnitt 2.3 und Kerdoncuff (2008)). In der vorliegenden Arbeit werden die bereits heute verfügbaren Biomassearten Schwach- und Waldrestholz sowie Reststroh betrachtet. Eine Konkurrenz zur Nahrungsmittelproduktion ist dabei ausgeschlossen.

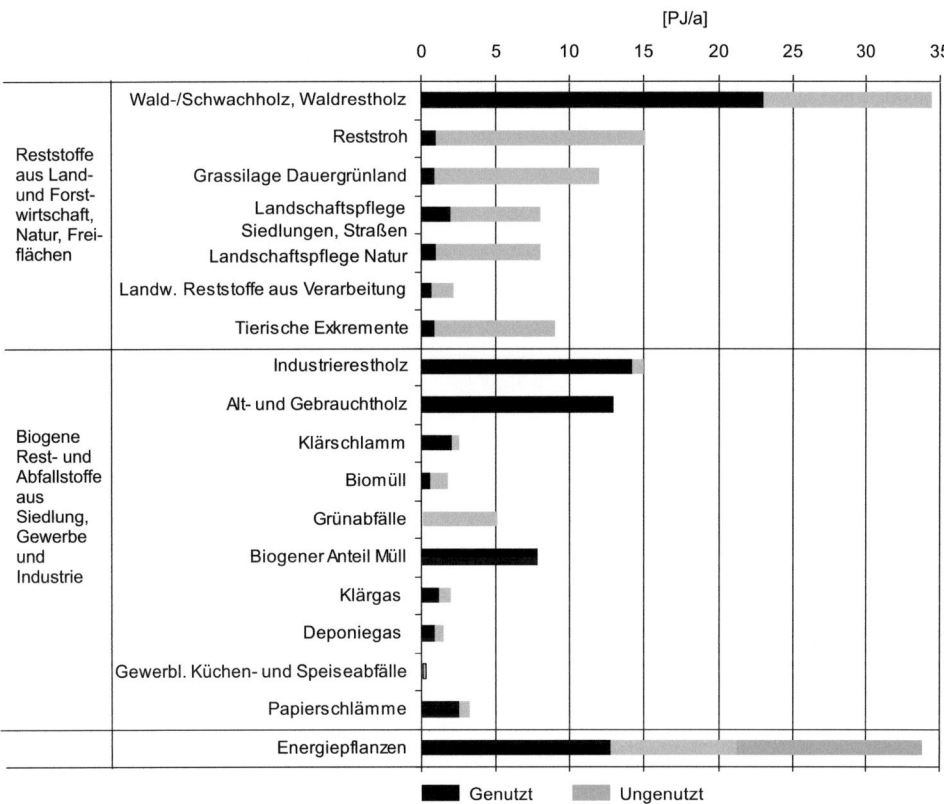

Abb. 5.1: Energetisch genutzte und ungenutzte technische Biomassepotenziale in Baden-Württemberg (nach LWMBW (2010))

Neben der Nutzung der regionalen Potenziale besteht die Möglichkeit des Imports von Biomasse. Durch geringe variable Transportkosten der Übersee- und Binnenschifffahrt und gegebenenfalls niedrige Löhne kann der Import aus ökonomischer Sicht eine sinnvolle Alternative darstellen. In dieser Arbeit wird dieses Potenzial nicht betrachtet, da sich damit Fragen der Standortbestimmung auf überregionaler Ebene stellen (siehe Abschnitt 3.2.2) und das in dieser

Arbeit entwickelte Modell explizit zur Untersuchung der Nutzung regionaler Biomassevorräte entwickelt wird.

In den folgenden Abschnitten 5.1.2 und 5.1.3 werden die Potenziale von Waldrestholz und Reststroh in Baden-Württemberg ermittelt. In Abschnitt 5.1.4 wird dann deren Abbildung in ECLIPTIC dargestellt.

5.1.2 Schätzung der Waldrestholzpotenziale

In mehreren Studien werden in den letzten Jahren die Potenziale an Waldrestholz in Baden-Württemberg geschätzt. Als Waldrestholz wird in dieser Arbeit in Anlehnung an Kappler (2008) sowohl klassisches Waldrestholz, das nach der Entnahme von Stammholz im Wald verbleibt (Äste, Zweige bzw. Derbholz), als auch sogenanntes Schwachholz, welches bei der Durchforstung durch das Fällen abgestorbener oder fehlgewachsener Bäume zur Stärkung des übrigen Bestandes anfällt, bezeichnet. Einen Überblick über ausgewählte Szenarien aus den Studien zur Schätzung des Waldrestholzvorkommens in Baden-Württemberg gibt Tabelle 5.1.

Tab. 5.1: Schätzung von Waldrestholzpotenzialen in Baden-Württemberg in der Literatur

Quelle	Leible et al. (2007)	Leible et al. (2007)	Kappler (2008)	Frommherz (2008)	Frommherz (2008)	Dieter et al. (2001)
Art des Potenzials	Basis: Einschlagzahlen (min)	Basis: Waldflächen (max)	erwartbares, leichtes und mögliches Potenzial	technisches Potenzial	leichtes verfügbares Potenzial	max. zur therm. Verwertung verfügbar
WRH [t/a TM]	1.150.000	1.700.000	1.056.000	718.000	447.000	2.510.000

Dieter et al. (2001) schätzen die maximal zur thermischen Verwertung verfügbaren Potenziale an Stammholz sowie Reisig, Rinden, Laub und Nadeln. Bereits genutzte Mengen werden nicht abgezogen. Die Berechnung basiert auf der Bundeswaldinventur und berücksichtigt die Art und das Alter der Bäume auf Landkreisebene sowie die Art des Entnahmeverfahrens (motormanuell, teil- und vollmechanisiert), welches sich nach der Hangneigung bestimmt. Für Hangneigungsgrade größer 60 % wird keine Nutzungsmöglichkeit angenommen.

Frommherz (2008) berechnet das technische Potenzial mit Hilfe von Expertenschätzungen über die Entstehung von Waldrestholz bei der Bewirtschaftung der Wälder unter Einbeziehung der Forstämter und basierend auf der Waldnutzungsplanung für Staats-, Kommunal- und Kirchenwald. Die Potenziale aus Wäldern in privater Hand werden darauf basierend geschätzt.

Bereits genutzte Mengen werden geschätzt und abgezogen. Frommherz (2008) betrachtet zwei Szenarien, wobei das *leicht verfügbare Potenzial* lediglich die Holzmengen berücksichtigt, die über bereits bestehende, befahrbare Wege geborgen werden können. Die Ergebnisse werden für die Zuständigkeitsgebiete der einzelnen Forstämter ausgewiesen.

Leible et al. (2007) schätzen die Obergrenze des Waldrestholzpotenzials auf Basis der in der Bundeswaldinventur im Jahre 2002 erfassten Holzvorräte und Schätzungen des jährlichen Holzeinschlages. Außerdem verwenden sie in einem zweiten Ansatz die von der Landesforstverwaltung erfassten, tatsächlichen Einschlagszahlen als Untergrenze für das Waldrestholzpotenzial in Baden-Württemberg.

Kappler (2008) ermittelt auf Basis dieser beiden Ansätze das Waldrestholzpotenzial auf Gemeindeebene für den Zeitraum 2002 bis 2017. Dabei werden die Besitzverhältnisse (privat und öffentlich) und verschiedene Hangneigungsklassen betrachtet. Unter Berücksichtigung verschiedener Annahmen bezüglich Holzsortimenten und Mobilisierungsraten werden die Szenarien *sehr günstig*, *erwartbar* sowie *ungünstig* und in Abhängigkeit der Hangneigung die Nutzungsklassen *leicht*, *möglich* sowie *schwer* ermittelt. In Tabelle 5.1 ist das Ergebnis für das Szenario *erwartbar* unter Berücksichtigung der beiden Nutzungsklassen *leicht* und *möglich* angegeben (1.560.000 t/a Trockenmasse (TM)). Das Szenario basiert auf Mobilisierungsraten der Nutzungsklasse *leicht* von 90 % für öffentlichen Wald, 80 % für privaten Wald und in der Nutzungsklasse *möglich* von 80 % für öffentlichen Wald und 70 % für privaten Wald und beinhaltet kein energetisch nutzbares Stammholz. Weiterhin wird von einer verbesserten Bereitstellungsstruktur, d.h. Wegen und Straßen, ausgegangen.

Das Szenario liefert im Bezug auf die in Tabelle 5.1 angegebenen Werte eine mittlere Schätzung und erscheint vor dem Hintergrund der getroffenen Annahmen realistisch. Es wird daher im Basisszenario der vorliegenden Arbeit als Schätzung des verfügbaren Gesamtpotenzials an Waldrestholz in Baden-Württemberg verwendet.

5.1.3 Schätzung der Reststrohpotenziale

Als Stroh werden in der vorliegenden Arbeit die Ernterückstände der Getreidearten Winter- und Sommerweizen, Dinkel, Roggen, Triticale, Winter- und Sommergerste sowie Hafer betrachtet. Reststroh bezeichnet den Anteil am Gesamtaufkommen des Strohs, der nicht zum Erhalt der Humusbilanz oder für die Viehzucht verwendet wird und somit für eine energetische und/oder stoffliche Nutzung zur Verfügung steht (vgl. Kappler (2008)). Die Schätzung wird durch jährlich wechselnde Bepflanzungen und Fruchtfolgen und die Abhängigkeit der Ernte von Witterung, Bodenverhältnissen und Bewirtschaftungsweisen erschwert (siehe Kappler (2008)).

Tab. 5.2: Reststrohpotenziale in Baden-Württemberg

	Leible et al. (2007)	Kappler (2008)	Beckmann (2006)	eigene Berechnung
RS [t/a TM]	840.000 - 1.170.000	1.003.000	ca. 340.000 - 530.000	377.000 - 908.000

Die in Tabelle 5.2 dargestellten Ergebnisse aus drei Publikationen schwanken aufgrund unterschiedlicher Annahmen zwischen 340.000 und 1.003.000 t/a TM[2]. Die Berechnungen basieren jeweils auf statistischen Daten zu Ernteerträgen der Getreide, Annahmen bezüglich des Korn-Stroh-Verhältnisses und der zur energetischen Nutzung verfügbaren Menge.

Tab. 5.3: Berechnung des Reststrohaufkommens in Baden-Württemberg

	Kappler (2008)	eigene Berechnung	Daten (eigene Berechnung)
Ackerfläche [km^2]	8.370	8.345	Corine Landcover
Getreidefläche (ohne Mais) [%]	57	56	StatBW (2011) für 2007
Strohertrag brutto [Mt/a FM]	2.845	2.498	Kornerträge StatBW (2011), Korn:Stroh Beckmann (2006)
Max. zur Verfütterung und energ. Nutzung entnehmbar [%]	73	25 - 60	Beckmann (2006), Ericsson und Nilsson (2006)
Humuserhalt [Mt/a FM]	778	1.249 - 1.874	
Großvieheinheiten (GVE)	1.141	1.388	StatBW (2011) für 2007
Verfütterung [Mt/a FM]	147	180	Kappler (2008)
Einstreu [Mt/a FM]	750	0	Ausbringung als Mist
Energetisch nutzbar [Mt/a FM]	1.166	444 - 1.318	

Ein Teil der Strohmenge muss zum Erhalt der Humusbilanz auf den Feldern verbleiben. Leible et al. (2007) und Kappler (2008) nehmen an, dass nach Abzug der Mengen zur Fütterung von Rindern und Schweinen und zum Einstreuen zwischen 50 % und 70 % des verbleibenden Strohs energetisch genutzt werden kann. Ericsson und Nilsson (2006) und Beckmann (2006) gehen dagegen davon aus, dass maximal 25 % des theoretischen Potenzials entnommen werden kann. Durch die steigende Bedeutung verschiedener Ausprägungen der ökologischen Landwirtschaft infolge einer Veränderung des Verbraucherverhaltens wird Stroh als Dünger vermutlich in Zukunft verstärkt eingesetzt (Beckmann (2006)). Dagegen weist Kappler (2008) darauf hin,

---

[2]Die Ergebnisse sind in Beckmann (2006) lediglich graphisch dargestellt.

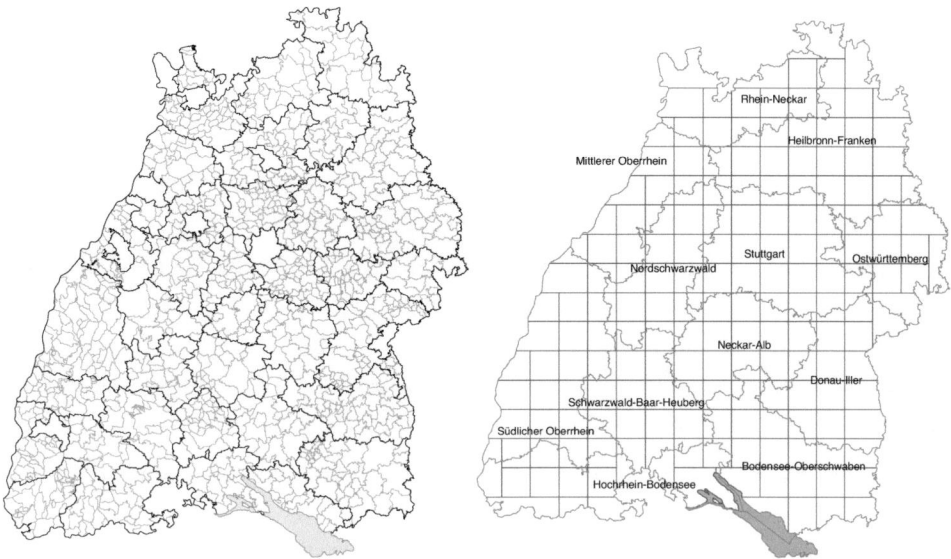

Abb. 5.2: Landkreise und Gemeinden Baden-Württembergs (links) sowie das vorgeschlagene Raster zur Abbildung der Biomasse und Regionen zur Berücksichtigung regionaler Unterschiede (rechts)

dass durch den zurückgehenden Viehbestand die Mengen zur Verfütterung ebenfalls rückgängig sind und geht daher davon aus, dass das Aufkommen zumindest gleich bleibt bzw. sogar zunimmt.

Im Folgenden wird das Reststrohpotenzial in Baden-Württemberg auf Basis aktuell verfügbarer Daten und unter Annahme von 25 % entnehmbarem Stroh als Untergrenze sowie 60 % als Obergrenze geschätzt. Von der maximal entnehmbaren Strohmenge wird die zur Fütterung erforderliche Menge abgezogen. Da davon ausgegangen wird, dass eingestreutes Stroh als Mist wieder auf die Felder ausgebracht wird, wird die Einstreu nicht abgezogen. Die Berechnung basiert auf Daten des statistischen Landesamtes Baden-Württemberg (StatBW (2011)) zu Getreideflächen im Jahr 2007, mittleren Ernteerträge der Jahre 2003-2010 von Sommer- und Winterweizen (inkl. Dinkel), Sommer- und Wintergerste, Hafer und Triticale und zum Viehbestand im Jahr 2007 und ist in Tabelle 5.3 dargestellt. Es ergibt sich ein Mindestpotenzial von 444 Mt/a FM (15 % H_2O) und ein maximales Potenzial von 1.318 Mt/a FM. Im Basisszenario wird eine mittlere verfügbare Reststrohmenge in Höhe von 881.282 t/a FM angenommen.

5.1.4 Räumliche Abbildung der Biomassepotenziale in ECLIPTIC

Im diskreten Standortplanungsmodell ECLIPTIC werden die Biomassepotenziale Quellen zugeordnet. In einigen Arbeiten (Kerdoncuff (2008), Schattka (2011)) werden hierzu die Mittelpunkte politischer Verwaltungseinheiten, z.B. ausgewählte Gemeinden oder Landkreise, verwendet. Unterschiedliche Flächen der politischen Einheiten können sich dabei auf das Ergebnis auswirken. So wird bspw. ein Anlagenstandort, der Nahe am Mittelpunkt eines vergleichsweise großen Landkreises liegt, besser gestellt, wenn das Biomassepotenzial durch den Mittelpunkt repräsentiert wird[3]. Zudem erscheint die Anzahl der Landkreise in Baden-Württemberg (35 Land- und neun Stadtkreise) zu niedrig für die Abbildung der Biomassepotenziale und die Rechenzeit bei Abbildung der Gemeinden (insgesamt 1.001) dürfte sehr groß sein.

In der vorliegenden Arbeit wird ein gleichmäßiges Raster zur Abbildung der Biomassepotenziale verwendet. Die Skalierung kann dabei beliebig festgelegt werden. Abbildung 5.2 zeigt das erzeugte Raster mit einer Standard-Zellengröße von 14 x 14 km^2 im Vergleich zu den Landkreisen und Gemeinden in Baden-Württemberg. In ECLIPTIC wird der Mittelpunkt jeder Zelle als Biomassequelle (h) abgebildet.

Die Erstellung des Rasters erfolgt mit dem Geographischen Informationssystem ESRI ArcMAP 9.2. Kleinere Rasterzellen an den Landesgrenzen werden mit benachbarten Zellen vereinigt. Die reduzierte Komplexität und damit Rechenzeit werden somit stärker gewichtet, als die geringere Abbildungsgenauigkeit an den Landesgrenzen.

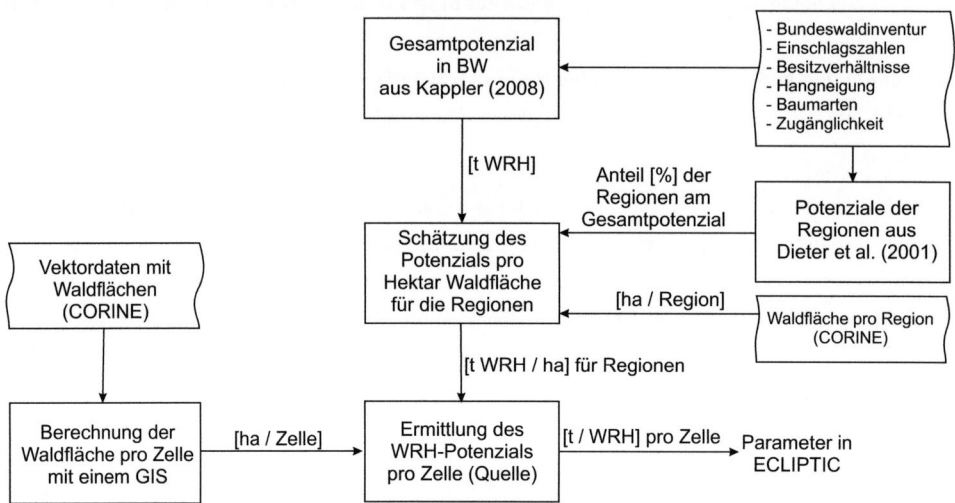

Abb. 5.3: Vorgehen zur Ermittlung der Waldrestholzpotenziale pro Rasterzelle

Waldrestholz

Das in Abschnitt 5.1.2 identifizierte Gesamtpotenzial an Waldrestholz wird gemäß der in Abbildung 5.3 dargestellten Vorgehensweise auf die einzelnen Zellen des Rasters verteilt. Das

---

[3]Diesem Effekt könnte durch landkreisspezifische Erfassungskosten, die einen Teil der Transportkosten enthalten, entgegengewirkt werden.

Gesamtpotenzial aus Kappler (2008) wird zunächst den Regionen Baden-Württembergs zugeordnet (siehe Abbildung 5.2 rechts). Die Verwendung der Regionen als Bezugsgröße geht auf die Verfügbarkeit der Daten zu Waldrestholzpotenzialen für die Regionen (Dieter et al. (2001)) zurück[4]. Die Aufteilung zwischen den Regionen wird auf das Gesamtpotenzial von Kappler (2008) übertragen.

Tab. 5.4: Spezifische Waldrestholzpotenziale für die Regionen Baden-Württembergs

Region	Fläche [km^2]	Anteil Wald	Potenzial [t FM / km^2 Wald]
Donau-Iller	2.907	27 %	212
Bodensee-Oberschwaben	3.722	29 %	205
Ostwürttemberg	2.141	37 %	195
Mittlerer Oberrhein	2.157	38 %	162
Heilbronn-Franken	4.793	27 %	158
Neckar-Alb	2.548	38 %	158
Schwarzwald-Baar-Heuberg	2.523	46 %	154
Stuttgart	3.680	31 %	144
Hochrhein-Bodensee	2.855	45 %	141
Rhein-Neckar	2.456	37 %	141
Südlicher Oberrhein	4.055	47 %	139
Nordschwarzwald	2.368	53 %	127

Das für die Regionen geschätzte Waldrestholzpotenzial wird auf die Waldfläche in jeder Region bezogen, womit regionale Faktoren zur Schätzung des Waldrestholzaufkommens pro Hektar Wald ermittelt werden. Die Waldfläche in jeder Zelle des Rasters wird mit dem GIS berechnet und damit das Aufkommen pro Zelle geschätzt. Hierzu wird jede Zelle einer Region zugeordnet. Für die Waldflächen werden GIS-Karten aus dem Projekt CORINE Land Cover 2000 der EU-Kommission[5] verwendet.

In Tabelle 5.4 sind die Gesamt- und Waldflächen sowie die spezifischen regionalen Potenzialfaktoren angegeben. Dabei wird deutlich, dass z.B. die waldreichen Regionen Nordschwarzwald, Schwarzwald-Baar-Heuberg und Neckaralb vergleichsweise niedrige spezifische Potenzialfaktoren aufweisen. Ursächlich sind eingeschränkte Zugänglichkeiten bspw. aufgrund der Hangneigung und Unsicherheiten bezüglich der Potenziale aufgrund der Besitzverhältnisse.

Reststroh

Das Vorgehen zur Ermittlung der Reststrohpotenziale ist in Abbildung 5.4 dargestellt. Die

---

[4]Kappler (2008) schätzt das Potenzial zwar auf Gemeindeebene, stellt die Ergebnisse allerdings lediglich graphisch durch farbliche Abstufungen dar.

[5]http://www.corine.dfd.dlr.de

Schätzung des Reststrohaufkommens aus Abschnitt 5.1.3 wird dazu unter Berücksichtigung der regionalen Ernteerträge und Viehbestände für jede Region durchgeführt[6]. Basis sind die regionalen Ernteerträge für Weizen, Roggen, Triticale, Gerste und Hafer, der Viehbestand in jeder Region und die entnehmbare Menge an Stroh (siehe Abschnitt 5.1.3). Die Potenzialfaktoren werden auf die Ackerfläche jeder Region bezogen. Die Berechnung des Reststrohpotenzials pro Zelle erfolgt analog zur Vorgehensweise bei Waldrestholz auf Basis der mit dem GIS ermittelten Ackerflächen pro Zelle.

In Tabelle 5.5 sind die Ackerflächen pro Region, der jeweilige Anteil an den Getreideanbauflächen, das geschätzte Gesamtstrohaufkommen, die zur Verfütterung benötigte Menge und die ermittelten regionalen Potenzialfaktoren angegeben.

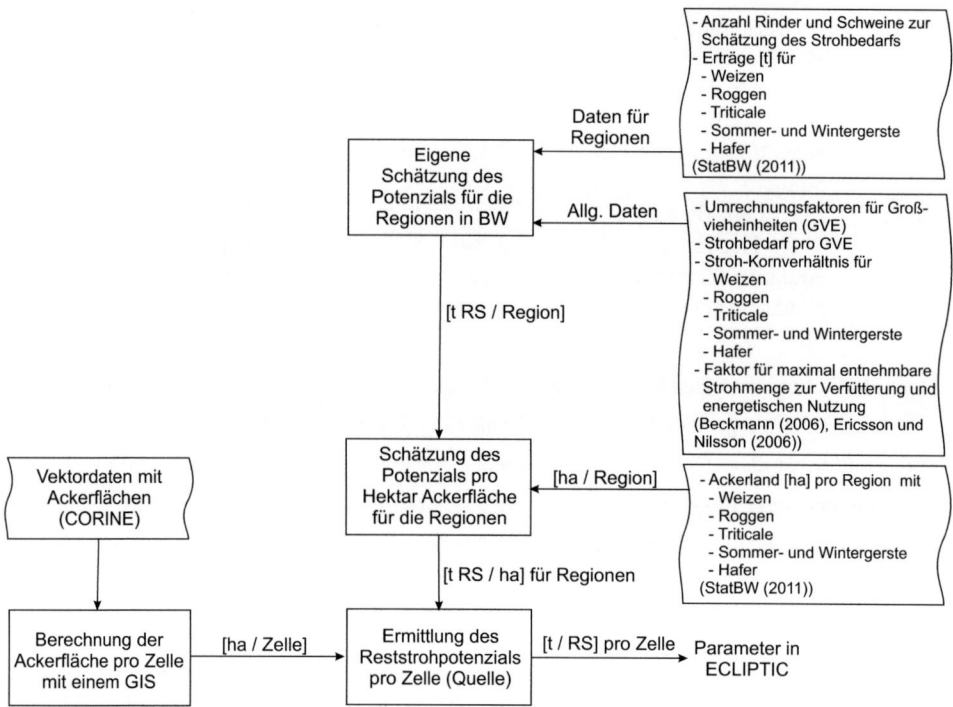

Abb. 5.4: Vorgehen zur Ermittlung der Reststrohpotenziale pro Rasterzelle

---

[6]Die Schätzung für Baden-Württemberg in Abschnitt 5.1.3 und die Summe der Schätzungen der einzelnen Regionen weichen geringfügig voneinander ab, da einige Zellen nicht eindeutig einer Region zugeordnet werden können. Daher wird die Schätzung auf Basis der regionalen Daten im Modell durch einen Korrekturfaktor an die Schätzung des Gesamtpotenzials angeglichen.

Tab. 5.5: Spezifische Reststrohpotenziale für die Regionen Baden-Württembergs

Region	Acker-land [km^2]	Anteil Getreide gesamt	Strohaufkom-men gesamt [Mt/a FM]	Verfüt-terung [Mt/a FM]	energ. nutzbares Potenzial [t/a FM / km^2 Acker]
Donau-Iller	1.118	62 %	363	29	103
Bodensee-Oberschwaben	743	50 %	196	31	64
Ostwürttemberg	517	62 %	168	17	98
Mittlerer Oberrhein	567	46 %	138	2	94
Heilbronn-Franken	1.864	63 %	615	34	113
Neckar-Alb	473	63 %	155	8	115
Schwarzwald-Baar-Heuberg	416	63 %	137	11	106
Stuttgart	766	58 %	233	14	104
Hochrhein-Bodensee	426	49 %	109	11	76
Rhein-Neckar	692	58 %	211	7	112
Südlicher Oberrhein	598	24 %	76	12	31
Nordschwarzwald	306	61 %	98	5	110

Die geschätzten Potenziale pro Zelle werden in Abbildung 5.5 für beide Biomassearten graphisch dargestellt. Die größten Waldrestholzpotenziale finden sich erwartungsgemäß im Schwarzwald und auf der Schwäbischen Alb. Reststroh ist in größeren Mengen vor allem im Norden und teilweise im Westen des Bundeslandes verfügbar. Am geringsten sind die modellierten Biomassepotenziale im Oberrheingraben, in der Region in und um Stuttgart und im Südosten des Bundeslandes.

5.1.5 Vorauswahl möglicher Produktionsstandorte

Gemäß den Ausführungen in Abschnitt 3.2.1 ist es sinnvoll und aufgrund der Modellkomplexität erforderlich, die möglichen Produktionsstandorte durch eine Vorauswahl einzugrenzen. In der vorliegenden Beispielanwendung für Baden-Württemberg werden 40 mögliche Produktionsstandorte so ausgewählt, dass eine direkte Anbindung an das Bundesstraßennetz besteht. Gleichzeitig wird eine möglichst gleichmäßige Verteilung in Baden-Württemberg angestrebt. Topographische Gegebenheiten, wie die Höhenlagen des Schwarzwalds und der Schwäbischen Alb, werden berücksichtigt. Weiterhin werden Städte und Gemeinden ausgewählt, in denen bereits Industrie angesiedelt ist.

Die gewählten Standorte sind zusammen mit den Bundesautobahnen und -straßen und den Waldflächen in Baden-Württemberg in Abbildung 5.6 dargestellt.

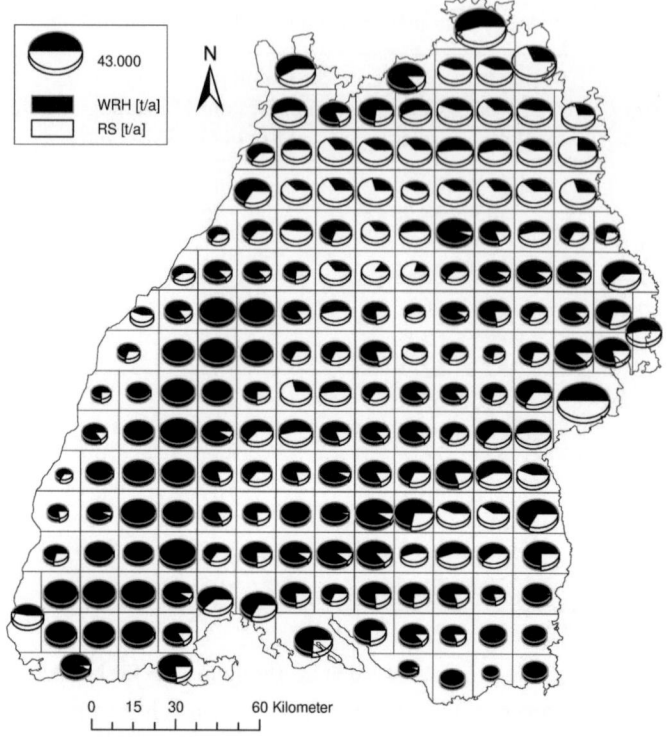

Abb. 5.5: Darstellung der modellierten Waldrestholz- und Reststrohpotenziale je Rasterzelle [t/a FM]

5.1.6 Kraftstoffnachfrage und -distribution

Der Dieselkraftstoffverbrauch in Baden-Württemberg beträgt im Jahr 2009 gemäß dem Statistischen Landesamt Baden-Württemberg[7] 3,5 Mio. t. Dies entspricht über 10 % der Gesamtnachfrage nach Dieselkraftstoff in Deutschland, der für das Jahr 2009 vom Verband der Mineralölwirtschaft mit 31,3 Mio. t angegeben wird (MWV (2011)).

Nach Angaben bzw. Schätzungen des MWV (2011) steigt die bundesdeutsche Dieselnachfrage von 2009 bis 2011 um ca. 5 % und wird bis 2015 um weitere 3 % steigen. Danach stagniert die Nachfrage bzw. geht vermutlich bis zum Jahre 2025 infolge verbesserter Motorleistungen und alternativer Antriebe wieder auf das Niveau von 2009 zurück.

Da davon ausgegangen wird, dass sich ein möglicher Rückgang der Nachfrage an Dieselkraftstoff vor allem auf konventionellen Kraftstoff auswirkt, wird für das Basisszenario in der vorliegenden Arbeit eine zu produzierende BtL-Kraftstoffmenge i.H. des im Biokraftstoffquotengesetz (siehe Abschnitt 2.2) vorgeschriebenen Anteils von 4,4 % an der für 2015 zu erwar-

---

[7]www.statistik-bw.de/UmweltVerkehr/Landesdaten/LRt1506.asp, zuletzt aufgerufen im November 2011.

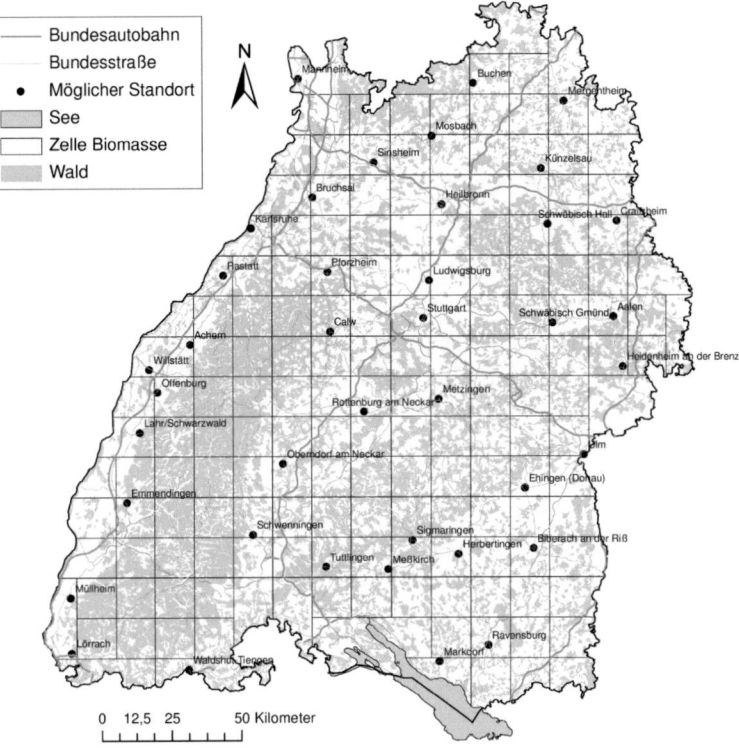

Abb. 5.6: Aufteilung der Fläche Baden-Württembergs in diskrete Biomassequellen und Vorauswahl möglicher Produktionsstandorte

tenden Nachfrage vorgegeben. Dazu wird die baden-württembergische Nachfrage des Jahres 2009 um den erwarteten gesamtdeutschen Anstieg der Nachfrage bis 2015 korrigiert. Es ergibt sich eine zu produzierende BtL-Kraftstoffmenge von 167.500 t/a.

Da steuerliche Vorteile insbesondere bei reinen Kraftstoffen möglich sind (siehe Abschnitt 2.2), wird angenommen, dass der produzierte Kraftstoff innerhalb Baden-Württembergs auf Tankstellen mit entsprechender Zapfsäule verteilt wird. Um die Distribution im Modell darzustellen, wird jede Stadt oder Gemeinde in Baden-Württemberg mit mehr als 14.000 Einwohnern als Senke abgebildet. Dies ergibt 154 Senken, auf welche die Gesamtnachfrage gemäß den Einwohnerzahlen verteilt wird.

5.2 Prozesse und Kosten der Biomassebereitstellung

Beide in dieser Arbeit betrachtete Biomassearten, Waldrestholz und Reststroh, fallen als Rückstand beim Stammholzeinschlag bzw. beim Mähen und Dreschen von Getreide an. Um die

Biomasse verfügbar zu machen, ist eine Reihe von Schritten notwendig, die mit Kosten für Personal, Energie und Maschinen verbunden sind.

Der zeitliche Anfall von Waldrestholz und Reststroh ist an die Erfassung des Hauptprodukts gebunden und in Abbildung 5.7 dargestellt. Um eine gleichmäßige Versorgung der Anlagen mit Biomasse zu gewährleisten, müssen Biomasseanfall und -bereitstellung durch Lagerung zeitlich entkoppelt werden.

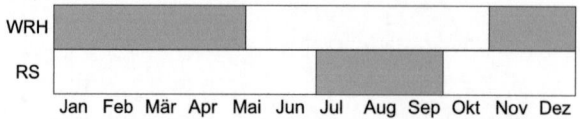

Abb. 5.7: Zeitlicher Anfall der Biomassearten Waldrestholz (WRH) und Reststroh (RS) (nach Trän und Kaltschmidt (2009))

Im Folgenden werden die Bereitstellungsprozesse von Waldrestholz (Abschnitt 5.2.1) und Reststroh (Abschnitt 5.2.2) sowie die damit verbundenen Kosten beschrieben. Diese werden als Parameter im ECLIPTIC-Modell verwendet (siehe Abschnitt 4.2).

5.2.1 Waldrestholz

Die Bereitstellung von Waldrestholz umfasst die in Abbildung 5.8 dargestellten Schritte (vgl. Trän und Kaltschmidt (2009), Kappler (2008)). Das Restholz wird zunächst aufgenommen, zur Rückegasse oder einem Sammelplatz transportiert und in Bündeln oder Wällen bereitgelegt, so dass es im nächsten Arbeitsschritt zum Hacken aufgenommen werden kann. Zwischen diesen beiden Arbeitsschritten kann das Holz ablagern, um eine möglichst gute Auslastung der Hacker und vor allem eine über das Jahr gleichmäßige Anlieferung an den Anlagenstandorten zu gewährleisten.

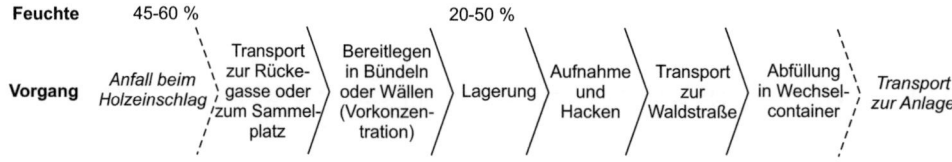

Abb. 5.8: Prozesskette zur Bereitstellung von Waldrestholz

In den Sommermonaten trocknet das Holz während der Lagerung und der ursprüngliche Wassergehalt von ca. 45 % - 60 % kann bei entsprechender Witterung auf 20 % - 50 % zurückgehen (Trän und Kaltschmidt (2009)). Je nach Jahreszeit ist demnach davon auszugehen, dass die Feuchtigkeit des angelieferten, gehackten Holzes Schwankungen unterworfen ist. Aufgrund der Unsicherheit über den Anteil und den Wassergehalt natürlich getrockneten Holzes wird in dieser Arbeit ein Wassergehalt von 50 % bei Anlieferung an den Anlagen abgebildet.

Die konkrete Ausgestaltung der Bereitstellungskette von Waldrestholz und vor allem deren Kosten hängen von zahlreichen Faktoren ab (vgl. Kanzian et al. (2006), Kappler (2008)). Dazu gehören:

- topographische und örtliche Verhältnisse,

- Verfügbarkeit von Maschinen in der Region,

- Automatisierungsgrad der Maschinen (motormanuell, teil- / vollmechanisiert),

- Einschlagsmengen,

- erforderliche und verfügbare Waldrestholzmengen,

- Lagermöglichkeiten (z.B. Hackplätze, Waldstraße) und

- Verfügbarkeit von Waldstraßen und Wegen.

Die Literaturangaben zu Erfassungskosten variieren daher. Kappler (2008) wertet zahlreiche Studien aus und findet für die Bereitstellung von Hackschnitzeln aus Baumkronen, Schlagraumrücklass und Schwachholz frei Waldstraße oder Hackplatz Angaben zwischen 27 €/t TM und 176 €/t TM. Kappler (2008) schätzt die Erfassungskosten für Waldrestholz in Baden-Württemberg zur Bereitstellung an der Waldstraße oder Sammelplätzen auf Basis der verfügbaren Literatur in Abhängigkeit der Besitzverhältnisse (öffentlicher und privater Wald), Hangneigung und verschiedener Holzsortimente und erhält durchschnittliche Erfassungskosten für die Nutzungsklassen *leicht* in Höhe von 57 €/t TM, *möglich* von 108 €/t TM und *schwer* von 140 €/t TM[8]. Da in dieser Arbeit die Potenziale der Nutzungsklassen leicht und möglich betrachtet werden (Abschnitt 5.1.2), ergeben sich unter Berücksichtigung der jeweiligen Massen durchschnittliche Erfassungskosten in Höhe von 78 €/t TM.

5.2.2 Reststroh

Die Erfassungskette von Reststroh ist in Abbildung 5.9 dargestellt (Trän und Kaltschmidt (2009), Kappler (2008)). Nach der Ernte verbleibt das Stroh zur Trocknung zunächst auf dem Feld. Hierzu wird es entweder gleich vom Mähdrescher oder durch einen Schwadmäher in Schwaden abgelegt. Diese können dann von einer Ballenpresse aufgenommen werden. Ballenpressen unterscheiden sich hinsichtlich der Ballenform, Ballengröße und des Durchsatzes und somit in Investitionen, Presszeiten und Ballenzahl. Letztere wirken sich wiederum auf die benötigte Zeit zum Sammeln und Stapeln der Ballen aus.

---

[8]Vergleiche Abschnitt 5.1.2 zu den Nutzungsklassen in Kappler (2008).

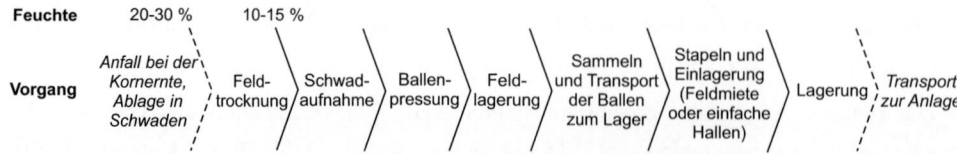

Abb. 5.9: Prozesskette zur Bereitstellung von Reststroh

Die Zwischenlagerung der Ballen muss entweder in großen Feldmieten mit Folien oder überdachten Unterständen erfolgen. Die Abdeckung ist zur Vermeidung von Wiederbefeuchtung, Pilzwachstum und Substanzabbau durch mikrobiologische Prozesse erforderlich[9]. Gestapelt werden die Ballen mit Frontladern mit Gabel oder Zusatzgeräten bzw. mit Teleskopladern, womit Stapelhöhen von bis zu 10 m bzw. 8-13 Ballenschichten erreicht werden (Trän und Kaltschmidt (2009)).

Kappler (2008) ermittelt die Erfassungskosten für Reststroh in Baden-Württemberg in Abhängigkeit folgender Faktoren:

- Fläche des Ackers [ha],

- Flächenertrag [t/ha],

- Art der eingesetzten Landmaschinen und

- Ballenform.

Es ergeben sich die in Tabelle 5.6 dargestellten Erfassungskosten. Die fixen Kosten der Maschinen (Schlepper mit Hänger, Frontlader mit Ballenzange, Ballenpressen) haben den größten Einfluss. Außerdem werden Personalkosten, welche vom Automatisierungsgrad der Maschinen abhängen, Kosten des Kraftstoffs für die Maschinen, sonstige Kosten, vor allem für Wartung, Instandhaltung und Betriebsstoffe, Kosten für die Abdeckung der Lagermieten mit Folien und anteilige Düngemittelkosten berücksichtigt. In Summe ergeben sich in der günstigsten Kombination 48 €/t TM Reststroh und im ungünstigsten Fall, d.h. große Ackerfläche, hohes Ertragsniveau und große Ballen, 68 €/t TM[10]. Ein möglicher Substanzabbau während der Lagerung infolge biologischer Vorgänge wird nicht berücksichtigt, da die transportierten und verarbeiteten Mengen davon nicht betroffen sind.

Kappler (2008) berechnet für jede Gemeinde das Strohaufkommen pro Getreideanbaufläche und pro Gemeindebodenfläche sowie die Getreideanbaufläche pro Gemeindebodenfläche und die Ackerfläche pro Gemeindebodenfläche und führt für jeden dieser Faktoren ein Gewicht ein, um eine gemeindespezifische Kennzahl für das Strohaufkommen zu ermitteln. Durch Reihung

---

[9]Eine Beschreibung weiterer Lagerrisiken findet sich bei Hartmann (2009b).

[10]Die gesamten Bereitstellungskosten in Tabelle 5.6 ergeben sich nicht als Summe der unteren bzw. oberen Werte, da in Kappler (2008) wechselseitige Abhängigkeiten abgebildet werden.

Tab. 5.6: Bereitstellungskosten für Reststroh in Baden-Württemberg (Quelle: Kappler (2008))

Kostenart	Kosten [€/t TM]		
Abschreibungen und Zinsen (kalk.)	14,3	-	20,9
Personalkosten	4,5	-	9,6
Kraftstoffkosten	2,2	-	5,5
Sonstige Kosten	11,2	-	19,6
Anteilige Düngekosten	11,0		
Kosten für Abdeckung	2,0		
Erfassungskosten	47,4	-	67,4

dieser Kennzahlen werden den Gemeinden unterschiedliche Erfassungskosten zugeordnet und damit wiederum die durchschnittlichen Erfassungskosten für Baden-Württemberg geschätzt. Die sich ergebenden Kosten in Höhe von 62,4 €/t TM werden in der vorliegenden Arbeit zur Abbildung der Reststroherfassungskosten in ECLIPTIC verwendet.

5.3 Charakterisierung der Prozesskette zur Produktion von FT-Kraftstoff

Nachdem in den beiden vorangehenden Abschnitten 5.1 und 5.2 die Potenziale und Kosten von Waldrestholz und Reststroh ermittelt wurden, wird im vorliegenden Abschnitt die Verarbeitung der Biomasse zu Kraftstoff dargestellt. Die betrachtete Wertschöpfungskette besteht aus den Prozessschritten Zerkleinerung, Trocknung, Schnellpyrolyse, Vergasung, Gasreinigung und -konditionierung, Fischer-Tropsch (FT)-Synthese und Produktaufbereitung.

In den folgenden Unterabschnitten werden zunächst die einzelnen Prozessschritte dargestellt (Abschnitte 5.3.1 bis 5.3.6). Darauf aufbauend wird in Abschnitt 5.4.1 das Vorgehen bei der Stoff- und Energiebilanzierung der Prozesskette als Grundlage der techno-ökonomischen Abbildung der Wertschöpfungskette in ECLIPTIC dargestellt (Abschnitte 5.4.2 bis 5.6).

5.3.1 Biomasselagerung und -zerkleinerung

Produktionsstandorte, an welche Biomasse angeliefert wird, müssen über Lager verfügen, um die Biomasse aufzunehmen, Schwankungen abzufangen und eine kontinuierliche Versorgung der Anlagen sicherzustellen. Empfohlen werden Lagerbestände von mindestens drei bis zu sieben Tagen (Hartmann (2009b)). Das Lager muss zum Schutz gegen Wiederbefeuchtung überdacht sein. Zur Beschickung der Anlagen werden gegebenenfalls Lageraustragssysteme, z.B. Austragsschnecken, eingesetzt.

Zur Sicherstellung eines effizienten Wärmeübergangs in der Schnellpyrolyse muss eine Partikelgröße der Biomasse von maximal 3 mm x 10 mm gewährleistet sein (Trippe et al. (2010)), weshalb die angelieferten Holzhackschnitzel bzw. Strohballen zerkleinert werden müssen.

Strohballen werden dazu zunächst mit einem Ballenauflöser mit Zerreißwalzen oder Zerreißtrommeln aufgelöst und zerkleinert (Hartmann (2009b)). Danach wird die erforderliche Partikelgröße durch Zerkleinerung mit einer Hammermühle erreicht (Kerdoncuff (2008)). Um die Zerkleinerungswerkzeuge vor Fremdkörpern wie Steine oder Gegenstände aus Metall zu schützen, werden Metalldetektoren bzw. -abscheider und Siebeinsätze eingesetzt Hartmann (2009b)).

Die am Anlagenstandort angelieferten Holzhackschnitzel werden ebenfalls in einer Hammermühle zerkleinert (Kerdoncuff (2008)). Dabei trifft das Mahlgut auf beweglich an einem sich drehenden Rotor aufgehängte Schlaghämmer. Die Beweglichkeit der Hämmer ermöglicht das Abfangen von Stößen und macht die Maschinen robuster gegenüber Fremdkörpern (Hartmann (2009b)). Zur Grobzerkleinerung der Hackschnitzel kann gegebenenfalls zunächst ein Schredder eingesetzt werden.

5.3.2 Biomassetrocknung

Biomasse trocknet auf natürlichem Wege bspw. durch Freilufttrocknung oder mittels technischer Trocknung durch Belüftungs-, Warmluft- oder Heißlufttrocknung (Hartmann (2009b)). In der betrachteten Prozesskette wird angenommen, dass eine maximale Feuchte von 15 Massen-% für die in der Pyrolyse eingesetzte Biomasse technisch möglich ist (vgl. Kerdoncuff (2008)). Da diese Feuchte nur bei Reststroh durch natürliche Trocknung auf dem Feld erreicht wird, ist im Falle der Waldrestholznutzung eine technische Trocknung erforderlich (siehe Abschnitt 5.2.1).

Der vorliegende Anwendungsfall ist durch vergleichsweise hohe Durchsätze gekennzeichnet und erfordert eine gleichmäßige Trocknung der Biomasse. Daher werden Trocknungsanlagen mit einer Beförderung des Trocknungsgutes eingesetzt. Hartmann (2009b) unterscheidet zwischen Schubwendetrocknern, Bandtrocknern und Drehrohrtrocknern, wobei die Ausführung sowohl von dem zu trocknenden Gut als auch von der Wärmequelle abhängt (siehe auch Kröll (1989)).

Für die Trocknung von Waldrestholz werden in der betrachteten Wertschöpfungskette zwei mögliche Varianten, indirekte Trocknung mit Wasserdampf und direkte Trocknung mit Heißluft, welche durch die Verbrennung eines Teiles der Holzhackschnitzel erwärmt wird, betrachtet. Wird ein Trocknungssystem am gleichen Standort wie nachfolgende Prozesse der Wertschöpfungskette installiert, kann Dampf, der u.a. mit abführbarer Wärme aus der FT-Synthese erhitzt wird, zur Trocknung eingesetzt werden (siehe Abschnitt 5.4.3). In diesem Fall wird ein Stromtrockner (bzw. Dampf- oder Flash-Trockner) eingesetzt, der sich durch kurze Trocknungszeiten und eine kompakte Bauform auszeichnet (Stahl et al. (2004), Kröll (1989)).

In Abbildung 5.10 ist das Schema eines Stromtrockners dargestellt (Van Ree et al. (1994)), der über zwei Dampfkreisläufe verfügt und daher auch als Direkt/Indirekt-Dampftrockner bezeichnet wird. Die zerkleinerte und zu trocknende Biomasse wird über eine Förderschnecke in einen internen Dampfkreislauf gegeben, der von dem aus der Biomasse verdampften Wasser gespeist und mit einem Ventilator komprimiert wird. Der Dampf im internen Kreislauf wird von zwei Wärmeübertragern mit dem Dampf eines externen Dampfkreislaufes erhitzt, wobei der erste Wärmeübertrager den Dampf zunächst vorwärmt und der zweite Wärmeübertrager die durchströmende Biomasse erhitzt, so dass der gewünschte Anteil des enthaltenen Wassers verdampft. Die getrocknete Biomasse wird mit einem Zyklon ausgeschleust. Nach dem Zyklon wird ein Teil des Dampfes aus dem internen Kreislauf abgezweigt und im zweiten Wärmeübertrager zur Erhitzung der Biomasse verwendet. Die abgezweigte Menge entspricht der verdampften Wassermenge der Biomasse. In dieser Arbeit wird angenommen, dass der Dampf des externen Kreislaufes nach seiner Nutzung in der Biomassetrocknung und nach Abtrennung überschüssigen Wassers wieder zur Kühlung anderer Anlagenkomponenten genutzt wird (siehe Abschnitt 5.4).

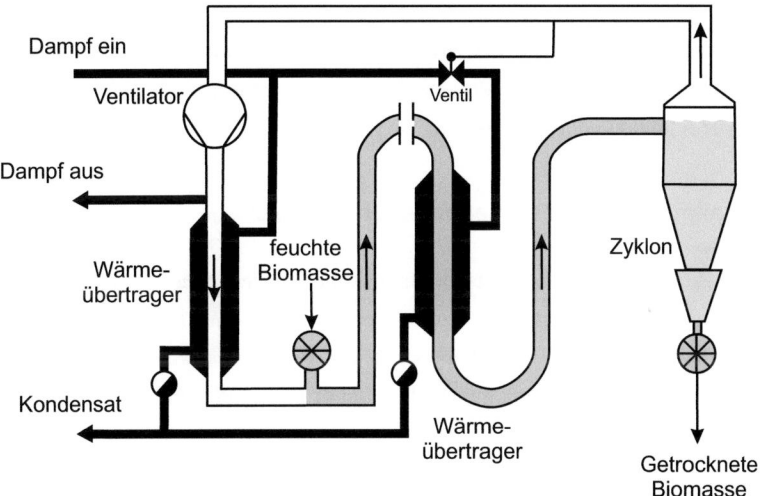

Abb. 5.10: Schema des Direkt/Indirekt-Dampftrockners (Stromtrockner) mit Zyklon (nach Van Ree et al. (1994))

Wird eine Trocknung an einem Standort geplant, an dem kein Dampf verfügbar ist, wird angenommen, dass ein direkt beheizter Drehtrommeltrockner (siehe Abbildung 5.11) und als Brennstoff ein Teil der zu trocknenden Biomasse eingesetzt wird. Die Biomasse wird in einer Brennkammer verbrannt und zur Erhitzung von Prozessluft verwendet, welche mittels eines

Ventilators durch ein Drehrohr gezogen wird. Durch die Schräglage der Trommel, deren Drehbewegung und kreisförmig angebrachte Hubschaufeln wird die von oben ins Rohr gegebene Biomasse ans untere Rohrende befördert und vom heißen Prozessgas getrocknet. Die hohen Temperaturen führen zur Abgabe großer Wassermengen am oberen Rohrende, so dass sich die zu trocknende Biomasse nur auf ca. 60 - 85 °C erwärmt (siehe Hartmann (2009b)).

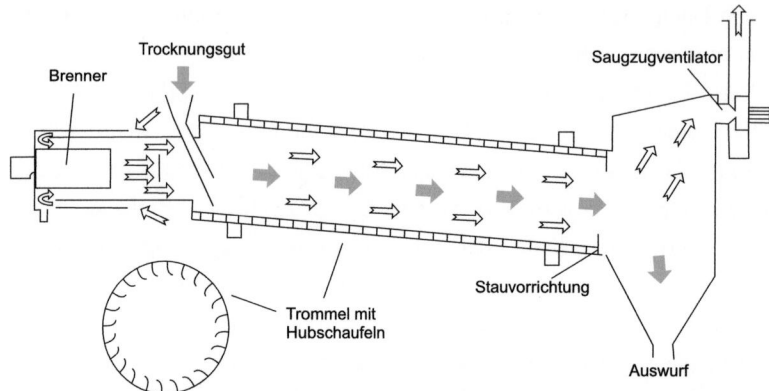

Abb. 5.11: Heißluft-Drehtrommeltrockner mit Hubschaufeln (nach Hartmann (2009b) und Hirschberg (1999))

Beide Trocknungstechnologien, der Drehtrommeltrockner und der Stromtrockner, werden in ECLIPTIC abgebildet und modellendogene Entscheidungen hinsichtlich des an jedem Standort eingesetzten Trocknungssystems ermöglicht (vgl. Abschnitte 5.4.4 und 5.6.2).

5.3.3 Schnellpyrolyse der vorbehandelten Biomasse

Ein zentraler Prozessschritt der Wertschöpfungskette ist die Schnellpyrolyse. Darin wird aus der zerkleinerten und gegebenenfalls getrockneten Biomasse eine transportierbare und pumpfähige Suspension hoher Energiedichte hergestellt. Ein Teil der Wertschöpfungskette wird derzeit am Karlsruher Institut für Technologie (KIT) in einer Pilotanlage umgesetzt und mit dem Ziel der industriellen Umsetzung erforscht. Seit 2008 werden im bioliq-Pyrolysereaktor zahlreiche Testkampagnen und im Jahre 2010 der erste Vollbetrieb mit 0,5 t/h Stroh durchgeführt (siehe Bioliq (2011), Henrich et al. (2009)).

Bei der Schnellpyrolyse von Biomasse[11] wird diese ohne Zuführung von Sauerstoff in kurzer Zeit (wenige Sekunden) auf hohe Temperaturen (500 °C) erhitzt, was zur explosionsartigen Verdampfung des in der Biomasse nach der Trocknung noch enthaltenen freien Wassers und zur thermischen Spaltung von Zellulose, Hemizellulose und Lignin führt. Dabei entstehen in Abhängigkeit des Rohstoffes, der Erhitzungsgeschwindigkeit, Verweilzeit, Partikelgröße

---

[11]Vgl. für die nachfolgenden Erläuterungen Mohan et al. (2006).

und Temperatur zahlreiche chemische Verbindungen, die zu 60-75 Gew.-% als flüssiges Pyrolyseöl, zu 15-25 Gew.-% als Pyrolysekoks und zu 10-20 Gew.-% als Pyrolysegas vorliegen (Mohan et al. (2006)).

Das Prinzip der bioliq-Schnellpyrolyse ist in Abbildung 5.12 dargestellt (vgl. Dahmen et al. (2006)). Die zerkleinerte Biomasse wird in einem Doppelschneckenreaktor durch heißen Sand auf ca. 500 °C erhitzt. Der im Kreislauf geführte Sand wird durch Verbrennung des entstehenden Pyrolysegases aufgeheizt. Pyrolysekoks und -öl werden anschließend zum sogenannten Slurry vermischt.

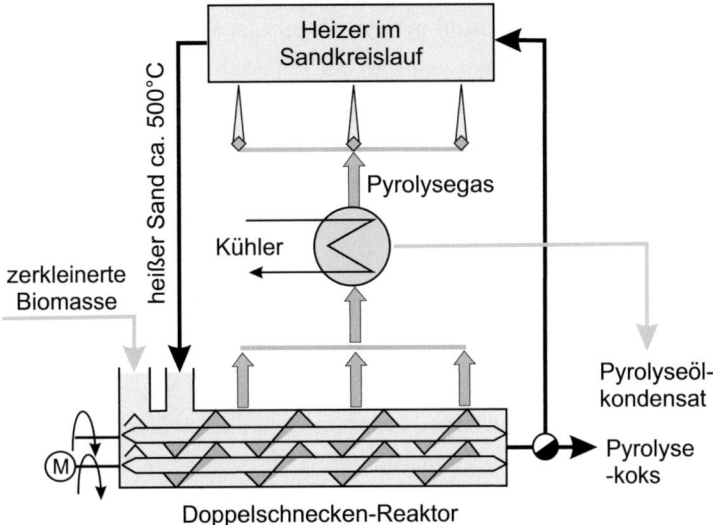

Abb. 5.12: Prinzip-Schema der Schnellpyrolyse mit Doppelschneckenmischreaktor und Sand als Wärmeträger (nach Dahmen et al. (2006))

Trippe et al. (2010) bewertet verschiedene Anlagenkonfigurationen für die bioliq-Schnellpyrolyse und identifiziert für Reststroh eine Anlage mit Stahlkugeln als Wärmeträger und einer dreistufigen Produktgewinnung als die Alternative mit dem vergleichsweise niedrigsten Gesamtenergiebedarf. Dabei wird ein wesentlicher Teil des Pyrolysekokses zunächst mit einem Heißgaszyklon aus der Produktmischung mit Pyrolysekoks, -öl und -gas abgeschieden. Danach wird der verbleibende Produktstrom von 500 °C auf ca. 100 °C abgekühlt und das Kondensat abgetrennt. In einer weiteren Kühlung werden der Produktstrom auf ca. 80 °C abgekühlt und dabei das verbleibende Kondensat und Wasser vom Pyrolysegas abgetrennt.

5.3.4 Hochdruckvergasung von Slurry

Die Vergasung ist ein thermochemisches Konversionsverfahren, bei dem biogene Brennstoffe durch partielle Oxidation, d.h. eine geringere Menge an Sauerstoff bzw. Oxidationsmittel wird zugeführt, als zur vollständigen Verbrennung stöchiometrisch erforderlich wäre, in ein brennbares Gas mit hohem Heizwert umgewandelt werden (Tepper (2005), FNR (2006)).

Der Vergasungsprozess gliedert sich in mehrere Teilprozesse, die nacheinander bzw. teilweise parallel ablaufen. Dabei werden der Brennstoff zunächst bei Temperaturen von bis zu 200 °C vorgewärmt und das darin enthaltene Wasser verdampft. Bei Temperaturen zwischen 200 °C und 500 °C wird der Brennstoff pyrolytisch zersetzt und flüchtige Bestandteile werden freigesetzt. In der autothermen Vergasung wird ein Teil des Brennstoffes durch Zuführung von Sauerstoff in der Oxidationszone verbrannt und damit die benötigte Prozesswärme bereitgestellt. Es werden Temperaturen von bis zu 2.000 °C erreicht (Kerdoncuff (2008)). Im Gegensatz dazu wird bei der allothermen Vergasung Wärme von außen zugeführt, z.B. durch Nutzung von Prozesswärme aus einem anderen Produktionsschritt. Die Hauptbestandteile des Produktgases, H_2, CO_2 und CO, entstehen primär in der Reduktionszone bei Temperaturen zwischen 800 °C bis 1.000 °C. Hohe Temperaturen führen dabei zu niedrigen Teergehalten und vermindern den Anteil von CH_4 (ca. 1%) zugunsten von H_2 und CO. (FNR (2006), Hofbauer et al. (2009b), Trippe et al. (2011))[12].

Die Zusammensetzung des Produktgases wird im Wesentlichen durch die Zusammensetzung des Brennstoffes, die Wahl des Vergasungsmittels (Luft, Sauerstoff, Wasserdampf, CO_2), die Reaktionsführung und dadurch erreichten Temperaturen, Drücke und durch den eingesetzten Katalysator bestimmt (FNR (2006)).

Bezüglich der Bauart des Vergasers werden Festbett-, Wirbelschicht- und Flugstromvergaser unterschieden. Da der Flugstromvergaser für große Kapazitäten geeignet ist, über eine gute Maßstabsübertragbarkeit verfügt und das produzierte Rohgas aufgrund hoher Temperaturen im Reaktor geringe Teergehalte aufweist, wird diese Bauart in mehreren Arbeiten für Anwendungen zur Vergasung von Biomasse oder Slurry im industriellen Maßstab vorgeschlagen (Tepper (2005), Hamelinck et al. (2004), Kerdoncuff (2008), Trippe et al. (2011)).

Abbildung 5.13 zeigt eine vereinfachte Darstellung eines Flugstromvergasers. Im oberen Teil wird das Slurry unter Zugabe von Sauerstoff eingeblasen und vergast. Die Zone ist von einem wassergekühlten Schirm umgeben, auf dem sich ein Schlackefilm aus geschmolzener Asche absetzt (Trippe et al. (2011)). Im unteren Teil wird Wasser zur Kühlung des Produktgases und der Schlacke eingedüst.

---

[12]Zur detaillierteren Beschreibung der einzelnen Teilprozesse sei auf Kerdoncuff (2008) verwiesen.

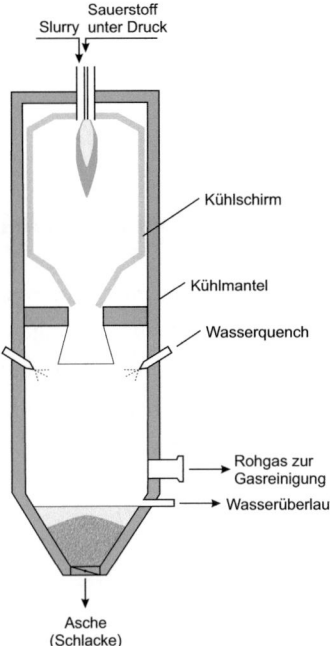

Abb. 5.13: Vereinfachte Darstellung eines Flugstromvergasers (nach: Tepper (2005), Dahmen et al. (2007), Hofbauer et al. (2009b), Trippe et al. (2011))

5.3.5 Gasreinigung und -konditionierung

Das Rohgas aus dem Flugstromvergaser enthält Verunreinigungen in Form von Partikeln, Alkalien, Stickstoff-, Schwefel- und Halogenverbindungen. Bedingt durch sehr hohe Anforderungen an die Gasqualität durch die FT-Synthese sind mehrere Gasreinigungsschritte erforderlich (Kerdoncuff (2008), Hofbauer et al. (2009b)).

Im Produktgas enthaltene Partikel werden zum Schutz der Anlagen vor Ablagerung und Beschädigung sowie zur Einhaltung von Grenzwerten durch einen Heißgaszyklon und feinere Partikel durch einen Gewebefilter abgeschieden (Hofbauer et al. (2009b)). Der Gewebefilter erfordert eine Abkühlung des Rohgases auf ca. 200 °C (Kerdoncuff (2008)).

Zum weiteren Schutz vor Korrosion, vor Aufhebung der Wirkung des Katalysators in der FT-Synthese bzw. zur Einhaltung von Grenzwerten (z.B. NO_x) werden Alkali-, Halogen- und Stickstoffverbindungen mit einer Druckwasserwäscher und Schwefelwasserstoffverbindungen in einem ZnO-Bett abgeschieden (Kerdoncuff (2008)).

Das für die Fischer-Tropsch-Synthese notwendige H_2/CO-Verhältnis von 2:1 wird mit einem Wasser-Gas-Shiftreaktor durch Wasserdampf eingestellt (CO-Konvertierung). Darin wird CO mit H_2O zu H_2 und CO_2 umgesetzt.

Da sich ein zu hoher CO_2-Anteil verdünnend auf das Synthesegas und damit nachteilig auf die Synthese auswirkt, wird ein großer Teil des im Produktgas enthaltenen bzw. in der CO-Konvertierung entstandenen CO_2 durch eine Selexolwäsche abgeschieden (Kerdoncuff (2008), Hofbauer et al. (2009b)).

5.3.6 Fischer-Tropsch-Synthese und Produktaufbereitung

Im Fischer-Tropsch (FT)-Prozess wird ein Gasgemisch aus Wasserstoff und Kohlenmonoxid in Kohlenwasserstoffketten unterschiedlicher Kettenlänge umgewandelt[13]. Dabei handelt es sich im Wesentlichen um lineare Kohlenwasserstoffketten (Paraffine). Weiterhin werden Olefine und Alkohole gebildet. Die im Fischer-Tropsch-Prozess ablaufenden, komplexen Reaktionen können für Paraffine vereinfacht wie folgt beschrieben werden (Van der Laan (1999)):

$$CO + (2 + 1/n)H_2 \rightarrow 1/nC_nH_{2n+2} + H_2O \qquad \Delta H = -165 kJ/mol \qquad [5.1]$$

$$CO + H_2O \rightleftharpoons CO_2 + H_2 \qquad \Delta H = -41,3 kJ/mol \qquad [5.2]$$

Gleichung 5.1 beschreibt den Aufbau der C-H Ketten. Bei Gleichung 5.2 handelt es sich um die Wassergas-Shift-Reaktion, bei der das in der FT-Reaktion gebildete Wasser mit Kohlenstoffmonoxid zu Kohlenstoffdioxid und Wasserstoff reagiert. Die FT-Synthese ist ein exothermer Vorgang, etwa 20 % der chemischen Energie des Synthesegases wird als Wärme freigesetzt (Kerdoncuff (2008)). Während der Synthese werden zunächst Wasserstoff- und Kohlenstoffmonoxid an der Oberfläche eines Katalysators adsorbiert, dann folgen Reaktionen zur Initiierung, Ausführung und Beendigung des Kettenwachstums und schließlich desorbieren die gebildeten Kohlenwasserstoffketten von der Katalysatoroberfläche (Van der Laan (1999)).

Zur Schätzung der Anteile von Kohlenwasserstoffketten verschiedener Kettenlängen wird die Anderson-Schulz-Flory-Gleichung verwendet. α gibt die Wahrscheinlichkeit an, mit der eine Kohlenwasserstoffkette um ein weiteres C-Atom wächst und $1 - \alpha$ die Wahrscheinlichkeit, dass kein weiteres Kettenwachstum stattfindet. Damit lässt sich die Wahrscheinlichkeit P_n berechnen, dass eine Kohlenwasserstoffkette aus n C-Atomen besteht:

$$P_n = \alpha^{n-1}(1 - \alpha). \qquad [5.3]$$

Mit der durchschnittlichen Kettenlänge $\frac{1}{1-\alpha}$ wird die Massenfraktion W_n wie folgt geschätzt:

$$W_n = \frac{n \cdot P_n}{\frac{1}{1-\alpha}} = n \cdot \alpha^{n-1} \cdot (1 - \alpha)^2. \qquad [5.4]$$

---

[13]Den Ausführungen zur Fischer-Tropsch-Synthese liegen Van der Laan (1999) und Kerdoncuff (2008) zugrunde.

Die Verteilung der Massenfraktionen für ausgewählte Kohlenwasserstoffkettenlängen ist in Abbildung 5.14 dargestellt. Obwohl die höchstmögliche Dieselausbeute etwa bei $\alpha = 0,85$ möglich ist, wird in Kerdoncuff (2008) für die FT-Synthese $\alpha=0,95$ gewählt, um zu verhindern, dass aufgrund der niedrigen Oktanzahl unerwünschtes Benzin gewonnen wird. Dadurch erhält man große Mengen an Wachsen. Grundsätzlich bestehen für synthetische Wachse aus Biomasse stoffliche Nutzungsmöglichkeiten, z.B. als Korrosions- und UV-Schutz durch Beimischung in Gummiprodukten wie Reifen. In der hier betrachteten Prozesskette werden die Wachse in einem nachfolgenden Prozessschritt, dem Hydrocracking, vollständig zu Diesel aufgespalten. Die Bandbreite der Kettenwachstumswahrscheinlichkeit α lässt sich durch die Einstellung der Reaktionsbedingungen und die Wahl des Katalysators steuern (Van der Laan (1999)).

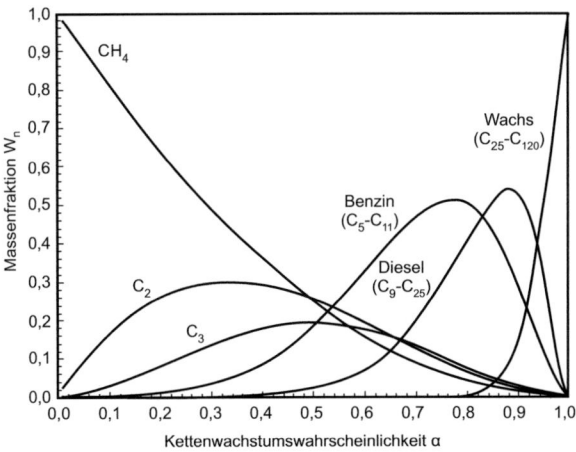

Abb. 5.14: Verteilung der FT-Kohlenwasserstofffraktionen in Abhängigkeit der Kettenwachstumswahrscheinlichkeit (Kerdoncuff (2008), Van der Laan (1999))

Als Katalysatoren der Synthesereaktionen werden Metalle der VIII. Hauptgruppe wie Eisen, Kobalt oder Ruthenium verwendet. Kobalt ist zwar erheblich teurer als Eisen, die FT-Synthese kann mit einem Kobaltkatalysator aber mit niedrigeren Drücken betrieben werden, was sich in geringeren Investitionen niederschlägt. In Kerdoncuff (2008) ist daher ein Kobaltkatalysator vorgesehen. Weiterhin werden aufgrund der guten Skalierbarkeit und des vergleichsweise geringen Aufwandes im Rahmen der Produktaufbereitung ein Festbett-Reaktor mit 240 °C und 40 bar vorgeschlagen.

Bei einem Festbettreaktor (siehe Abbildung 5.15) wird das Kohlenmonoxid-Wasserstoff-Gasgemisch von oben in den Reaktor eingeleitet und durch tausende lange, schmale Röhren, welche die Katalysatorschüttung enthalten, geleitet (siehe Dry (2001)). Die Katalysatorröhren sind von Wasser umgeben, welches die freigesetzte Wärme aufnimmt und verdampft. Der Dampf wird mit Kühlwasser gekühlt, welches im Dampferzeuger verdampft und dann bspw. in

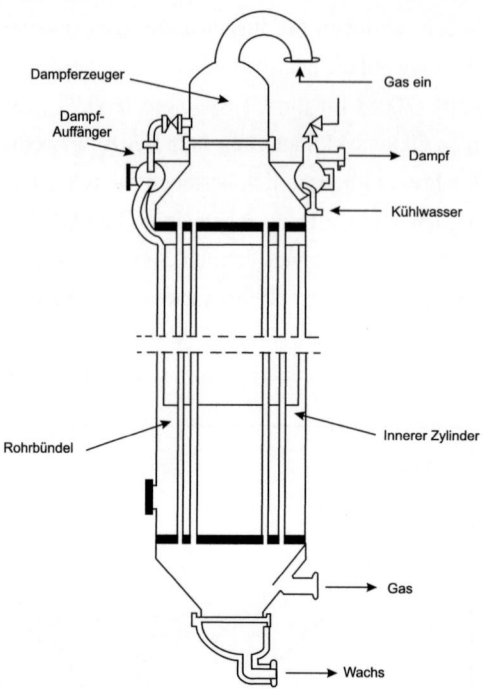

Abb. 5.15: Schema eines Fischer-Tropsch-Festbettreaktors (nach Dry (2002))

einer Dampfturbine genutzt werden kann. Das entstehende methanhaltige Produktgas und das Wachs verlassen den Reaktor am unteren Ende.

Nach der FT-Synthese wird das Produkt abgekühlt und das Reaktionswasser mit einem Wasserabscheider abgetrennt (vgl. Kerdoncuff (2008)). Das Wachs wird in einem Hydrocracker katalytisch in Diesel und Benzinkomponenten aufgespalten. Das Verfahren findet bei 325 °C statt und erfordert die Zugabe von Wasserstoff, welcher mittels Druckwechsel-Adsorption erzeugt wird und wozu ein Teil des Gases aus dem CO-Shift-Reaktor verwendet wird (Kerdoncuff (2008)). Das Gas aus der FT-Synthese enthält die kurzkettigen Kohlenwasserstoffe (Methan, Ethan, Propan, Butan, Pentan, Hexan) und kann in einer Gasturbine zur Erzeugung elektrischer Energie verwendet werden (vgl. Abschnitt 5.4.2).

5.4 Modellierung der Stoff- und Energieströme zur Ermittlung von ECLIPTIC-Eingangsparametern

Zur Ermittlung der Produktionsmengen der Haupt- und Kuppelprodukte sowie elektrischer und thermischer Energiebedarfe und der darauf basierenden ökonomischen Beschreibung der

Wertschöpfungskette können Literaturwerte, bspw. vergleichbarer Anlagen, verwendet oder die Fließschemasimulation eingesetzt werden (Abschnitt 3.4.3).

Im vorliegenden Abschnitt wird die Modellierung der Stoff- und Energieströme der betrachteten Wertschöpfungskette zur Produktion von FT-Kraftstoff dargestellt und darauf basierend in ECLIPTIC abgebildet. Hierzu wird in Abschnitt 5.4.1 zunächst das Fließschema der betrachteten Prozesskette und deren Stoff- und Energiebilanzierung in der Arbeit von Kerdoncuff (2008) dargestellt. In Abschnitt 5.4.2 werden die Annahmen zur Nutzung des methanhaltigen Gases der Synthese in dieser Arbeit vorgestellt. Abschnitt 5.4.3 liefert die Modellierung der Nutzung von Dampf zur Gewinnung elektrischer Energie und zur Biomassetrocknung. Die Abbildung der Biomassetrocknung im ECLIPTIC-Modell wird in Abschnitt 5.4.4 dargestellt. Schließlich werden die elektrischen Energiebedarfe der Anlagenkomponenten in Abschnitt 5.4.5 ermittelt.

Die Abbildung in ECLIPTIC basiert auf der Modellierung der Stoff- und Energieströme einer Referenzkapazität mittels Fließschemasimulation. In ECLIPTIC werden die Verhältnisse zwischen Output und Input der Produktionsschritte modelliert (Abschnitte 4.3 und 4.4). Unter Berücksichtigung von Minimal- und Maximalkapazitäten werden diese Zusammenhänge auch für von der Referenzkapazität abweichende Kapazitäten abgebildet. Dies stellt eine Vereinfachung gegenüber der Realität dar. Zwischen dem Wirkungsgrad einer Anlage und der Anlagenkapazität besteht grundsätzlich ein funktionaler Zusammenhang. Allerdings kann ab einer bestimmten Anlagengröße eine weitere Verbesserung des Wirkungsgrads nicht mehr erreicht werden. Daher und mangels Daten (vgl. z.B. Caputo et al. (2005)) werden diese Abhängigkeiten nicht betrachtet.

5.4.1 Stoff- und Energiebilanzierung der Wertschöpfungskette

Die in dieser Arbeit betrachtete Wertschöpfungskette zur Produktion von FT-Kraftstoff wird in Kerdoncuff (2008) mittels Energie- und Stoffstrommodellierung energetisch und stofflich bilanziert sowie ökologisch und ökonomisch bewertet. Kerdoncuff (2008) bildet die Verfahrensschritte der Gasreinigung und -konditionierung, Fischer-Tropsch-Synthese und Produktaufbereitung in einem Fließschemasimulationsmodell ab.

Abbildung 5.16 zeigt das Fließschema der einzelnen Hauptkomponenten der Wertschöpfungskette und deren Vernetzung durch Stoff- und Energieströme. Zur Abkühlung des Rohgases vor dem Gewebefilter sind drei Wärmeübertrager vorgesehen, die abgeführte Energie wird zur Erzeugung von Wasserdampf und Erwärmung des Produktgases nach der Druckwasserwäsche sowie vor der FT-Synthese eingesetzt. Weitere Wärmeübertrager werden zur Modellierung der Energiezuführung für den Hydrocracker sowie zur Abführung der Wärme aus der FT-Synthese und zur Abkühlung der Produkte verwendet. Die sich mit der Fließschemasimulation ergebenden und in ECLIPTIC abgebildeten Massenstromverhältnisse werden in Ab-

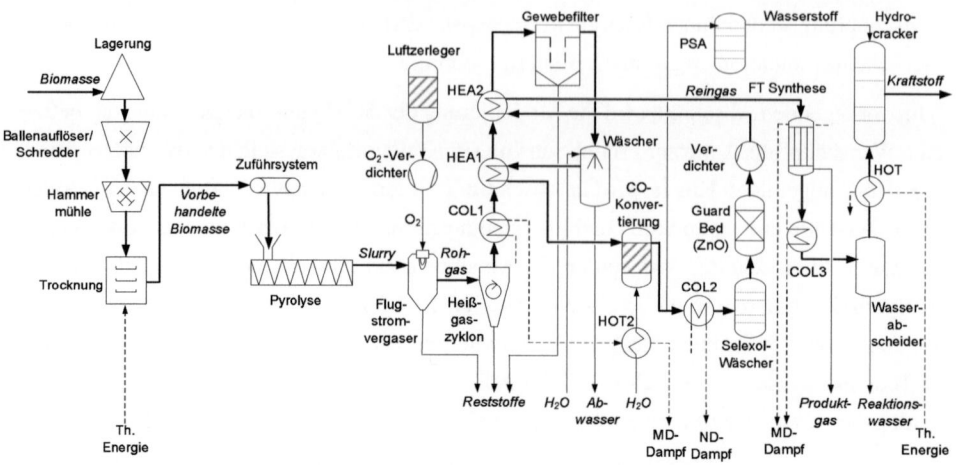

Abb. 5.16: Fließschema zur Produktion von FT-Kraftstoff aus Biomasse

schnitt 5.5 dargestellt. Die Auslegung und Investitionen für die Wärmeübertrager werden in Abschnitt 5.6.1 geschätzt.

Als Kuppelprodukte fallen die Schlacke aus der Vergasung und Rückstände aus der Gasreinigung, Abwasser aus der Wäsche und das Produktgas der FT-Synthese an. Aus der Kühlung des Rohgases und der FT-Synthese stehen ein Wasserdampfstrom mit 8 bar und 170 °C, der als Niederdruckdampf (ND-Dampf) bezeichnet wird, und ein Wasserdampfstrom mit 80 bar und 540 °C (Mitteldruckdampf) zur weiteren energetischen Nutzung zur Verfügung (vgl. Abschnitt 5.4.3).

Im nächsten Abschnitt wird die mögliche Verwendung des Synthesegases und der Dampfströme zur Bereitstellung elektrischer Energie bzw. zur Biomassetrocknung dargestellt und mittels Simulationsmodellen quantifiziert. Auf dieser Basis werden die Verwendungsmöglichkeiten für die Kuppelprodukte in ECLIPTIC abgebildet, so dass modellendogene Entscheidungen darüber getroffen werden können.

5.4.2 Nutzung des Gases aus der Synthese in einer Gasturbine

Als Kuppelprodukt der FT-Synthese entstehen pro Tonne Gasinput in die Synthese 0,27 t Synthesegas, welches die kurzkettigen Kohlenwasserstoffe, insbesondere Methan, enthält (Kerdoncuff (2008)). Für dieses Synthesegas wird eine energetische Nutzung in einer Gasturbine angenommen. Zur Schätzung der Kapazität der Gasturbine wird das in Abbildung 5.17 dargestellte ASPEN PLUS Simulationsmodell verwendet[14].

---

[14]Das Modell basiert auf Kerdoncuff (2008).

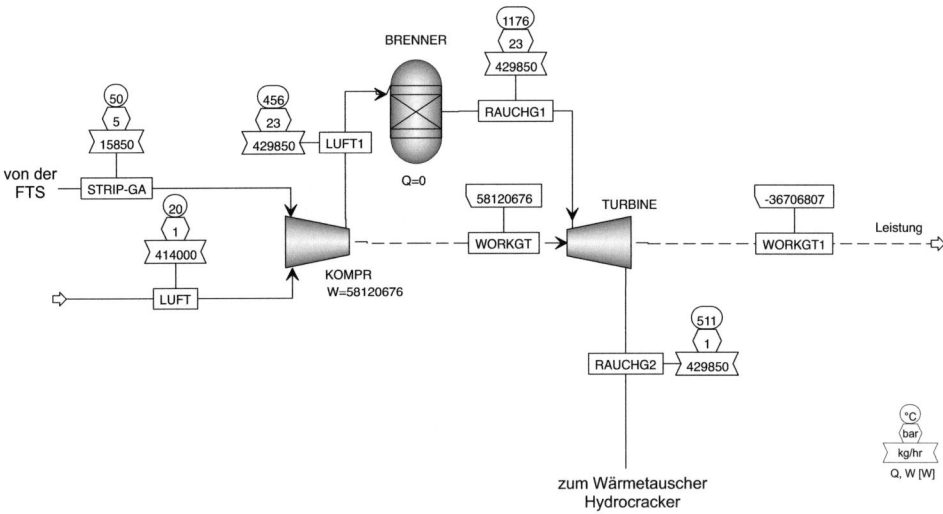

Abb. 5.17: ASPEN PLUS Fließschemasimulationsmodell zur Berechnung der ECLIPTIC-Parameter der Gasturbine (nach Kerdoncuff (2008))

Die in dieser Arbeit angenommenen Daten zur Auslegung der Turbine sind in Tabelle 5.7 für eine Referenzkapazität von 96 t/h Slurryinput zusammengefasst. Ausgehend von dem zur Verfügung stehenden Synthesegasmassenstrom wird die Luftmenge im Simulationsmodell iterativ so gewählt, dass die Gaseintrittstemperatur in die Turbine unter 1.200 °C liegt, was Strauß (2009) als Obergrenze für Gasturbinen beschreibt. Der Luftüberschuss zur Kühlung der Gasturbine liegt somit bei 56 %. Der Energieaufwand zur Komprimierung des Luft-Gas-Gemisches beträgt 61 % der Leistung des Expanders .

Die Kapazität der Gasturbine ergibt sich aus dem zur Verfügung stehenden Synthesegas und wird somit wiederum von der Kapazität der FT-Synthese bzw. der vorgeschalteten Flugstromvergasung bestimmt. Für die Leistung der Gasturbine werden für den Referenzfall (720.000 t/a Slurry) mit dem ASPEN PLUS Modell 36,7 MW_{el} bzw. 50,98 MW_{el}/Mt/a Slurry ermittelt.

5.4.3 Modellierung der Nutzung von Prozesswärme zur Biomassetrocknung und zur Gewinnung elektrischer Energie

Das Rauchgas der Gasturbine zur Verbrennung des Synthesegases hat im Simulationsmodell eine Temperatur von 511 °C. Die thermische Energie wird zunächst für das Hydro-Cracking der Wachse verwendet. Danach kann das Rauchgas zur Erzeugung von Wasserdampf genutzt werden, welcher zur Trocknung des Waldrestholzes oder zur Gewinnung elektrischer Energie eingesetzt werden kann.

Tab. 5.7: Technische Parameter der Gasturbine (Referenzauslegung)

Parameter	Wert	Einheit	Quelle
Kompressor			
Synthesegas ein	4,4	kg/sec	Kerdoncuff (2008)
Massenstrom Luft	115	kg/sec	ASPEN Simulation
Temp. Brenner ein	456	°C	ASPEN Simulation
Druck Brenner ein	23	bar	Van Ree et al. (1994)
Isentroper Wirkungsgrad	91	%	Van Ree et al. (1994)
Wärmeverlust	2	MW	Van Ree et al. (1994)
Brennkammer			
Temp. Rauchgas aus	1.176	°C	ASPEN Simulation
Turbine			
Druck Rauchgas aus	1,1	bar	Van Ree et al. (1994)
Temp. Rauchgas aus	511	°C	ASPEN Simulation
Isentroper Wirkungsgrad	89	%	Van Ree et al. (1994)
Wärmeverlust	2	MW	Van Ree et al. (1994)

Der Mitteldruckdampf aus der Kühlung der FT-Synthese und der FT-Produkte und der Niederdruckdampf aus dem Rohgaswärmeübertrager sowie der Abkühlung des Produktgases vor der CO_2-Wäsche (vgl. Abbildung 5.16) können zur Erzeugung elektrischer Energie in Dampfturbinen genutzt werden.

Dazu werden zwei Dampfkreisläufe mit 80 bar für eine Mitteldruck- und 8 bar für eine Niederdruckdampfturbine angenommen. Zur Auslegung des Dampfkreislaufes wird das in Abbildung 5.18 dargestellte ASPEN PLUS Fließschemasimulationsmodell basierend auf dem Modell in Kerdoncuff (2008) erstellt. Zur Berechnung in ASPEN PLUS werden die NBS-NRC Wasser-Dampftabellen (Haar et al. (1984)) verwendet.

Der Dampf aus der Abkühlung des Produktgases aus dem Vergaser (COL1), des FT-Synthesereaktors und der Syntheseprodukte (COL3) wird in der Mitteldruckdampfturbine verwendet. Die Dampfmenge wird so festgelegt, dass die Eingangstemperatur der Turbine 540 °C beträgt. Höhere Temperaturen sind mit einem deutlichen Anstieg der Investitionen infolge höherer Materialanforderungen (vgl. Peters et al. (2004)) verbunden. In der Mitteldruckdampfturbine wird der Dampf auf 8 bar und 286 °C entspannt, anschließend mit dem durch die Abkühlung des Produktgases vor der CO_2-Wäsche (COL2) auf 152 °C aufgeheizten Wasserdampf zusammengeführt und mit dem Rauchgas aus der Gasturbine auf 455 °C aufgewärmt. In der Niederdruckdampfturbine wird der Dampf auf 0,07 bar entspannt. Die Abkühlung auf Umgebungstemperatur und die Erhöhung des Druckes auf 1 bar werden durch einen Kondensator abgebildet. Das

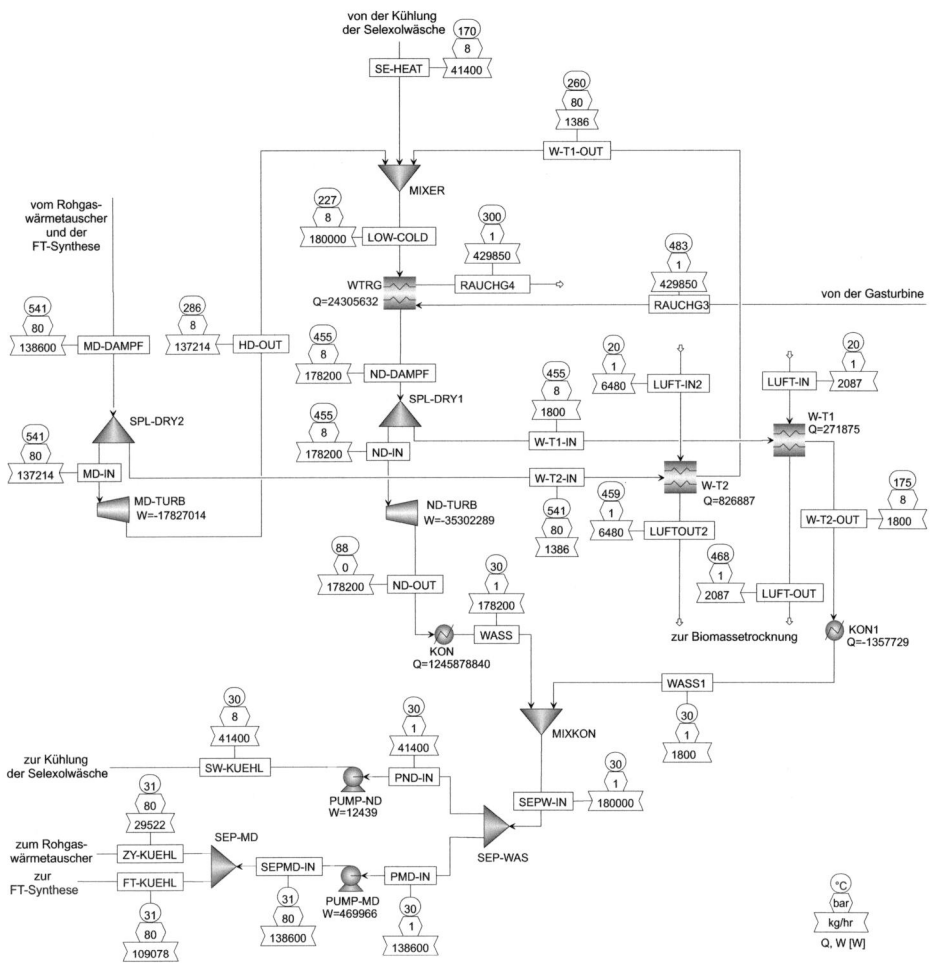

Abb. 5.18: ASPEN PLUS Fließschemasimulationsmodell zur Berechnung der ECLIPTIC-Parameter der Dampfturbinen

Kondensat wird auf die beiden Pumpen verteilt, für die eine Effizienz von 65 % angenommen wird (Van Ree et al. (1994)). Die technischen Daten sind in Tabelle 5.8 zusammengefasst.

Tab. 5.8: Technische Parameter der Dampfturbinen (Referenzauslegung)

Parameter	Mitteldruck-dampfturbine	Niederdruck-dampfturbine	Einheit	Quelle
Eingangstemperatur	541	455	°C	ASPEN Simulation
Ausgangstemperatur	286	88	°C	ASPEN Simulation
Druck ein	80	8	bar	
Druck aus	8	0,07	bar	
Isentroper Wirkungsgrad	0,74	0,74	%	Van Ree et al. (1994)
Mechanischer Wirkungsgrad	0,99	0,99	%	Van Ree et al. (1994)

Das Fließschemasimulationsmodell liefert die Eingangsparameter zur Abbildung der beschriebenen Zusammenhänge in ECLIPTIC (siehe Tabelle 5.9). Für den Mitteldruckdampf wird angenommen, dass er vollständig zur Erzeugung elektrischer Energie in der Mitteldruckdampfturbine verwendet wird. Daher ist die Leistung der Turbine abhängig von der Dimensionierung der Vergasung, Gasreinigung und FT-Synthese und beträgt 24,34 MW_{el}/Mt/a Slurry.

Für den Niederdruckdampf wird angenommen, dass er sowohl in der Niederdruckdampfturbine als auch zur Trocknung verwendet werden kann. Die Leistung der Niederdruckdampfturbine wird daher in Abhängigkeit der in der Turbine genutzten Dampfmenge angegeben. Zur Quantifizierung der für die Niederdruckdampfturbine maximal zur Verfügung stehenden Dampfmenge wird der Dampfmassenstrom verwendet (18,75 t Dampf / t Slurry)[15]. Die Leistung der Niederdruckdampfturbine beträgt 2,66 W_{el} pro t/a. Die ECLIPTIC-Eingangsparameter der Gas- und Dampfturbinen sowie der zur Trocknung verfügbaren Dampfmenge sind in Tabelle 5.9 zusammengefasst.

Der Niederdruckdampfstrom kann nur zur Biomassetrocknung eingesetzt werden, wenn mindestens eine entsprechende Trocknungsanlage, d.h. eine Stromtrockner (Abschnitt 5.3.2), am gleichen Standort betrieben wird. Für diesen Fall wird angenommen, dass ein Teil des Dampfstromes vor der Niederdruckdampfturbine abgezweigt und zur Trocknung im Stromtrockner verwendet wird. Darüber hinaus kann, wie im Fließschema in Abbildung 5.18 dargestellt, auch der in die Mitteldruckdampfturbine eingehende Dampfstrom zur Erhitzung der Trocknungsluft verwendet werden. Die erforderliche Eingangstemperatur der Niederdruckdampfturbine wird allerdings nur erreicht, wenn maximal 60 % des Mitteldruckdampfes zur Trocknung eingesetzt

---

[15]Die Abbildung der spezifischen Energieströme ist alternativ möglich, wenn die sich darauf beziehenden Stoff- und Energieumwandlungskoeffizienten entsprechend formuliert werden.

Tab. 5.9: ECLIPTIC-Eingangsparameter aus dem Fließschemasimulationsmodell des Dampfkreislaufes

	Parameter	Wert	Einheit
ND-Dampfmenge	$\beta_{BTL,Slurry,ND\text{-}Dampf}^{VS}$	18,75	t / t$_{Slurry}$
Leistung MD-Dampfturbine und Gasturbine	$\gamma_{BTL,Slurry,el}^{US,Su}$	24,34 + 50,98	MW$_{el}$ / Mt$_{Slurry}$/a
Leistung ND-Dampfturbine	$\gamma_{DT,ND\text{-}Dampf,el}^{US,Su}$	2,66	MW$_{el}$ / Mt$_{ND\text{-}Dampf}$/a

wird. Bei einem höheren Anteil müssen Niederdruckdampfturbine und Wärmeübertrager zur Nutzung des Rauchgases angepasst werden. In ECLIPTIC wird jedoch ausschließlich die Nutzung des Niederdruckdampfes zur Trocknung vorgesehen, da damit in allen in dieser Arbeit betrachteten Szenarien die gesamte Waldrestholzmasse getrocknet werden könnte (Kapitel 6). Die Abbildung der in Abschnitt 5.3.2 eingeführten Trocknungstechnologien in ECLIPTIC wird im nachfolgenden Abschnitt dargestellt.

5.4.4 Abbildung der Biomassetrocknung in ECLIPTIC

Für den Stromtrockner wird die zur Trocknung verfügbare Energie des Niederdruckdampfes mit dem im vorangehenden Abschnitt eingeführten ASPEN PLUS Simulationsmodell geschätzt. Es wird angenommen, dass der Niederdruckdampf nach seiner Nutzung für die Trocknung eine Temperatur von 120 °C hat. Im Simulationsmodell wird die Wärme mit einem Wärmeübertrager (WT-1) auf einen Luftstrom übertragen, um die nutzbare Energie des Niederdruckdampfes zu quantifizieren. In ECLIPTIC wird diese als nutzbare Leistung abgebildet[16]. Es ergeben sich 106 W$_{th}$/t/a Niederdruckdampf. Im Folgenden wird die damit trockenbare Masse Waldrestholz auf Basis eines Wirkungsgrads des Stromtrockners von 80 % berechnet.

Für den Drehtrommeltrockner mit Biomassefeuerung werden ein Heizwert der Biomasse von 15,7 MJ/t TM (Kerdoncuff (2008)) und ein Wirkungsgrad von 23,3 % (Hamelinck et al. (2003)) angenommen. Die thermischen Energiebedarfe beider Trockner werden aus Hamelinck et al. (2003) übernommen und sind in Tabelle 5.10 angegeben. Unter diesen Annahmen werden die nutzbare Wärmemenge pro Massenstromeinheit der beiden Energieträger, Niederdruckdampf und Waldrestholz, und die zugehörigen spezifischen Massenströme, um eine Tonne Waldrestholz von 50 Massen-% auf 15 Massen-% Wassergehalt zu trocknen, berechnet (siehe Tabelle 5.10).

---

[16]Die Anlagenverfügbarkeit wird in der Zielfunktion abgebildet.

In ECLIPTIC werden die Trockner mit drei technischen Parametern beschrieben. Für den thermischen Energiebedarf zur Trocknung einer Tonne Waldrestholz wird der Durchschnittswert für beide Trockner angenommen. Die Unterschiede zwischen den Trocknern werden daher in der nutzbaren Leistung des jeweiligen Brennstoffes abgebildet. Diese sind für den Stromtrockner in W/t/a Dampf und für den Drehtrommeltrockner in W/t/a Waldrestholz (feucht) in Tabelle 5.10 angegeben.

Tab. 5.10: Technische Daten und Parameter zur Abbildung der Biomassetrocknung mittels Strom- oder Drehtrommeltrockner in ECLIPTIC (Daten aus Hamelinck et al. (2003), Kerdoncuff (2008) und eigene Berechnung)

	Stromtrockner	Drehtrommeltrockner
Energieträger	Niederdruckdampf	Waldrestholz (WRH)
Energiebedarf (H)	2.990 [MJ / twe]	620 [MJ / twe]
Nutzbare Wärmemenge	2.298 [kJ / kg ND-Dampf] (mit ASPEN, Wirkungsgrad 80 %)	1.829 [kJ / kg WRH$_{50\% H_2O}$] (Wirkungsgrad 23 %)
Verbrauch Energieträger	0,43 [t ND-Dampf / t WRH$_{50\% H_2O}$]	0,14 [t WRH$_{50\% H_2O}$ / t WRH$_{50\% H_2O}$]
ECLIPTIC-Parameter: -Benötigte Leistung (Mittelwert)	$\gamma^{VS,De}_{BTL,WRH,th}$=23,40 [MW$_{th}$ / Mt/a WRH$_{50\% H_2O}$]	
-Nutzbare Leistung	$\gamma^{US,Su}_{DTr,WRH,th}$= 51,38 [MW$_{th}$ / Mt/a ND-Dampf]	$\gamma^{VS,Su}_{STr,ND-Dampf,th}$= 197,22 [MW$_{th}$ /Mt/a WRH$_{50\% H_2O}$]

5.4.5 Elektrische Energiebedarfe der Anlagenkomponenten

Gemäß Abschnitt 4.4 stellen die elektrischen Energiebedarfe der Produktionsschritte entscheidungsrelevante Eingangsparameter des ECLIPTIC-Modells dar. Zur Abbildung im Modell werden die Energiebedarfe jeder Anlagenkomponente geschätzt und auf 1 t/a der für den jeweiligen Produktionsschritt relevanten Bezugsgröße umgerechnet. In Tabelle 5.11 sind die benötigten elektrischen Leistungen für jede Anlagenkomponente und die sich ergebenden ECLIPTIC-Parameter dargestellt.

Der Energiebedarf für den Antrieb der Förderbänder (Fördertechnik) wird mit Hilfe der Angaben in Peters et al. (2004) unter Annahme einer gesamten Bandlänge von 90 m (vgl. Abschnitt 5.6.2) geschätzt. Analog wird der Energiebedarf für das Zuführsystem unter Annahme zweier Förderschnecken berechnet (vgl. Abschnitt 5.6.2). Für die Zerkleinerung werden die Energiebedarfe unter Annahme eines mittleren Zerkleinerungsfaktors mit Peters et al. (2004)

geschätzt. Bei Reststroh wird der Energiebedarf für die Komponente zum Öffnen der Strohballen vernachlässigt.

Für den Trommelantrieb und Saugzugventilator des Drehtrommeltrockners (20 kwh/t FM) und den Kompressor des Stromtrockners (15,7 kwh/t FM) werden die Energiebedarfe aus Hamelinck et al. (2003) übernommen und auf die jeweilige Bezugsgröße, ND-Dampf für den Stromtrockner und Waldrestholz als Brennstoff für den Drehtrommeltrockner, umgerechnet. Die elektrischen Energiebedarfe für die Pyrolyse (Förderschnecken, Stetigförderer, Gebläseantrieb, vgl. Trippe et al. (2010)) werden auf Basis von Kerdoncuff (2008) geschätzt.

Die benötigte elektrische Energie für den Luftzerleger ist in Tijmensen (2000) mit 320 kwh$_{el}$/t O$_2$ angegeben. Die Energiebedarfe für den Sauerstoffverdichter, den Verdichter zur Komprimierung des Synthesegases für die Fischer-Tropsch-Synthese (40 bar) sowie für die Pumpen für den Mitteldruck- und Niederdruckdampfkreislauf werden mit dem ASPEN Fließschemasimulationsmodell für die Referenzkonfiguration berechnet und auf 1 Tonne/a der jeweiligen Bezugsgröße skaliert. Die Energiebedarfe für die Komponenten zur Gasreinigung, Fischer-Tropsch-Synthese und Produktaufbereitung werden von Kerdoncuff (2008) geschätzt.

Tab. 5.11: Benötigte elektrische Leistung der Anlagenkomponenten

Komponente	Benötigte Leistung [MW$_{el}$]		κ_{Referenz}	Parameter ECLIPTIC [MW$_{el}$/Mt$_{\text{Input}}$/a]
	Waldrestholz	Reststroh		
Fördertechnik	0,004	0,005	1 Mt/a BM feucht	$\gamma_{\text{BTL,WRH,el}}^{VS,De}=4{,}951$
Zerkleinerung	4,946	4,769	1 Mt/a BM feucht	$\gamma_{\text{BTL,RS,el}}^{VS,De}=4{,}773$
Drehtrommel-trockner	22,477	0	1 Mt/a BM feucht (Brennstoff)	$\gamma_{\text{DTr,WRH,el}}^{VS,De}=22{,}477$
Stromtrockner	4,597	0	1 Mt/a ND-Dampf	$\gamma_{\text{STr,ND-Dampf,el}}^{US,De}=4{,}597$
Zuführsystem	0,090	0,060	1 Mt/a BM getrocknet	$\gamma_{\text{BTL,WRHd,el}}^{US,De}=9{,}726$
Pyrolyse	9,630	9,490	1 Mt/a BM getrocknet	$\gamma_{\text{BTL,RSd,el}}^{US,De}=9{,}552$
Luftzerleger	19,60		1 Mt/a Slurry	
Sauerstoffverdichter	3,09		1 Mt/a Slurry	
Verdichter	3,68		1 Mt/a Slurry	$\gamma_{\text{BTL,Slurry,el}}^{US,De}=40{,}990$
Pumpen	0,7		1 Mt/a Slurry	
Rest	13,89		1 Mt/a Slurry	

5.5 Abbildung der modellierten Prozesskette in ECLIPTIC

Die Abbildung der in Abschnitt 5.3 eingeführten Wertschöpfungskette (siehe Abbildung 5.16), der Gas- und Dampfturbinen (Abschnitt 5.4.2 und Abschnitt 5.4.3) sowie der Trocknungssysteme (Abschnitt 5.4.4) in ECLIPTIC erfolgt mittels Definition von Technologiepfaden und Produktionsschritten (siehe Abschnitt 4.1).

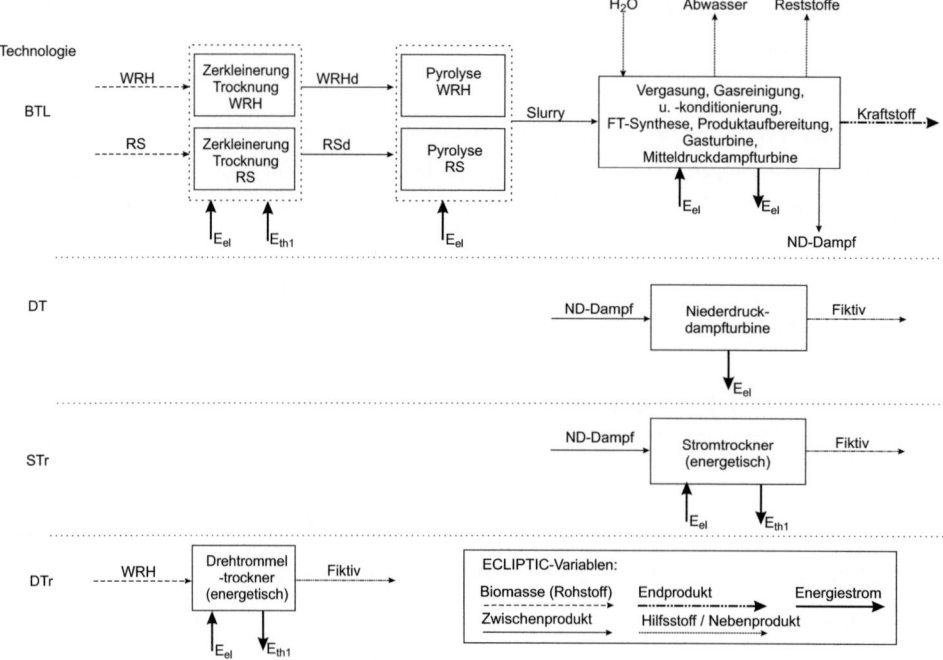

Abb. 5.19: Schematische Darstellung der Technologien, Produktionsschritte, Stoff- und Energieströme der FT-Wertschöpfungskette in ECLIPTIC

Dazu werden vier ECLIPTIC-Technologiepfade verwendet: die Umwandlung von Biomasse in Kraftstoff über deren Zerkleinerung, Pyrolyse, Vergasung, Gasreinigung und -konditionierung, FT-Synthese und Produktaufbereitung wird als Technologie *BTL*, die Niederdruckdampfturbine als *DT*, der Stromtrockner als *STr* und der Drehtrommeltrockner als *DTr* abgebildet. Die Prozesse werden genau dann in verschiedenen Technologien abgebildet, wenn für den Input (Rohstoffe oder Zwischenprodukte) alternative Verwendungsmöglichkeiten bestehen bzw. verschiedene Optionen für einen Umwandlungsschritt gewählt werden können. Grundsätzlich können die in der Technologie BTL zusammengefassten Prozesse auch durch verschiedene Technologien beschrieben und somit bspw. alternative Technologien für die Pyrolyse oder Synthese abgebildet werden.

Gemäß Abschnitt 4.1 umfasst ein Produktionsschritt alle Anlagenkomponenten, die am gleichen Standort realisiert werden müssen, um ein oder mehrere Zwischen- oder Endprodukte zu produzieren. Für die Wertschöpfungskette zur Produktion von FT-Kraftstoff wird angenommen, dass die vorbehandelte, d.h. zerkleinerte und gegebenenfalls getrocknete Biomasse und das Zwischenprodukt Slurry transportiert werden können. Die Motivation für diese Entkopplung der Wertschöpfungskette (Abschnitt 2.4) beruht auf möglichen Vorteilen beim Transport der Biomasse durch den geringeren Wassergehalt und durch die kleinere Korngröße. Die Pyrolysierung ist neben der Vergasbarkeit von Slurry durch potenzielle Kostenvorteile beim Transport aufgrund der höheren Energiedichte von Slurry gegenüber der Biomasse motiviert. Dagegen wird ein Transport der gasförmigen Zwischenprodukte der späteren Prozessschritte nicht als wirtschaftliche Alternative in Betracht gezogen. Die Komponenten der Gasreinigung und FT-Synthese sind zudem durch Energieströme vernetzt (siehe Abbildung 5.16).

Die Gas- und Mitteldruckdampfturbinen werden dem Produktionsschritt Vergasung und FT-Synthese zugeordnet, da deren Kapazitäten direkt von der Kapazität der FT-Synthese und damit von deren Bezugsgröße, dem Slurrymassenstrom, abhängen (siehe Abschnitte 5.4.2 und 5.4.3). Daher werden diese Komponenten im Technologiepfad BTL abgebildet.

Tab. 5.12: Indexmengen für Technologien, Rohstoffe, Zwischenprodukte, Endprodukte, Hilfsstoffe und Nebenprodukte

Technologien	$p \in \{BTL; DT; STr; DTr\}$
Biomassearten	$b \in \{WRH; RS\}$
Zwischenprodukte	$z \in \{WRHd; RSd; Slurry; ND\text{-}Dampf; Fiktiv\}$
Endprodukte	$f \in \{Kraftstoff; Fiktiv\}$
Hilfsstoffe und Nebenprodukte	$o \in \{H_2O; Abwasser; Schlacke\}$

Aus den getroffenen Annahmen ergeben sich die in Tabelle 5.12 dargestellten Elemente der Indexmengen für Technologien, Biomassearten, Zwischenprodukte und Endprodukte. Der Zusammenhang zwischen Technologien, Produktionsschritten sowie Stoff- und Energieströmen ist in Abbildung 5.19 dargestellt. WRHd und RSd bezeichnen die vorbehandelte Biomasse. Die ECLIPTIC-Produktionsschritte zur Biomassevorbehandlung bilden die Gewichtsreduktion der Biomasse durch die technische Trocknung und die zur Zerkleinerung und Trocknung benötigte elektrische und thermische Energie ab.

Der thermische Energiebedarf zur Trocknung E_{th1} kann im Modell entweder durch Verbrennung von Waldrestholz in einem direkt befeuerten Drehtrommeltrockner oder durch die Nutzung von Niederdruckdampf in einem Stromtrockner zur Verfügung gestellt werden (siehe Abschnitt 5.4.4). Daher wird der Drehtrommeltrockner als einziger Produktionsschritt der Technologie DTr zur Umwandlung von WRH in ein fiktives stoffliches Endprodukt abgebildet.

Im Produktionsschritt Vergasung und Synthese entsteht das Zwischenprodukt Niederdruck-(ND)-Dampf (Abschnitt 5.4.3). Außerdem wird durch die Nutzung des gasförmigen Synthese-produktes in der Gasturbine und durch den Betrieb der Mitteldruckdampfturbine (Abschnitte 5.4.2 und 5.4.3) elektrische Energie geliefert. Der elektrische Energiebedarf der anderen Komponenten (Abschnitt 5.4.5) des Produktionsschrittes wird aus Darstellungsgründen nicht mit der bereitgestellten elektrischen Energie verrechnet.

Der Niederdruckdampf kann entweder in der Technologie DT zur Erzeugung elektrischer Energie durch die Niederdruckdampfturbine oder im Stromtrockner (STr) genutzt werden. In ECLIPTIC werden diese Alternativen modelliert, indem in beiden Technologien ND-Dampf jeweils in ein fiktives stoffliches Endprodukt umgewandelt wird und entweder ein elektrischer Energieüberschuss (E_{el}) oder ein thermischer Energieüberschuss (E_{th1}) zur Deckung des Energiebedarfs der Trocknung entsteht.

Die elektrischen Energiebedarfe aller Produktionsschritte können durch die Energiebilanzierung des Modells für jeden Standort intern oder durch Zukauf aus dem Elektrizitätsnetz gedeckt werden. Überschüsse können an den einzelnen Standorten ins Elektrizitätsnetz eingespeist werden.

Der Wasserbedarf für die Gaswäsche und die CO-Konvertierung stellt einen Hilfsstoff für den Produktionsschritt zur Umwandlung von Slurry dar (siehe Abschnitte 5.3.4 und 5.3.6). Nebenprodukte bilden das Abwasser, die Schlacke aus der Vergasung und Reststoffe aus der Gasreinigung. Die anfallende Schlackemenge ist vom Ascheanteil der Biomasse abhängig. Deren Entsorgungskosten sind somit entscheidungsrelevant. Für den Wasser- und Abwasserbedarf liegen biomasseunabhängige Daten vor. Bei vorgegebener Kraftstoffmenge sind diese Kosten somit nicht entscheidungsrelevant und können gegebenenfalls im Anschluss an die Optimierung berücksichtigt werden.

Tab. 5.13: Massenstromverhältnisse für Zwischen- und Endprodukte sowie Hilfs- und Reststoffe der ECLIPTIC-Technologie BTL

	WRHd	RSd	Slurry	ND-Dampf	Kraftstoff	H$_2$O	Abwasser	Schlacke
[t_{in}/t_{out}]	$\beta^{VS}_{BTL,b,z}$		$\beta^{US}_{BTL,z',z}$			$\delta_{BTL,z',o}$		
WRH	0,59							
RS		1,0						
WRHd			0,72					0,003
RSd			0,68					0,007
Slurry				18,75	0,17	1,37	1,37	

Die Stoffumwandlungskoeffizienten β sowie die Koeffizienten δ für die Hilfsstoffe und Nebenprodukte sind in Tabelle 5.13 angegeben (vgl. auch Abschnitt 5.5). Im Falle der Trocknung ergibt sich der Umwandlungskoeffizient durch den Wasserverlust der Biomasse. Die Dampfmenge wird mit der ASPEN PLUS Simulation aus Abschnitt 5.4.3 ermittelt. Die restlichen Faktoren ergeben sich aus der Energie- und Stoffbilanzierung in Kerdoncuff (2008) (siehe Abschnitt 5.4.1).

5.6 Schätzung der Investitionen und deren Abbildung in ECLIPTIC

Zur Bestimmung der standortspezifischen Kapazitäten der Produktionsschritte im Modell werden die Investitionen für die einzelnen Anlagenkomponenten geschätzt. Hierzu wird im folgenden Abschnitt 5.6.1 zunächst dargestellt, wie die Investitionen für die Wärmeübertrager berechnet werden. In Abschnitt 5.6.2 wird die Investitionsschätzung für die Hauptkomponenten erläutert. Abschnitt 5.6.3 liefert schließlich die Stützpunkte zur stückweise linearen Abbildung der Funktionen zur Investitionsschätzung in Abhängigkeit der Anlagenkapazitäten.

5.6.1 Schätzung der Investitionen für die Wärmeübertrager

In der betrachteten Wertschöpfungskette (Abbildung 5.16) und dem GuD-Prozess (Abbildung 5.17 und Abbildung 5.18) sind neun Wärmeübertrager vorgesehen[17]. Für den Wärmeübertrager WTRG zur Erhitzung des Niederdruckdampfes mit dem Rauchgas der Gasturbine werden die Investitionen eines Abhitzedampferzeugers gemeinsam mit der Investition der Gasturbine geschätzt (vgl. Abschnitt 5.6.2). Die Investitionen der anderen Wärmeübertrager werden in Abhängigkeit der Wärmeübertragungsfläche und der Bauart des Wärmeübertragers geschätzt. Die Wärmeübertragungsfläche A wird mit

$$Q = A \cdot \delta Tlog \cdot k \qquad [5.5]$$

berechnet. Q bezeichnet die Wärmeübertragungsleistung des Wärmeübertragers [W]. Diese wird mit den ASPEN PLUS Fließschemasimulationsmodellen ermittelt und ist für jeden Wärmeübertrager in Tabelle 5.15 angegeben. Die mittlere Temperaturdifferenz $\delta Tlog$ wird aus den Temperaturdifferenzen auf beiden Seiten des Wärmeübertragers δT_1 und δT_2 wie folgt berechnet:

$$\delta Tlog = \frac{\delta T_1 - \delta T_2}{ln(\delta T_1 / \delta T_2)} \qquad [5.6]$$

(vgl. Peters et al. (2004)). Die Temperaturen der ein- und austretenden Stoffströme werden mit den Fließschemasimulationsmodellen ermittelt. Die Wärmedurchgangskoeffizienten k in W/(m^2·K) werden in Abhängigkeit der Art der Stoffströme, deren Aggregatzustände und der

---

[17]Der Wärmeübertrager W-T2 ist nicht relevant (vgl. Abschnitt 5.4.3).

Funktion des Wärmeübertragers (Verdampfung, Kühlung, Erwärmung oder Kondensation) mit Literaturwerten geschätzt (Peters et al. (2004), ENG (2011)).

Die Auslegung der Wärmeübertrager hängt vom Druck und der Temperatur der Stoffströme und der Größe der Wärmeübertragungsfläche ab. Man unterscheidet Rohrwärmeübertrager, Rohrbündelwärmeübertrager, Plattenwärmeübertrager, Spiralwärmeübertrager und weitere, an spezifische Bedingungen angepasste Bauarten (Chauvel et al. (2003)). In dieser Arbeit wird für die Wärmeübertrager, welche Drücken bis maximal 25 bar ausgesetzt sind, ein Plattenwärmeübertrager (PWÜ) angenommen. Dieser besteht aus einer Reihe von Metallplatten, die das heiße von dem kalten Medium trennen. Plattenwärmeübertrager sind sehr effiziente Wärmeübertrager, wobei die Ausführungen mit gelöteten Platten bei Drücken bis maximal 30 bar eingesetzt werden können (Peters et al. (2004)). Für höhere Drücke wird ein Rohrbündelwärmeübertrager (RWÜ) angenommen. Darin sind parallel angeordnete Rohre (tube) in einem zylinderförmigen Bauteil (shell) angebracht. Ein Stoffstrom wird durch die Rohre und der andere durch den Zylinder geleitet.

Tab. 5.14: Daten zur Auslegung und Investitionsschätzung der Wärmeübertrager (Daten: Peters et al. (2004))

Bauart	Basis-kapazität $[m^2]$	Basis-investition $[€]$	Größen-degres-sions-exponent	Temperatur-bereich $[°C]$, ca.	Max. Druck $[bar]$, ca.	Übliche Größe $[m^2]$, ca.
Gelöteter Platten-wärmeübertrager (PWÜ)	100	4.900	0,53	> 400	30	1-2.500
Rohrbündel-wärmeübertrager (RWÜ)	100	20.000	0,90	-200 bis +600	300	3-1.000
Rohrverdampfer (RV)	100	120.000	0,79	k.A.	k.A.	100-10.000

In den Wärmeübertragern HOT2 und HEA1 wird Wasserdampf erzeugt (Abbildung 5.16). Für die Investitionsschätzung werden Rohrverdampfer zugrunde gelegt. Die wesentlichen Charakteristika und Daten zur Investitionsschätzung der verschiedenen Wärmeübertrager sind in Tabelle 5.14 zusammengefasst und werden aus Peters et al. (2004) entnommen. Die Basisinvestitionen für das Jahr 2002 in US-Dollar werden mit dem mittleren Dollar/Euro-Wechselkurs des Jahres 2002 (0,998 €/$) und mit dem Preisindex für Apparate und Maschinen nach Kölbel/Schulze VCI (2010) angepasst.

In Tabelle 5.15 sind die Daten zur Investitionsschätzung der Wärmeübertrager der Prozesskette zusammengefasst. Die Wärmeübertragungsflächen sind für die Referenzkonfiguration der

Tab. 5.15: Berechnung der Kapazitäten der Wärmeübertrager und Verdampfer

Be-zeich-nung	Wärme-über-tragungs-leistung Q [MW]	Druck [bar]	δT log [K]	Wärme-durchgangs-koeffizient k [W/(m²·K)]	Fläche Referenz-konfig. [m²]	Annahme Bauart	Druck-faktor
HOT	3,7	40	296	125	100	RWÜ	1
COL3	24,0	40	36	425	1.552	RWÜ	1
HEA2	6,5	40	258	360	70	RWÜ	1
COL2	11,9	25	18	165	3.974	PWÜ	1
HEA1	10,0	25	156	360	177	PWÜ	1
HOT2	5,6	80	513	2.250	5	RV	6
COL1	31,9	80	235	100	1.357	RV	6

Wertschöpfungskette angegeben (96 t/h Slurry). Die Druckfaktoren werden aus der Literatur entnommen und mit den geschätzten Investitionen multipliziert. Für die modellendogene Investitionsschätzung in ECLIPTIC werden die Übertragungsflächen auf den die Kapazität der Wärmeübertrager bestimmenden Stoffstrom bezogen. Im vorliegenden Fall entspricht dies dem Slurrymassenstrom. Die Faktoren A_u^D für die direkten Nebenpositionen (1,22) und A_u^I für die indirekten Nebenpositionen (1,5) werden aus Hamelinck et al. (2004) entnommen.

5.6.2 Schätzung der Investitionen der Hauptkomponenten sowie der Dampf- und Gasturbinen

Die Investitionsschätzung auf Basis des in Abschnitt 4.6.1 erläuterten Größendegressionsansatzes ist für alle Hauptkomponenten in Tabelle 5.16 dargestellt. Die Basisinvestitionen I_0 sind in Mio. € nach Anpassung mit dem Kölbel/Schulze-Index (VCI (2010)) angegeben. Die Basiskapazität κ_u^{Basis} bezieht sich jeweils auf einen in die jeweilige Komponente ein- oder austretenden Massen-, Volumen-, Mol- oder Energiestrom.

$\kappa_{Referenz}$ bezeichnet die Kapazität der Referenzkonfiguration der Stoff- und Energiestrommodellierung der Prozesskette (vgl. Abschnitt 5.4.1). Diese Kapazitäten werden auf die jeweils in Tabelle 5.16 angegebene Bezugsgröße umgerechnet. Für die Fördertechnik, das Lager und die Zerkleinerung ist der Massenstrom der am jeweiligen Standort zu zerkleinernden Biomasse maßgeblich. Die Kapazität des Drehtrommeltrockners ergibt sich in Abhängigkeit der zur Erzeugung der benötigten Wärme genutzten Masse an Waldrestholz und die Kapazität des Stromtrockners in Abhängigkeit der zur Trocknung genutzten Niederdruckdampfmenge (Abschnitt 5.4.4). Für die Pyrolyse und das Zuführsystem ist der dort verarbeitete Massenstrom zerkleinerter und getrockneter Biomasse die bestimmende Größe für die Kapazität. Die

Tab. 5.16: Daten zur Investitionsschätzung der Hauptkomponenten der FT-Wertschöpfungskette (Quellen: Peters et al. (2004), Hamelinck et al. (2003), Hamelinck et al. (2004), Chauvel et al. (2003), Kerdoncuff (2008), eigene Annahmen)

Komponente u	I_u^{Basis} [Mio.€]	κ_u^{Basis}	Einheit	R_u	$\kappa_{Referenz}$	Bezug	A_u^D	R_u^A	A_u^I
Fördertechnik	0,26	360	t/h FM	0,8	226,7	m_{WRH}^{BM}	1,8	1	1,4
Lager	1,46	33,5	t/h FM	0,8	226,7		1,33	1	1,5
Zerkleinerung	0,61	33,5	t/h FM	0,65	226,7		1,33	1	1,5
Drehtrommel-trockner	6,22	100,0	t/h FM	1	226,7	m_{WRH}^{BM}	1,33	1	1,5
Stromtrockner	6,60	35,0	t/h FM	1		$m_{ND\text{-}Dampf}$	1,33	1	1,5
Zuführsystem	0,61	33,5	t/h TM	0,8	133,3	m_{WRHd}	1,33	1	1,5
Pyrolyse	7,28	16,05	t/h TM	1	133,3		1,33	1	1,5
Luftzerleger	35,17	576,0	t O$_2$/Tag	0,75	876,7		1,86	1	1
Sauerstoff-verdichter	22,82	13,2	MW$_{el}$	0,85	2,4		1,3	1	1
Flugstrom-vergaser	126,06	78,0	t Slurry /h	0,7	96,0		1	1	1
Heißgaszyklon	3,78	34,2	m^3/s Gas	0,7	7,7		1,33	1	1,5
Gewebefilter	2,40	12,1	m^3/s Gas	0,65	3,1		1,33	-0,82	1,5
Wäscher	3,78	12,1	m^3/s Gas	0,7	3,1		1,33	-0,82	1,5
CO-Konver-tierung	15,38	8.819	kmol CO+H$_2$/h	0,65	5.000		1,81	1	1
Selexol-Wäsche	79,42	9.909	kmol CO$_2$/h	0,7	2.500	m_{Slurry}	1	1	1
Guard-Bed	0,03	8,0	m^3/s Gas	1	2,2		3	1	1
Verdichter	0,82	1,0	MW$_{el}$	0,9	4,0		3,6	1	1,4
FT-Synthese	21,43	208,0	m^3	1	732,9		1,3	1	1
Hydrocracking	293,71	286,0	m^3 FT/h	0,7	23,5		1	1	1
PSA	41,09	9.600	kmol/h	0,7	125,0		1,69	1	1
Gasturbine + Dampferzeuger	27,73	26,3	MW$_{el}$	0,7	36,7		1,33	-0,82	1,5
MD-Dampfturbine u. Kondensator	7,44	10,3	MW$_{el}$	0,7	18,0		1,33	-0,82	1,5
Niederdruck-turbine (ND)	6,30	10,3	MW$_{el}$	0,7	35,9	$m_{ND\text{-}Dampf}$	1,33	-0,82	1,5

in Kraftstoff umzuwandelnde Slurrymasse bestimmt die Kapazität der Vergasung, Gasreinigung und -konditionierung, FT-Synthese, der Gasturbine und der Mitteldruckdampfturbine (vgl. Abschnitt 5.4.3). Die Kapazität der Niederdruckdampfturbine bestimmt sich auf Basis der in der Turbine genutzten Niederdruckdampfmenge.

Die Investitionsschätzung erfolgt gemäß dem in Abschnitt 3.5 beschriebenen Ansatz unter Berücksichtigung der in Tabelle 5.16 angegebenen Parameter zur Größendegression R_u, zur Schätzung der direkten Nebenpositionen A_u^D, zu den Größendegressionsexponenten für diesen Faktor R_u^A und zur Schätzung der indirekten Nebenpositionen A_u^I der Hauptkomponenten u.

Für die Schätzung der Investition zur Förderung der Biomasse aus dem Lager zur Zerkleinerung und Trocknung und von dort zur Zwischenlagerung oder zum Abtransport wird angenommen, dass Förderbänder mit einer Gesamtlänge von 90 m installiert werden. Neben der Länge werden die Investitionen der Bänder von der Breite, welche den maximalen Durchsatz bestimmt, determiniert. Unter der Annahme einer Fördergeschwindigkeit von 1,3 m/s werden die Basisinvestition und der Größendegressionsexponent auf Basis von Chauvel et al. (2003) geschätzt. Für die beiden Trockner wird keine Größendegression, d.h. eine lineare Skalierung der Investition angenommen (Hamelinck et al. (2003)).

Der Größendegressionsexponent des Verdichters wird auf Basis der in Chauvel et al. (2003) dargestellten Abhängigkeit der Investition von der Anlagenkapazität geschätzt. Die Basisinvestition für die FT-Synthese aus Hamelinck et al. (2004) bezieht sich auf einen Reaktor mit 40 bar. Die Investition der Anlage zur Produktaufbereitung wird ebenfalls in Hamelinck et al. (2004) beschrieben. Die weiteren Werte, auch für die Faktoren der direkten und indirekten Nebenkomponenten A_u^D und A_u^I, werden aus den angegebenen Quellen für die in Abschnitt 5.3 dargestellte Anlagenkonfiguration entnommen[18].

In Tabelle 5.17 sind die für die jeweiligen Produktionsschritte angenommenen minimalen und maximalen Kapazitäten dargestellt. Größendegressionseffekte können nur innerhalb dieser Kapazitätsbereiche realisiert werden. Übersteigt die Produktionskapazität an einem Standort die jeweils angegebene Maximalkapazität, können gegebenenfalls mehrere Anlagen des gleichen Typs errichtet werden (siehe Abschnitt 5.6.3).

Die oberen Kapazitätsgrenzen für die Vorbehandlung sind in Hamelinck et al. (2004) angegeben. Für die Pyrolyse wird von einer maximalen Kapazität von 100 MW Biomasseinput ausgegangen (z.B. Trippe et al. (2010)). Für die Maximalkapazität des Produktionsschritts zur Produktion des BtL-Kraftstoffs wird angenommen, dass die in Abschnitt 5.1.6 festgelegte Produktionsmenge in einer Anlage hergestellt werden kann. Die maximale Kapazität der Niederdruckdampfturbine wird daran angepasst. Die Maximalkapazitäten der Trockner werden in Ha-

---

[18]Fördertechnik, Verdichter: Chauvel et al. (2003), Trockner: Hamelinck et al. (2003), Pyrolyse und Vergaser: Kerdoncuff (2008) und alle weiteren: Hamelinck et al. (2004).

Tab. 5.17: Minimal- und Maximalkapazitäten der Produktionsschritte

Technologie	Produktionsschritt	Kapazitätsbereich			
BTL	Vorbereitung WRH	6	-	110	t/h $WRH_{50\%\ H_2O}$
	Vorbereitung RS	4	-	80	t/h $RS_{15\%\ H_2O}$
	Pyrolyse WRH	2	-	30	t/h $WRH_{15\%\ H_2O}$
	Pyrolyse RS	2	-	24	t/h $RS_{15\%\ H_2O}$
	Vergasung mit Gasreinigung, FT-Synthese mit Aufbereitung, Gas- und MD-Dampfturbine	7	-	134	t/h Slurry
DT	ND-Dampfturbine	126	-	2.500	t/h ND-Dampf
DTr	Drehtrommeltrockner	1	-	100	t/h $WRH_{50\%\ H_2O}$
STr	Stromtrockner	3	-	35	t/h $WRH_{50\%\ H_2O}$

melinck et al. (2003) beschrieben. Die jeweiligen Minimalkapazitäten werden so geschätzt, dass unrealistisch kleine Kapazitäten nicht gebaut werden können.

5.6.3 Stückweise lineare Abbildung der Investitionsfunktionen

Die in den vorangehenden Abschnitten dargestellten funktionalen Zusammenhänge zur Schätzung der Investitionen in Abhängigkeit der Anlagenkapazitäten werden in ECLIPTIC stückweise linear approximiert (siehe Abschnitt 4.6.2). Dazu werden die Stützpunkte so festgelegt, dass der maximale relative Approximationsfehler in jeder Kapazitätsklasse bei vorgegebener Minimal- und Maximalkapazität sowie Anzahl an Stützpunkten minimal und in jeder Klasse gleich ist.

Zur Berechnung des Approximationsfehlers sei die Funktion $I(x)$ mit

$$I(x) = x^R \quad n_1 \leq x \leq n_{max} \tag{5.7}$$

zur Schätzung der Investition I einer Anlage mit der Kapazität x, Minimalkapazität n_1, Maximalkapazität n_{max} und Größendegressionsexponent R definiert. $I(x)$ ist eine Vereinfachung der Funktion 3.7 zur Investitionsschätzung (Abschnitt 3.5). Basisinvestitionen und -kapazitäten sowie lineare Zuschlagsfaktoren werden ohne Einschränkung der Allgemeinheit nicht betrachtet, da sie sich als Konstanten bei Betrachtung des relativen Fehlers rauskürzen. Eine mögliche Größendegression des Zuschlagsfaktors für direkte Nebenpositionen wird vernachlässigt.

Die lineare Funktion $\widehat{I}_g(x)$ mit

$$\widehat{I}_g(x) = I(n_g) + \frac{I(n_{g+1}) - I(n_g)}{n_{g+1} - n_g}(x - n_g) \quad n_g \leq x \leq n_{g+1} \tag{5.8}$$

unterschätzt $I(x)$ im Abschnitt $[n_g; n_{g+1}]$. Darin sind n_g Stützpunkte (siehe Abschnitt 4.6.2). Die relative Abweichung der Unterschätzung der Investition I durch $\widehat{I}$ an der Stelle $x \in [n_g; n_{g+1}]$ wird wie folgt berechnet:

$$
\begin{aligned}
h_g(x) &= \frac{I(x) - \widehat{I}_g(x)}{I(x)} = \frac{x^R - \left(n_g^R + \frac{n_{g+1}^R - n_g^R}{n_{g+1} - n_g}(x - n_g)\right)}{x^R} = \ldots \\
&= 1 + \left(n_g \frac{n_{g+1}^R - n_g^R}{n_{g+1} - n_g} - n_g^R\right) x^{-R} - \frac{n_{g+1}^R - n_g^R}{n_{g+1} - n_g} x^{1-R}.
\end{aligned}
\tag{5.9}
$$

Für die Kapazität $\widehat{x}_g$ mit der maximalen Unterschätzung der Funktion $I(x)$ im Segment $[n_g; n_{g+1}]$ erhält man:

$$\frac{dh_g(\widehat{x})}{d\widehat{x}} \overset{!}{=} 0 = -R\left(n_g \frac{n_{g+1}^R - n_g^R}{n_{g+1} - n_g} - n_g^R\right)\widehat{x}^{-R-1} - (1-R)\frac{n_{g+1}^R - n_g^R}{n_{g+1} - n_g}\widehat{x}^{-R} \Bigg|_{(x>0)} \cdot \widehat{x}^R \tag{5.10}$$

und nach einigen Umformungen den in Gleichung 5.11 angegebenen Zusammenhang.

$$\widehat{x}_g = \frac{R}{R-1} \cdot \frac{n_g n_{g+1}^R - n_g^R n_{g+1}}{n_{g+1}^R - n_g^R} \tag{5.11}$$

Damit lautet die Investition der linearen Funktion $\widehat{I}$ an der Stelle des maximalen Fehlers $\widehat{x}_g$:

$$
\begin{aligned}
\widehat{I}(\widehat{x}_g) &= n_g^R + \frac{n_{g+1}^R - n_g^R}{n_{g+1} - n_g}\left(\frac{R}{R-1} \frac{n_g n_{g+1}^R - n_g^R n_{g+1}}{n_{g+1}^R - n_g^R} - n_g\right) \\
&= \frac{n_g n_{g+1}^R - n_g^R n_{g+1}}{(n_{g+1} - n_g)(R-1)}.
\end{aligned}
\tag{5.12}
$$

Die relative Abweichung $h_g(\widehat{x}_g)$ an der Stelle des maximalen Fehlers ergibt sich dann zu:

$$
\begin{aligned}
h_g(\widehat{x}_g) &= \frac{\left[\frac{R}{R-1}\left(\frac{n_g n_{g+1}^R - n_g^R n_{g+1}}{n_{g+1}^R - n_g^R}\right)\right]^R - \frac{n_g n_{g+1}^R - n_g^R n_{g+1}}{(n_{g+1} - n_g)(R-1)}}{\left[\frac{R}{R-1}\left(\frac{n_g n_{g+1}^R - n_g^R n_{g+1}}{n_{g+1}^R - n_g^R}\right)\right]^R} = \ldots \\
&= 1 - \frac{(R-1)^{R-1}(n_{g+1}^R - n_g^R)^R}{R^R(n_{g+1} - n_g)(n_g n_{g+1}^R - n_g^R n_{g+1})^{R-1}}.
\end{aligned}
\tag{5.13}
$$

Bei gegebener Anzahl der Stützpunkte $n_1, n_2, ..., n_G$ zur stückweise linearen Approximation der Investitionsschätzung werden diese so gewählt, dass der Wert der relativen maximalen Unterschätzung in jedem linearen Segment gleich groß und minimal ist:

$$\underset{n_g, g=2,...,G-1}{\text{Min }} h(\widehat{x}_g)$$

$$\text{s.t. } h(\widehat{x}_1) = ... = h(\widehat{x}_g) = ... = h(\widehat{x}_{G-1}),$$

$$n_g < n_{g+1} \quad \forall g \in \{1, 2, ..., G-1\}, \qquad [5.14]$$

$$n_1 := \text{Minimalkapazität},$$

$$n_G := \text{Maximalkapazität}.$$

Die Berechnung der Stützpunkte $n_g \; \forall g = 2, ..., G-1$ erfolgt mit dem in Microsoft Excel 2007 integrierten Solver. Bei gegebener Minimalkapazität n_1 und Maximalkapazität n_G und konstanten Verhältnis $n_1 : n_G$ ergeben sich für die Stützpunkte $n_2, ..., n_{G-1}$ unabhängig vom Größendegressionsexponent $0 < R < 1$ die in Tabelle 5.18 dargestellten Werte.

Tab. 5.18: Stützpunkte zur stückweise linearen Approximation der Investitionen in Abhängigkeit der Klassenanzahl und des Verhältnisses von Minimal- zu Maximalkapazität

Anzahl Klassen	n_1	n_2	n_3	n_4	n_5	n_6	n_7	n_8
5	5,0	9,1	16,6	30,2	54,9	100,0		
6	5,0	8,2	13,6	22,4	36,8	60,7	100,0	
7	1,0	1,9	3,73	7,2	13,9	26,8	51,8	100,0
7	5,0	7,7	11,8	18,1	27,7	42,5	65,2	100,0
7	10,0	13,9	19,3	26,8	37,3	51,8	72,0	100,0

Zur Veranschaulichung wird der Fall betrachtet, dass zwischen zwei gegebenen Stützpunkten n_1 und n_3 genau ein Stützpunkt n_2 gewählt werden soll, so dass die jeweils maximalen relativen Fehler zwischen n_1 und n_2 sowie zwischen n_2 und n_3 gleich groß und minimal sind (Problem 5.14). Setzt man hierzu Gleichung 5.13 für die beiden Segmente gleich, erhält man folgenden Ausdruck:

$$\frac{n_2 - n_1}{n_3 - n_2} = \left(\frac{n_2^R - n_1^R}{n_3^R - n_3^R} \right)^R \left(\frac{n_2 n_3^R - n_3^R n_3}{n_1 n_2^R - n_1^R n_2} \right)^{R-1}. \qquad [5.15]$$

Darin ist die linke Seite der Gleichung unabhängig von R und für die rechte Seite liefert die Lösung von Problem 5.14 für verschiedene $R \in (0; 1)$ die gleichen Werte[19].

---

[19]Die Werte schwanken in der achten Nachkommastelle. Ursache können Rundungsfehler im Solver sein. Ein mathematischer Beweis wird nicht erbracht.

Zur Untersuchung des Einflusses der Anzahl an Stützpunkten auf die Lösung des entwickelten Modells wird ein auf der im vorliegenden Kapitel dargestellten Fallstudie basierendes Szenario mit unterschiedlicher Anzahl an Stützpunkten gelöst. Zur Vermeidung langer Rechenzeiten und besseren Darstellbarkeit der Abhängigkeiten werden darin 20 mögliche Standorte, eine Größendegression der Pyrolyse mit $R = 0,8$, gegenüber Tabelle 5.17 vergleichsweise kleinere Minimal- und größere Maximalkapazitäten und eine geringere Gewichtung der investitionsabhängigen Kosten als in Abschnitt 5.7.2 für das Basisszenario der Fallstudie (Abschnitt 6.1) abgebildet.

Tab. 5.19: Analyse des möglichen Einflusses der Anzahl der Stützpunkte zur stückweise linearen Modellierung der Investitionsschätzung auf die Lösung des ECLIPTIC-Modells

Anzahl Stützpunkte	2	3	4	5	6	7	8	9	10
Rechenzeit [Sek.]	190	350	698	260	469	1.155	730	1.727	4.679
Zielfunktionswert [Mio. €/a]	99,68	102,85	103,92	104,58	104,99	105,12	105,16	105,16	105,18
Gewählte Standorte:									
Typ WRH	2,5,11,23,37	3,12		3,12			5		
Typ RS	2,5,11,19,23,37	3,10,11,12,14		3,10,11,12			2,3,5,10,11,14,19,23,37		
Typ Synthese	2,5,11,23,37	3,12		3,12			5		

Das Szenario wird mit zwei bis zehn Stützpunkten gerechnet, wobei die Stützpunkte jeweils gemäß dem in diesem Abschnitt vorgestellten Ansatz bestimmt werden. Alle Modellläufe werden optimal gelöst. In Tabelle 5.19 sind die Rechenzeiten, Zielfunktionswerte und die jeweils gewählten Standorte für die Verarbeitung von Waldrestholz, Reststroh und für die Synthese dargestellt[20]. Es zeigt sich, dass die Abbildung weniger Stützpunkte zu vergleichsweise mehr Standorten für die Waldrestholzverarbeitung und die Synthese führen. Bei sieben bis zehn Stützpunkten sind die gewählten Standorte jeweils identisch, wobei nur ein Standort für Waldrestholz und die Synthese ausgewählt wird. Im Vergleich zu den Modellläufen mit weniger Stützpunkten sind dagegen mehr Standorte für Reststroh in der Lösung enthalten. Diese Zusammenhänge ergeben sich durch Wechselwirkungen und weitere Einflüsse, z.B. durch die Energieversorgung der Anlagen. Eine genauere Abbildung der Größendegression durch mehr Stützpunkte führt bspw. zu kleineren Kapazitäten für Waldrestholz und damit zu vergleichsweise mehr Reststrohstandorten. Zwischen diesen Szenarien variieren die Gesamtkapazitäten von Reststroh und Waldrestholz etwas (< 1 %) und die Kapazitäten zwischen den Standorten 3,14 und 23 verschieben sich (< 20 %). Bzgl. des Zielfunktionswertes zeigt sich insbesondere hinsichtlich des Szenarios mit zwei Stützpunkten eine deutliche Abweichung.

---

[20]Die inhaltliche Diskussion der Ergebnisse der Fallstudie liefert Kapitel 6.

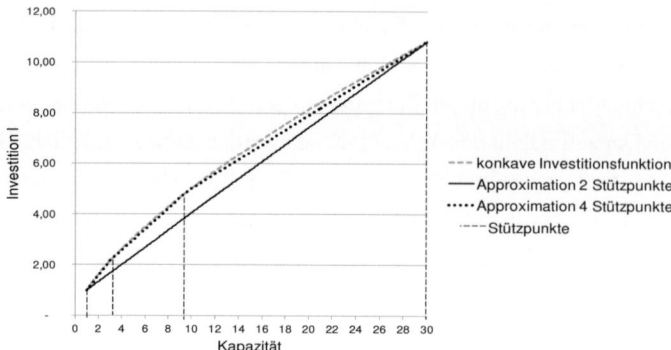

Abb. 5.20: Konkave Funktion $I = I_{Basis} \left(\frac{\kappa}{\kappa_{Basis}} \right)^R$ zur Schätzung einer Investition mit $R = 0,7$ und $I_{Basis} = \kappa_{Basis} = 1$, lineare Unterschätzung zwischen der Minimalkapazität (1) und Maximalkapazität (30) und stückweise lineare Unterschätzung mit vier Stützpunkten (1; 3,11; 9,65; 30)

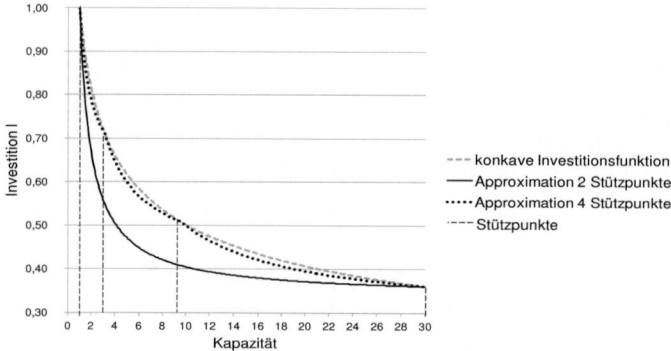

Abb. 5.21: Spezifische Investitionen der in Abbildung 5.20 dargestellten Funktionen zur Schätzung einer Investition

Zur Verdeutlichung des Einflusses der Stützpunkte ist in Abbildung 5.20 eine exemplarische Funktion zur Schätzung einer Investition und jeweils deren lineare Unterschätzung zwischen zwei und vier Stützpunkten dargestellt. In Abbildung 5.21 sind die zugehörigen spezifischen Investitionen angegeben. Diese zeigen bei Interpolation zwischen Minimal- und Maximalkapazität einen deutlich stärken Rückgang bei niedrigeren Kapazitäten, um danach vergleichsweise flacher zu verlaufen.

Für die Modellanwendung in Kapitel 6 werden für die Produktionsschritte zur Biomassevorbereitung und zur Herstellung von Kraftstoff aus Slurry (Vergasung, Gasreinigung und -konditionierung, FT-Synthese, Produktaufbereitung, Gasturbine und MD-Dampfturbine) sieben Kapazitätsklassen bzw. acht Stützpunkte mit dem dargestellten Ansatz festgelegt. Je nach Größendegressionsexponent ergibt sich bei der linearen Unterschätzung der Originalfunktion eine maximale Abweichung von 0,12 % ($R = 0,9$) bis 0,34 % ($R = 0,5$). Für den Pyrolyseproduktionsschritt werden aufgrund der vergleichsweise geringeren Größendegressionseffekte fünf Kapazitätsklassen bzw. sechs Stützpunkte bestimmt. Zur möglichen Abbildung von bis zu fünf Anlagen an einem Standort werden 25 weitere Kapazitätsklassen und damit die Investitionen für maximal sechs Pyrolyseanlagen an einem Standort abgebildet.

5.7 Ermittlung der Kostenparameter

Die techno-ökonomische Beschreibung der Prozesse bzw. Produktionsschritte in den vorangehenden Abschnitten bildet die Datengrundlage zur Entscheidung über verwendete Biomassearten, Standorte, Kapazitäten und die Struktur des Wertschöpfungsnetzwerkes. Die Investitionen fließen über investitionsabhängige Kostenarten in die Zielfunktion ein. Diese werden neben den Kosten für den Transport der Biomasse, Zwischen- und Endprodukte, den Kosten für Hilfs- und Reststoffe sowie elektrische Energie in den folgenden beiden Unterabschnitten dargestellt.

5.7.1 Entfernungen und Transport

Für die in dieser Arbeit betrachtete Wertschöpfungskette werden gemäß den Ausführungen in Abschnitt 5.5 der Transport der Biomasse vom angenommenen Anfallort zum Standort der Zerkleinerung und Trocknung, der potenzielle Transport der zerkleinerten und getrockneten Biomasse zur Pyrolyseanlage, von Slurry zum Standort der Vergasung, Gasreinigung und -konditionierung, FT-Synthese und Produktaufbereitung sowie der Transport des Endproduktes zu den Tankstellen betrachtet[21].

Für den Transport werden in der vorliegenden Arbeit ausschließlich LKW-Transporte innerhalb Baden-Württembergs betrachtet. Schienen- und Schifftransporte sind aufgrund der hohen entfernungsunabhängigen Kosten nur über vergleichsweise größere Distanzen sinnvoll und setzen neben dem Vorhandensein von Verladebahnhöfen voraus, dass Zwischenlager für die Biomasse an den Verladebahnhöfen eingerichtet werden (vgl. Hartmann (2009b)). Kappler (2008) stellt fest, dass die Bahn ab ca. 150 km für Slurry und Waldrestholz sowie ab ca. 1.000 km für Reststroh günstiger als die Straße sind. Die Entfernungen zwischen den in Abschnitt 5.1.5 bestimmten Standorten sind allerdings in weniger als 50 % der Routen größer als 150 km und nur in 11 % größer als 250 km. Kosteneinsparungen durch Bahntransporte sind daher kaum möglich.

Die Entfernungen werden zwischen den Mittelpunkten der Zellen des Rasters (Biomassequellen) und den möglichen Produktionsstandorten, zwischen den möglichen Produktionsstandorten (Abbildung 5.6) und von dort zu den Produktsenken abgebildet. Die Entfernungen entsprechen den tatsächlichen Straßenkilometern und werden mit einem Routenplaner ermittelt.

---

[21] Der Transport von Dampf wird ausgeschlossen.

Die gewählten Strecken sind die schnellsten Routen für KFZ, wobei davon ausgegangen wird, dass Einschränkungen für Lastkraftwagen aufgrund der Topographie und Straßenführung durch die Wahl der schnellsten Verbindung hinreichend abgebildet werden. In den in Abschnitt 3.6.4 diskutierten Arbeiten von Kim et al. (2011) und Schattka (2011) werden ebenfalls Straßenkilometer abgebildet. Andere Arbeiten basieren auf korrigierten Luftlinien und berücksichtigen somit insbesondere regionale Gegebenheiten nicht.

Transportkosten für die beiden betrachteten Biomassearten und Slurry werden von Kappler (2008) unter Berücksichtigung verschiedener Transportmittel und Fahrzeugkombinationen für 40 Varianten ermittelt. Für die vorliegende Arbeit werden die von Kappler (2008) als ökonomisch vielversprechend identifizierten Biomassetransporte mit LKW-Gliederzügen und Slurrytransporte mit Tankaufliegern angenommen. Die Transportkostensätze aus Kappler (2008) werden mit dem VR-Index der Frachtraten für Straßengüterverkehr auf das Jahr 2011 hochgerechnet[22] und sind in Tabelle 5.20 angegeben.

Tab. 5.20: Annahmen und Kosten für den Transport von Biomasse, Slurry und Kraftstoff (basierend auf Kappler (2008))

	Waldrestholz Wassergehalt 35 % - 50 %	Reststroh Wassergehalt 15 %	Slurry
LKW	Lastzug	Lastzug	Tankauflieger
Dichte [t_{FM}/m^3]	0,3 - 0,4	0,15	1,25
Zuladung [t_{FM}]	19,1	14,4	26,0
Zuladung [m^3]	48-64	96	21
Fix [$€/t_{FM}$]	2,48	13,62	2,64
Entfernungsabhängig [$€/(t_{FM}*km)$]	0,14	0,16	0,09

Die Kosten basieren auf einer Transportstrecke von 100 km in Baden-Württemberg und der Berücksichtigung von Leerfahrten. Der entfernungsunabhängige Kostenfaktor enthält die Kosten für das Rüsten, Beladen, Entladen des Lastkraftwagens sowie für Wartezeiten. Der entfernungsabhängige Faktor ergibt sich aus dem Zeitbedarf für den Transport und spezifischen Personal- und Maschinenstundensätzen. Es wird ein linearer Kostenverlauf in Abhängigkeit der Entfernung angenommen.

Ausschlaggebend für die Kosten von Waldrestholzhackschnitzeln ist sowohl bei einem Wassergehalt von 50 % als auch von 35 % die angenommene maximale Zuladung von 19,1 t (Kappler (2008)). Somit wird davon ausgegangen, dass auch bei einem Wassergehalt von 15 % und

---

[22]Die Veränderung entspricht einer Erhöhung um ca. 5 %. www.verkehrsrundschau.de/transportpreise-1025489.html, zuletzt abgerufen im November 2011.

weiterer Zerkleinerung der Holzhackschnitzel die transportierte Masse limitierend ist. Für den Transport von Reststroh ist aufgrund der geringeren Dichte das Volumen begrenzend. Zur Abbildung des Transportes der Endprodukte, d.h. des Dieselkraftstoffes, wird auf Basis von Suurs (2002) angenommen, dass die Kosten 10 % unter den Transportkosten von Slurry liegen.

Zusätzlich zu den dargestellten Transportkosten werden in dieser Arbeit die Mautkosten approximativ abgebildet. Dazu wird davon ausgegangen, dass größere Distanzen mit höherem Autobahnanteil zu höheren Kosten der in Deutschland streckenbezogenen Mautgebühr für Lastkraftwagen führen. Zur Abbildung des Autobahnanteils werden durchschnittliche Autobahnanteile für Strecken bis zu 50 km in Höhe von 37,4 %, für Strecken bis 150 km in Höhe von 63,1 % und für größere Distanzen von 83,9 % aus einer Erhebung des Bundesverbandes für Güterkraftverkehr verwendet (BGL (2009)). Die Mautgebühr hängt von der Abgasnorm und der Anzahl der Achsen des Lastkraftwagens ab. In dieser Arbeit wird die mittlere Mautgebühr zwischen den Abgasnormen EURO IV und EURO V für Drei- und Vierachser angesetzt (17 ct/km). Die sich ergebenden Mautgebühren werden im ECLIPTIC-Modell für die genannten Autobahnanteile für die einzelnen Strecken zu den sich aus Tabelle 5.20 ergebenden entfernungsabhängigen Transportkosten für Biomasse-, Slurry- und Kraftstofftransporte addiert. Der Einfluss der Mautgebühr wird in Kapitel 6 analysiert.

5.7.2 Investitionsabhängige Kosten sowie Kosten für Hilfsstoffe, Reststoffe und elektrische Energie

Wie in Abschnitt 3.5 ausgeführt, werden neben den Abschreibungen weitere Kostenarten in Abhängigkeit der Investition geschätzt. Die verwendeten Faktoren sind in Tabelle 5.21 angegeben. Für die Abschreibung wird eine Verteilung der Investition auf 20 Jahre bei linearer Abschreibung angenommen. Kürzungen der Investitionen werden nicht vorgenommen, da Grundstücke nicht geschätzt werden und Erstbefüllungen und Rohstoffbestände unberücksichtigt bleiben (Abschnitt 5.6.2).

Tab. 5.21: Kostenschätzung in Abhängigkeit der Investition

Kostenart	% der Gesamtinvestition pro Jahr
Abschreibungen	5,0 %
Zinsen	4,0 %
Wartung und Instandhaltung	4,0 %
Steuern, Versicherungen	2,0 %
Löhne	0,5 %
Gesamt	15,5 %

Es wird angenommen, dass das durchschnittlich gebundene Kapitel, welches mit der Hälfte des Kapitalbedarfs approximiert wird, mit einem Zinssatz von 8 % verzinst wird. Der Faktor für Wartung und Instandhaltung orientiert sich an Hamelinck et al. (2003) und Peters et al. (2004), der verwendete Wert für Realsteuern und Sachversicherungen findet sich in Remmers (1991).

Weiterhin werden die Löhne in linearer Abhängigkeit der Investitionen geschätzt. Hamelinck et al. (2003) schlagen für eine 400 MW Anlage 0,5 % und einen mit zunehmender Kapazität degressiven Verlauf vor. In der vorliegenden Arbeit wird ein linearer Zusammenhang zwischen Löhnen und Investitionen abgebildet. Eine detaillierte Abbildung könnte z.B. auf Basis des Arbeitszeitbedarfs pro Verfahrensschritt und produzierter Einheit erfolgen. Aufgrund des geringen Anteils der Personalkosten an den Gesamtkosten ist die Schätzung in linearer Abhängigkeit der Investition für die vorliegende Anwendung jedoch hinreichend. In Summe ergeben sich somit investitionsabhängige Kosten in Höhe von 15,5 % der in den vorangehenden Abschnitten geschätzten Investitionen.

Tab. 5.22: Kosten- bzw. Erlösparameter für elektrische Energie, Wasser und Schlacke (Quelle: Kerdoncuff (2008))

Elektrische Energie	
Verkauf [€/kwh]	0,05
Zukauf [€/kwh]	0,076
Frischwasser [€/m^3]	1,55
Abwasseraufbereitung [€/m^3]	1,38
Schlackeentsorgung [€/t]	20,00

Die Kosten für Hilfsstoffe und Reststoffe werden in Abhängigkeit der jeweiligen Massenströme der Produktionsschritte berechnet (siehe Tabelle 5.13). Es wird angenommen, dass die Schlacke bzw. Asche aus der Vergasung deponiert wird. Für die Entsorgung werden 20 €/t inkl. Transportkosten angenommen. Für Wasser und Abwasser werden 1,55 €/m^3 bzw. 1,38 €/m^3 geschätzt (Kerdoncuff (2008)).

Für die Kosten des sich modellendogen ergebenden Bedarfs an elektrischer Energie aus dem Elektrizitätsnetz werden 0,076 €/kWh angenommen. Die mögliche Einspeisung wird mit 0,05 €/kWh vergütet. Die genannten Parameter sind in Tabelle 5.22 zusammengefasst.

Mit den Kostenparametern sind alle regionalen, technologischen und ökonomischen Daten der Prozesskette sowie technologischen Optionen zur Ermittlung eines kostenminimalen Wertschöpfungsnetzwerkes zur Produktion von BtL-Kraftstoff in Baden-Württemberg im entwickelten Modell ECLIPTIC abgebildet. Im nächsten Kapitel werden das durch diese Daten definierte Basisszenario ausgewertet und der Einfluss ausgewählter Annahmen untersucht.

6 Wertschöpfungsnetzwerk zur FT-Kraftstoffproduktion in Baden-Württemberg und weitere Ergebnisse der Modellanwendung

Im vorangehenden Kapitel wird die Datenbasis zur exemplarischen Anwendung des in dieser Arbeit entwickelten Modells auf die Planung und Bewertung eines möglichen Wertschöpfungsnetzwerkes zur Produktion von FT-Kraftstoff in Baden-Württemberg ermittelt. Darauf basierend wird im folgenden Abschnitt 6.1 zunächst das Ergebnis des sich daraus ergebenden Basisszenarios analysiert. In Abschnitt 6.2 wird die Abhängigkeit der Lösung von den wichtigsten ökonomischen Parametern und in Abschnitt 6.3 werden verschiedene Szenarien mit alternativen Annahmen bzw. Erweiterungen gegenüber dem Basisszenario untersucht.

6.1 Struktur und Charakteristika des Wertschöpfungsnetzwerkes im Basisszenario

Im vorliegenden Abschnitt werden die Ergebnisse des in Kapitel 5 definierten Basisszenarios zur kostenminimalen Berechnung eines Wertschöpfungsnetzwerkes zur FT-Kraftstoffproduktion in Baden-Württemberg besprochen. Das sich ergebende Problem hat 116.171 Nebenbedingungen und 338.201 Variablen, wovon 20.800 Binärvariablen sind. Es wird auf einem Personalcomputer mit Intel i7 940 Prozessor mit vier Kernen je 2,93 GHz und 12 GB RAM mit dem CPLEX 12.0 Solver in 39 Stunden mit einer MIP-GAP von 0,05 % gelöst. Eine Lösung mit einer maximalen Abweichung vom optimalen Zielfunktionswert in Höhe von 0,07 % wird nach 24 Stunden, in Höhe von 0,2 % bereits nach 22 Minuten und in Höhe von 1 % nach 18 Minuten ausgewiesen.

Die wesentlichen strukturellen Eigenschaften des Wertschöpfungsnetzwerkes sind in Abbildung 6.1 dargestellt. Die Produktionsschritte zur Zerkleinerung und Trocknung (siehe Abschnitt 5.3.1 und 5.3.2) und die Pyrolyseanlagen (siehe Abschnitt 5.3.3) werden immer gemeinsam installiert, d.h. die Vorteile durch Trocknung und Komprimierung und die damit verbundene Erhöhung der Beladung der LKW können die zusätzlichen Kosten für das Be- und Entladen der vorbehandelten Biomasse nicht kompensieren.

Abbildung 6.1 zeigt weiterhin, dass das abgebildete Potenzial an Reststroh nahezu vollständig genutzt wird, wogegen nur 55 % des angenommenen Waldrestholzpotenzials zur Produk-

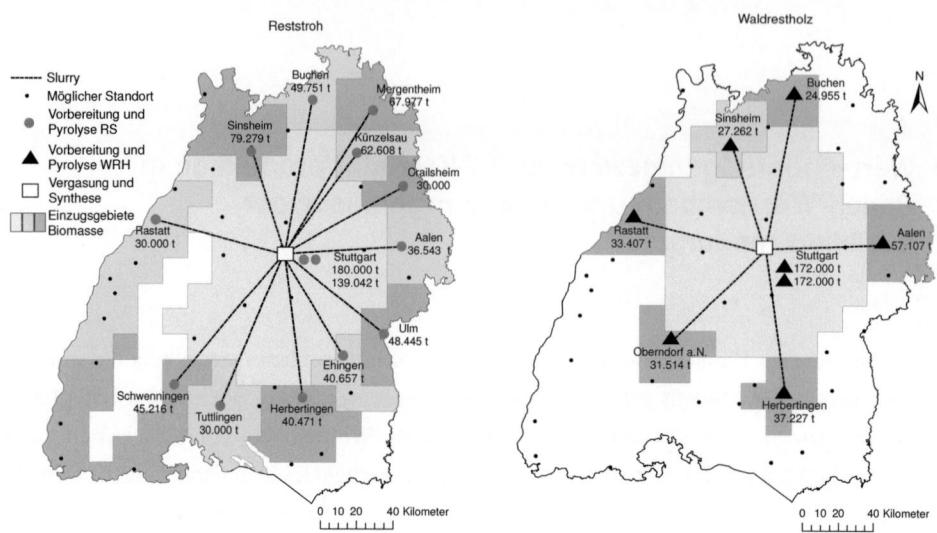

Abb. 6.1: Wertschöpfungsnetzwerk im Basisszenario mit zentraler Anlage zur Vergasung und Synthese in Stuttgart und dezentralen Anlagen für Reststroh (links) und Waldrestholz (rechts) sowie zugehörige Einzugsgebiete (aus Darstellungsgründen in verschiedenen Graustufen)

tion der vorgegebenen Kraftstoffmenge verwendet wird[1]. Somit überwiegen die Nachteile von Waldrestholz, d.h. der höhere Wassergehalt und die dadurch erforderliche technische Trocknung, die Vorteile, geringere Transportkosten und die höhere Slurryausbeute bezogen auf die Trockenmasse. Vor allem die Waldrestholzpotenziale im Südwesten werden nicht in die Lösung mit einbezogen. Ursächlich sind die großen Distanzen zur Syntheseanlage in Stuttgart von den potenziellen Standorten westlich des Schwarzwaldes.

Im Großraum Stuttgart wird ein zentraler Standort errichtet, der über folgende Produktionsanlagen verfügt:

- Eine Vorbereitungsanlage zur Zerkleinerung von Reststroh.

- Eine Anlage zur Zerkleinerung von Waldrestholz und drei Anlagen zur Trocknung in einem Stromtrockner durch Nutzung eines Teils des Niederdruckdampfes aus der Vergasung und Synthese.

- Jeweils zwei Pyrolysen für Waldrestholz und für Reststroh.

- Die einzige Anlage im Wertschöpfungsnetzwerk zur Vergasung der gesamten Slurrymasse mit anschließender Gasreinigung und -konditionierung, FT-Synthese und Produktaufbereitung sowie Gas- und Mitteldruckdampfturbinen (vgl. Abschnitte 5.3 und 5.4).

- Eine Niederdruckdampfturbine zur Gewinnung elektrischer Energie.

---

[1]Vgl. zur Ermittlung der Potenziale Abschnitt 5.1.

Tab. 6.1: Kapazitäten, Investitionen und benötigte elektrische Leistung der Anlagen am zentralen Standort Stuttgart

	Kapazitäten		Investition [Mio. €]	Benötigte el. Leistung [MW_{el}]
Zerkleinerung WRH	592	$Mt_{50\% H_2O}$/a	8,2	2,9
Stromtrockner	13,9	MW_{th}	23,7	1,2
Pyrolyse WRH	1 x 172 1 x 147	$Mt_{15\% H_2O}$/a	48,8	3,4
Zerkleinerung RS	319	$Mt_{15\% H_2O}$/a	5,1	1,5
Pyrolyse RS	1 x 180 1 x 139	$Mt_{15\% H_2O}$/a	40,1	3,1
Vergasung, Gasreinigung u. -konditionierung, FT-Synthese, Produktaufbereitung	1.005	Mt Slurry /a	} 734,6	} 41,2
Gasturbine + MD-Dampfturbine	} 75,7	MW_{el}		
ND-Dampfturbine	49,4	MW_{el}	28,5	
Summen			884,0	53,3

In Tabelle 6.1 sind die Kapazitäten, Investitionen und Energiebedarfe der am Standort Stuttgart installierten Produktionsschritte angegeben. Die Gesamtinvestition an diesem Standort beträgt 884 Mio. €. 62 % des im Wertschöpfungsnetzwerk genutzten Waldrestholzes und 36 % des Reststrohs werden direkt an diesem zentralen Standort verarbeitet. Erst ab einer Transportstrecke von ca. 85 km werden dezentrale Pyrolyseanlagen für Waldrestholz in das Netzwerk integriert. Das Waldrestholzaufkommen im Umkreis aus den östlichen Teilen des Nördlichen und Mittleren Schwarzwaldes, aus dem Schwäbisch-Fränkischen Wald im Westen und im Süden von der Schwäbischen Alb wird dagegen zentral verarbeitet (siehe Abbildung 6.1). Dadurch können Größendegressionseffekte realisiert und am Standort verfügbare thermische (Niederdruckdampf) sowie elektrische Energie (Gas- und Dampfturbinen) genutzt werden. Bei Reststroh werden die Potenziale im Umkreis von einer Transportentfernung bis zu 66 km vollständig und darüber hinaus bis zu 107 km teilweise am zentralen Standort verarbeitet. Die Form des Einzugsgebietes ist auf Wechselwirkungen zwischen den Transportkosten und Größendegressionseffekten an den verschiedenen Anlagenstandorten zurückzuführen, welche bei Reststroh zum Tragen kommen, da mehr Standorte realisiert werden und das Potenzial nahezu vollständig genutzt wird.

Tab. 6.2: Kapazitäten, Investitionen und benötigte elektrische Leistung der dezentralen Standorte im Basisszenario

| Standort | Kapazitäten | | Spez. Investitionen Vorbereitung u. Pyrolyse | | Benötigte Leistung | |
| | WRH | RS | WRH | RS | $[MW_{el}]$ | $[MW_{th}]$ |
	$[Mt_{FM\ 50\%}/a]$	$[Mt_{FM\ 15\%}/a]$	$[€/t_{FM\ 15\%}/a]$	$[€/t_{FM\ 15\%}/a]$		
Schwenningen		45,2		153,3	0,7	
Mergentheim		68,0		150,2	1,0	
Buchen	42,5	49,8	185,4	152,5	1,3	1,0
Künzelsau		62,7		150,8	0,9	
Rastatt	56,8	30,0	181,8	156,7	1,2	1,3
Crailsheim		30,0		156,7	0,4	
Aalen	97,1	36,6	175,2	154,9	1,8	2,2
Rottenburg (a.N.)	53,6		182,4		0,7	1,3
Oberndorf (a.N.)		40,7		154,1	0,6	
Tuttlingen		30,0		156,7	0,4	
Ulm		48,4		152,7	0,7	
Sinsheim	46,3	79,3	184,2	149,1	1,8	1,1
Herbertingen	63,3	40,5	180.6	154,1	1,4	1,4

Neben den vier Pyrolyseanlagen am zentralen Standort in Stuttgart werden an 13 weiteren Standorten insgesamt 18 weitere Anlagen zur Vorbehandlung und Pyrolyse errichtet. An sechs dieser dezentralen Standorte befindet sich jeweils eine Anlage zur Zerkleinerung, Trocknung und Pyrolyse von Waldrestholz. Die Trocknung erfolgt dort in Drehtrommeltrocknern (siehe Abschnitt 5.4.4). Die Kapazitäten der dezentralen Anlagen sind in Tabelle 6.2 angegeben. Die Anlage zur Verarbeitung von Waldrestholz in Aalen am oberen Kocher hat mit ca. 97.000 t/a Biomasse (50 % H_2O) die größte Kapazität der dezentralen Waldrestholzstandorte. Das Waldrestholz stammt im Norden von Aalen aus dem Schwäbisch-Fränkischen Wald und im Süden und Westen aus den nordöstlichen Ausläufern der Schwäbischen Alb (Albuch und Härtsfeld). Die Anlagen an den fünf weiteren Standorten verfügen über Kapazitäten zwischen 42.500 und 63.300 t/a (50 % H_2O). Die Anlagen in Sinsheim und Buchen werden aus den südlichen Ausläufern des vorderen Odenwalds und umliegenden Waldflächen, die Anlage in Rastatt im Wesentlichen aus dem westlichen Nordschwarzwald und die Anlage in Oberndorf am Neckar aus den östlichen Gebieten des Mittleren Schwarzwaldes sowie, wie auch der Standort Herbertingen, von der Schwäbischen Alb (Heuberg und Naturpark Obere Donau) beliefert. Der Standort in Oberndorf am Neckar verfügt als einziger über keine Pyrolyse für Reststroh. An den anderen dezentralen Standorten für Waldrestholz und an acht weiteren Standorten befinden sich Anlagen zur Zerkleinerung und Pyrolyse von Reststroh.

Drei der dezentralen Anlagen zur Zerkleinerung und Pyrolyse von Reststroh verfügen über die Minimalkapazität der Biomassevorbereitung in Höhe von 30.000 t/a (15 % H_2O). Für die anderen Anlagen werden verschiedene Kapazitäten bis zu 80.000 t/a gewählt.

In Tabelle 6.2 sind die spezifischen Investitionen für die Anlagen zur Zerkleinerung, Trocknung und Pyrolyse an den dezentralen Standorten angegeben. Zur Vergleichbarkeit werden alle Investitionen auf eine t/a Biomasseinput mit 15 % H_2O, d.h. auf den Wassergehalt nach der Trocknung, bezogen. Neben den grundsätzlich höheren spezifischen Investitionen für Waldrestholz, bedingt durch die höheren Wassergehalte und dem damit verbundenen Mehraufwand für die Trocknung, erklären sich die unterschiedlichen Werte durch die Größendegression der einzelnen Komponenten.

Weiterhin sind in Tabelle 6.2 die elektrischen und thermischen Energiebedarfe an den dezentralen Anlagenstandorten angegeben. Elektrische Energie wird extern zugekauft, da an den dezentralen Standorten keine Anlagen zur Gewinnung elektrischer Energie installiert werden[2]. Die Biomassetrocknung in den Drehtrommeltrocknern erfolgt durch Verbrennung von Waldrestholz. Im Basisszenario werden dazu insgesamt knapp 43.000 t/a (50 % H_2O) Waldrestholz an den dezentralen Standorten eingesetzt.

In Tabelle 6.3 sind die Gesamtkosten und die einzelnen Kostenarten im Basisszenario dargestellt. Es ergeben sich Herstellkosten von 1,18 €/l FT-Kraftstoff. Der ermittelte Wert liegt im Mittelfeld von in verschiedenen Studien zwischen 0,9 €/l und 1,72 €/l geschätzten Herstellkosten synthetischer Biokraftstoffe (vgl. Leible et al. (2007), Lange (2007), Wright et al. (2008), Henrich et al. (2009), Kerdoncuff (2008), Schattka (2011) bzw. Beiermann (2011)).

Den größten Anteil an den Gesamtkosten haben die investitionsabhängigen Kosten (siehe Abschnitt 5.7.2). Durch den Verkauf der am zentralen Standort in Stuttgart erzeugten elektrischen Energie werden die Gesamtkosten um fast 10 % reduziert. Die energetische Nutzung von Kuppelprodukten bzw. Prozesswärme führt demnach zur deutlichen Erhöhung der Wirtschaftlichkeit des Wertschöpfungsnetzwerkes. Die Transportkosten betragen 13 % der Gesamtkosten, wobei der Transport von Reststroh mit 7 % den Hauptanteil trägt.

6.2 Analyse des Einflusses ökonomischer Parameter

Im vorliegenden Abschnitt wird untersucht, welchen Einfluss die Variation der wichtigsten ökonomischen Parameter auf die Lösung des Basisszenarios hat. Hierzu werden in Abschnitt 6.2.1 die Transportkosten, in Abschnitt 6.2.2 die investitionsabhängigen Kosten und in Abschnitt 6.2.3 die Kosten und Erlöse für elektrische Energie variiert. Ziel dabei ist es, den grundsätz-

---

[2]In Abschnitt 6.3.1 wird ein Szenario analysiert, in dem Biomassekraftwerke installiert werden können.

Tab. 6.3: Kosten und Erlöse im Basisszenario

Biomasse-	WRH	38,7	Mio. €/a
kosten	RS	46,7	Mio. €/a
Transport-	WRH	8,5	Mio. €/a
kosten	RS	17,6	Mio. €/a
	Slurry	6,4	Mio. €/a
	Kraftstoff	1,7	Mio. €/a
Investitions-	Standort Stuttgart	137,0	Mio. €/a
abhängige	Dezentrale Standorte	19,2	Mio. €/a
Kosten			
El. Energie	Kosten (dezentral)	7,3	Mio. €/a
	Erlöse (Stuttgart)	-27,0	Mio. €/a
Hilfs- und Reststoffe (Kosten)		4,2	Mio. €/a
Gesamtkosten		260,5	Mio. €/a
Spezifische Kosten		1,18	€/l

lichen Einfluss der Parameter auf das kostenminimale Wertschöpfungsnetzwerk darzustellen. Die Effekte werden dazu anhand ausgewählter Parametervariationen aufgezeigt.

6.2.1 Transportkosten

Der Anteil der Transportkosten an den Gesamtkosten beträgt im Basisszenario 13 %. Die in Abschnitt 5.7.1 angenommenen Transportkostensätze für Biomasse, Slurry und Kraftstoff entsprechen der Datenbasis des Jahres 2011.

In Abbildung 6.2 ist die Entwicklung des deutschen Erzeugerpreisindex für Straßengüterverkehr im Nah-, Regional- und Fernverkehr für die Jahre 2005 bis 2011 dargestellt. Steigende Dieselpreise und Personalkosten sowie Maßnahmen wie die LKW-Maut zur verursachungsgerechten Zuordnung von Infrastrukturkosten tragen zur Erhöhung der Kosten bei. Effizienzsteigerungen bei Motoren können diesen Kostenanstieg nicht kompensieren, so dass mittel- bis langfristig eher mit weiter steigenden Transportkosten zu rechnen ist. Zur Analyse der Auswirkung höherer Transportkosten auf die kostenminimale Auslegung des Wertschöpfungsnetzwerkes wird im Folgenden ein Szenario dargestellt, in dem die Transportkostensätze (ohne Maut, vgl. Abschnitt 5.7.1) gegenüber dem Basisszenario für den Transport von Biomasse, Zwischen- und Endprodukten verdoppelt werden. Das Ziel ist dabei, die Abhängigkeiten der Lösung von den Transportkosten darzustellen.

Die Ergebnisse sind in Abbildung 6.3 dargestellt. Im Wesentlichen lassen sich im Vergleich zum Basisszenario eine verstärkte Nutzung von Waldrestholz und eine stärkere Dezentralisie-

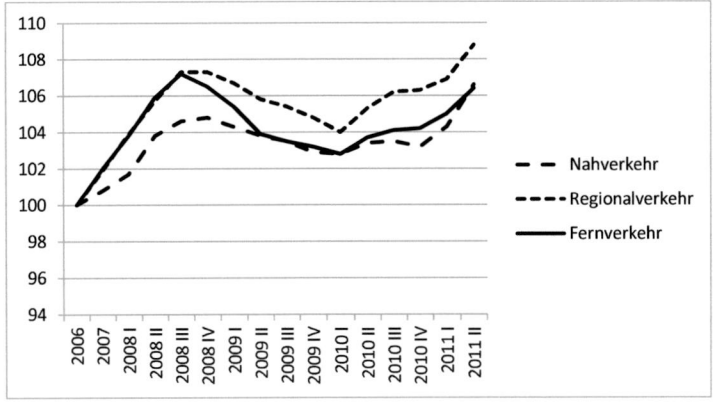

Abb. 6.2: Entwicklung des Erzeugerpreisindex für Straßengüterverkehr 2006-2011 für Nah-, Regional- und Fernverkehr in Deutschland (Quelle: Statistisches Bundesamt DESTATIS (2011))

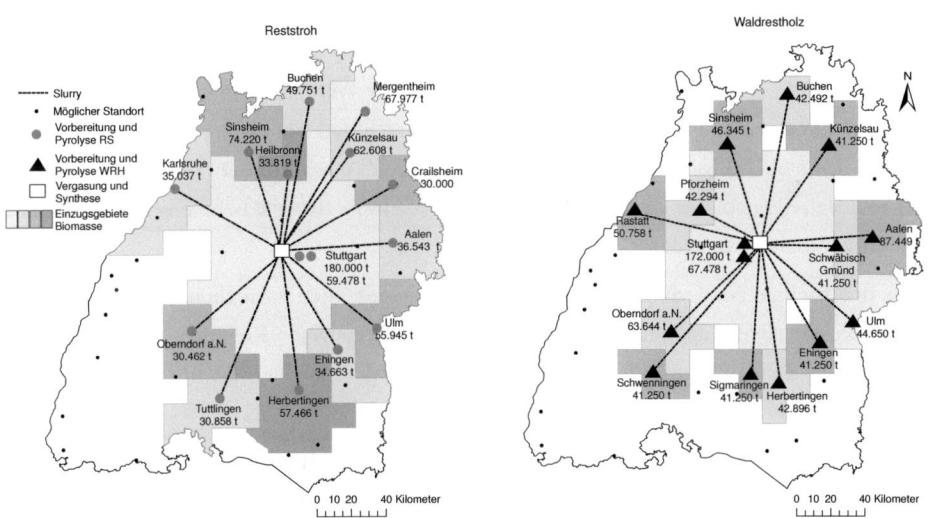

Abb. 6.3: Wertschöpfungsnetzwerk bei Erhöhung der Transportkosten um 100 % für Reststroh (Karte links) und Waldrestholz (Karte rechts) sowie Biomasseeinzugsgebiete der Standorte

rung beobachten. Waldrestholz hat in diesem Szenario durch den größeren Einfluss der Transportkosten in der Zielfunktion und zusammen mit der besseren Auslastung der Lastkraftwagen sowie niedrigeren Kosten zum Be- und Entladen (Abschnitt 5.7.1), die zu insgesamt niedrigeren Transportkosten je Tonne Trockenmasse führen, im Vergleich zu Reststroh eine höhere Attraktivität als im Basisszenario. Die genutzte Waldrestholzmenge ist daher im Vergleich zum Basisszenario um 7 % höher, die genutzte Reststrohmenge sinkt um 5 %. Aufgrund der vergleichsweise großen Distanzen werden insbesondere die Reststrohvorkommen westlich des Schwarzwaldes nicht mehr genutzt. Außerdem verringert sich das direkte Einzugsgebiet der Anlage in Stuttgart für beide Biomassearten. Mit 13 dezentralen Vorbereitungs-, Trocknungs- und Pyrolysestandorten für Waldrestholz ergeben sich aufgrund der höheren Gesamtkapazität mehr als doppelt so viele dezentrale Anlagenstandorte für Waldrestholz als im Basisszenario (sechs Standorte). Für Reststroh ist ein weiterer Vorbehandlungs- und Pyrolysestandort in der Lösung enthalten. Zusätzlich werden zwei Reststrohstandorte im Vergleich zum Basisszenario verlagert, wobei die Anlage in Schwenningen durch eine Anlage in Oberndorf am Neckar und die Anlage in Rastatt durch eine Anlage in Karlsruhe ersetzt werden. In beiden Fällen werden die Anlagen somit näher an der zentralen Anlage in Stuttgart gebaut.

Somit kann für den Einfluss der Transportkosten auf das Wertschöpfungsnetzwerk festgehalten werden, dass die Grundstruktur mit einer zentralen Anlage in Stuttgart und mehreren dezentralen Pyrolyseanlagen (an den gleichen und zusätzlichen Standorten) bei einer Verdoppelung der Transportkosten erhalten bleibt. Der Anteil der Transportkosten am Zielfunktionswert beträgt dann 22 %.

Sind steigende Transportkosten zu erwarten, sollte das Wertschöpfungsnetzwerk so gestaltet werden, dass eine möglichst dezentrale Struktur erreicht werden kann. Die Wechselwirkung zwischen den beiden Biomassearten in Abhängigkeit der Transportkosten stellen für Anlagenbauer und Betreiber solcher Anlagen außerdem einen Anreiz für eine hohe Flexibilität der Anlagen hinsichtlich verschiedener Einsatzstoffe dar.

Wie in Abschnitt 5.7.1 dargestellt, werden die Mautgebühren zusätzlich zu den genannten Transportkosten abgebildet und dabei die Autobahnanteile im Nah-, Regional- und Fernverkehr berücksichtigt. Demzufolge bedeutet eine Variation der Mautgebühr, dass insbesondere Transporte über 150 km verteuert werden.

Bei Annahme höherer Mautkosten kommt es zu ähnlichen Effekten wie bei der Erhöhung der restlichen Transportkosten. Werden die Mautkosten dagegen nicht abgebildet, ergibt sich insgesamt eine stärkere Zentralisierung und eine geringfügige Verlagerung von Waldrestholz zu Reststroh. Die dann vergleichsweise größere Kapazität des Stuttgarter Standortes führt dazu, dass die Standorte zur Verarbeitung von Waldrestholz in Rastatt und Herbertingen nicht genutzt werden, wobei letzterer allerdings durch einen zusätzlichen Standort in Ehingen ersetzt wird.

Für Reststroh ergeben sich ebenfalls zwei Standorte weniger (Ulm und Rastatt). Der Standort in Rastatt wird dabei wiederum durch eine Anlage in Offenburg ersetzt, da ein Teil der im Basisszenario in Rastatt genutzten Potenziale nun in Stuttgart verarbeitet wird und Offenburg somit näher an den weiter von Stuttgart entfernten Reststrohpotenzialen liegt. Demnach bedeutet die LKW-Maut für das Wertschöpfungsnetzwerk in Baden-Württemberg, dass eine vergleichsweise stärkere dezentrale Verarbeitung der Biomasse sinnvoll ist, um Transportkosten einzusparen. Somit liefert die LKW-Maut erwartungsgemäß einen Anreiz zur Reduzierung des Transportaufkommens bei der Gestaltung des Wertschöpfungsnetzwerkes.

Zusammenfassend lässt sich feststellen, dass die Struktur des Wertschöpfungsnetzwerkes des Basisszenarios bei höheren Transportkosten grundsätzlich erhalten bleibt und zusätzliche Standorte eingerichtet werden, um Transportkosten einzusparen. Über die bereits dargestellten Analysen hinaus führt bspw. eine Erhöhung der Transportkosten um 20 % zu jeweils einem zusätzlichen Standort für Waldrestholz und Reststroh im Vergleich zur Basislösung. Eine Reduktion um 20 % bewirkt dagegen, dass zwei Waldrestholzstandorte entfallen, was dadurch zu erklären ist, dass Reststroh dann vergleichsweise attraktiver wird, da die Transportkosten einen geringeren Einfluss auf die optimale Lösung haben.

6.2.2 Investitionsabhängige Kosten

Im vorliegenden Abschnitt wird der Einfluss der Investitionen auf das optimale Wertschöpfungsnetzwerk untersucht, indem der Faktor zur Berechnung der investitionsabhängigen Kosten, bestehend aus den jährlichen Kosten für Reparatur und Instandhaltung, Steuern, Versicherungen, Zinsen, Löhne sowie Abschreibungen (Abschnitt 5.7.2), variiert wird.

Die Auswirkungen der investitionsabhängigen Kosten in der Fallstudie dieser Arbeit unterscheiden sich bei einer generellen Variation für alle Investitionen zwischen den beiden Biomassearten Waldrestholz und Reststroh. So führen im Vergleich zum Basisszenario niedrigere Investitionen zur Verkleinerung der Vorbehandlungs- und Pyrolysekapazitäten für Reststroh am zentralen FT-Synthesestandort in Stuttgart zugunsten größerer Kapazitäten an dezentralen Standorten bzw. zu zusätzlichen dezentralen Standorten. Dabei besteht durch niedrigere Investitionen aufgrund der relativ größeren Bedeutung der Transportkosten ein verstärkter Anreiz, den Transport von Reststroh durch Slurrytransporte zu ersetzen. Werden bspw. um 50 % geringere investitionsabhängige Kosten angenommen, geht die Kapazität zur Vorbehandlung und Pyrolyse in Stuttgart um 19 % im Vergleich zum Basisszenario zurück und es werden zwei zusätzliche dezentrale Reststrohpyrolysestandorte eingerichtet. Eine Erhöhung der investitionsabhängigen Kosten wirkt entgegengesetzt. Wird von 50 % höheren Investitionen gegenüber dem Basisszenario ausgegangen, sind die Reststrohpyrolysekapazitäten in Stuttgart um 13 % größer und fünf dezentrale Pyrolysestandorte entfallen. Die in der Lösung verbleibenden vier dezentralen

Reststrohstandorte verfügen zudem über deutlich größere Kapazitäten, so dass jeweils stärkere Größendegressionseffekte erzielt werden.

Bei Waldrestholz treten dagegen andere Effekte bei der Variation der investitionsabhängigen Kosten auf. Auslöser sind die im Vergleich zu den Investitionen für den Drehtrommeltrockner zum Trocknen mit Heißluft durch das Verbrennen von Waldrestholz höheren Investitionen für den Stromtrockner zum Trocknen des Holzes mit Niederdruckdampf (vgl. Tabelle 5.16 bzw. Hamelinck et al. (2003)). Zunächst gibt es einen Anreiz zur Trocknung von Waldrestholz am Standort des Vergasers, der FT-Synthese und der Gasturbine, da die vergleichsweise höheren Investitionen des Stromtrockners durch den Einsatz des dort verfügbaren Niederdruckdampfes und somit durch die Einsparung von mit Bereitstellungskosten verbundenem Waldrestholz kompensiert werden. Insgesamt höhere investitionsabhängige Kosten führen dazu, dass sich die unterschiedlichen Investitionen für die beiden Trockner stärker auswirken. Infolgedessen werden die Kapazitäten zur Vorbehandlung und Pyrolyse von Waldrestholz in Stuttgart bei Annahme von im Vergleich zum Basisszenario höheren investitionsabhängigen Kosten reduziert. Da höhere Investitionen zu einem verstärktem Anreiz führen, Größendegressionseffekte zur realisieren, werden bspw. bei der Erhöhung der investitionsabhängigen Kosten um 50 % keine zusätzliche dezentrale Anlagenstandorte eingerichtet, sondern bereits in der Basislösung enthaltene Standorte vergrößert. Zudem entfällt sogar ein dezentraler Waldrestholzpyrolysestandort. Die Kapazität zur Pyrolyse von Waldrestholz in Stuttgart ist um 14 % geringer. Dementsprechend führen niedrigere Investitionen zu größeren Waldrestholzpyrolysekapazitäten an der zentralen Anlage in Stuttgart. Bei einer Variation um -50 % wird bspw. ein dezentraler Pyrolysestandort weniger gebaut, während die Kapazitäten in Stuttgart um 23 % größer als im Basisszenario sind.

Es zeigen sich demnach bei der Variation der investitionsabhängigen Kosten einerseits Auswirkungen durch die abgebildeten Größendegression und andererseits durch den Einfluss der Technologieauswahl in Form des Trockners. Die dargestellte generelle Variation der investitionsabhängigen Kosten um +/- 50 % dient der Veranschaulichung der Effekte. Bei einer Variation einzelner Investitionen können ähnliche Effekte beobachtet werden. So tritt z.B. bei Waldrestholz dann eine stärkere Zentralisierung auf, wenn nur die Investitionen für die Pyrolyseanlagen erhöht werden, die Investitionen für die beiden möglichen Trockner aber unverändert bleiben.

6.2.3 Kosten und Erlöse für elektrische Energie

Im Folgenden wird der Einfluss der Kosten- und Erlösparameter für elektrische Energie auf die Struktur des Wertschöpfungsnetzwerkes untersucht. Da davon ausgegangen wird, dass das Verhältnis zwischen dem Preis für den Zukauf und dem Preis für den Verkauf elektrischer Energie auch in Zukunft nicht deutlich von dem in Abschnitt 5.7.2 dargestellten Verhältnis abweicht, werden der Verkaufs- und Einkaufspreis für elektrische Energie einzeln jeweils um 10 % variiert. Um den Effekt eines Rückgangs oder einer Erhöhung der Energiekosten insgesamt abzubilden, werden die Preise im Vergleich zum Basisszenario außerdem gemeinsam sowohl um 10 % als auch um 50 % nach oben und unten variiert.

In Tabelle 6.4 sind die Änderungen der Netzwerkstruktur im Vergleich zur Basislösung dargestellt. Die ersten beiden Zeilen zeigen die relative Veränderung der Parameter gegenüber dem Basisszenario. In der dritten und vierten Zeile wird die relative Veränderung der Kapazitäten zur Vorbehandlung und Pyrolyse von Waldrestholz und Reststroh am zentralen Standort Stuttgart dargestellt. Die letzten beiden Zeilen geben an, ob im Vergleich zum Basisszenario zusätzliche Standorte errichtet werden (+) bzw. im Basisszenario genutzte Standorte nicht in der jeweiligen Lösung enthalten sind (-). Es kann gleichzeitig ein zusätzlicher Standort auftreten und ein anderer Standort entfallen.

Tab. 6.4: Analyse der Auswirkungen auf die Netzwerkstruktur bei veränderten Annahmen zur Höhe und zum Verhältnis des Bezugs- und Verkaufspreises für elektrische Energie im Vergleich zum Basisszenario

Veränderung gegenüber der Basislösung	Verkaufspreis	-10%		-10%	-50%	+10%		+10%	+50%
	Bezugspreis		-10%	-10%	-50%		+10%	+10%	+50%
Kapazitäten Stuttgart	WRH	+8%	-13%	-1,2%	-20%	-7%	+13%	-0,6%	+22%
	RS	+9%	-15%	-2,4%	-24%	-12%	+13%	+7,5%	+38%
Zusätzliche (+), nicht genutzte (-) Standorte	WRH	+1/-1	+ 1		+ 3/- 1		+1/- 1		- 1
	RS				+ 2	+ 1	-2/+ 1		- 2

Die Verringerung des Verkaufspreises für elektrische Energie führt im Wertschöpfungsnetzwerk dazu, dass durch die Einspeisung am zentralen Standort in Stuttgart geringere Erlöse erzielt werden. Somit steigt der Anreiz, die verfügbare Energie für interne Zwecke zu nutzen, was bei einem um 10 % verringerten Verkaufspreis bewirkt, dass die Kapazitäten zur Vorbehandlung und Pyrolyse von Waldrestholz und Reststroh in Stuttgart jeweils um knapp 10 % größer als im Basisszenario sind. Die Gesamtkapazität der dezentralen Pyrolysestandorte wird entsprechend verkleinert und ein Waldrestholzpyrolysestandort verlagert.

Wird der Bezugspreis verringert, sind die dezentralen Standorte, die über keine Anlagen zur Erzeugung elektrischer Energie verfügen, besser gestellt. Ein im Vergleich zum Basisszenario um 10 % geringerer Bezugspreis bewirkt, dass Kapazitäten zur Biomasseverarbeitung für beide Biomassearten im Umfang von deutlich über 10 % von der zentralen Anlage in Stuttgart zu dezentralen Standorten verschoben werden. Für Waldrestholz wird dazu ein weiterer Standort genutzt. Demzufolge stellen die Kosten für elektrische Energie eine Erklärung für die großen Biomasseeinzugsgebiete des zentralen Standortes Stuttgart im Basisszenario dar.

Werden sowohl der Bezugs- als auch der Verkaufspreis im gleichen Umfang verringert, setzt sich der Trend zur Dezentralisierung durch. So liefert das ECLIPTIC-Modell bei im Vergleich zum Basisszenario um 50 % reduzierten Ein- und Verkaufspreisen eine deutlich geringere Kapazität zur Vorbehandlung von Biomasse in Stuttgart und jeweils zwei zusätzliche dezentrale Anlagenstandorte für jede Biomasseart. Bei Waldrestholz wird außerdem ein Standort verlagert. Die Kapazitäten der restlichen Standorte für die Pyrolyse von Reststroh werden insgesamt um 1 % und für Waldrestholz um 8 % gegenüber dem Basisszenario erhöht.

Wird dagegen ein höherer Verkaufspreis für elektrische Energie angenommen, stellt dies einen verstärkten Anreiz dar, die im Wertschöpfungsnetzwerk produzierte elektrische Energie nicht intern zur Versorgung von Anlagen zu nutzen, sondern zu verkaufen. Somit führt die Erhöhung des Verkaufspreises zu einer stärker dezentralen Lösung. Gegenläufig wirkt sich die Erhöhung des Bezugspreises für elektrische Energie aus. Wird der Bezugspreis um 10 % erhöht, steigen die Kapazitäten zur Biomasseverarbeitung am zentralen Standort um jeweils 13 %, werden zwei dezentrale Anlagen verlagert und eine dezentrale Anlage aus der Basislösung nicht genutzt. Werden beide Preise im gleichen Umfang erhöht, setzt sich der zentralisierende Effekt durch. Während die Auswirkungen auf die Lösung bei einer Erhöhung um 10 % noch vergleichsweise gering sind, bedeutet ein Anstieg um 50 % im Vergleich zum Basisszenario, dass die Anlagen in Stuttgart deutlich vergrößert und drei dezentrale Anlagen nicht installiert werden. Die Kapazitäten der in der Lösung verbleibenden Standorte für die Vorbereitung und Pyrolyse von Waldrestholz werden insgesamt um 5 % und von Reststroh um 7 % verringert. Die Reduktion betrifft bei Reststroh alle Standorte mit Ausnahme derjenigen, die in der Basislösung über die Minimalkapazität verfügen und zusätzlich den Standort Herbertingen. Bei Waldrestholz betrifft der Rückgang der Kapazitäten verbleibender Pyrolysestandorte die Anlagen in Oberndorf und Sinsheim.

Zusammenfassend kann zunächst, wie bereits bei den Transport- und investitionsabhängigen Kosten, festgestellt werden, dass die Struktur des Wertschöpfungsnetzwerkes aus dem Basisszenario bei veränderten Annahmen hinsichtlich der ökonomischen Parameter für elektrische Energie erhalten bleibt. Darüber hinaus wird deutlich, dass die elektrische Energie und damit die Modellierung der Energieströme entscheidungsrelevante Aspekte im untersuchten Wertschöpfungsnetzwerk sind. So können die vergleichsweise großen Kapazitäten zur Vorbehandlung und Pyrolyse beider Biomassearten am zentralen Kraftstoffproduktionsstandort in Stuttgart zu einem erheblichen Teil durch die Nutzung der dort vorhandenen elektrischen und thermischen Energie erklärt werden. Einen Anreiz für dezentrale Strukturen und bspw. geringere Auswirkungen durch Biomassetransporte könnte somit z.B. mit einer Förderung der Stromproduktion durch diese Anlagen bewirkt werden[3].

6.3 Analyse des optimalen Wertschöpfungsnetzwerkes bei modifizierten Annahmen für einzelne Aspekte

Im vorliegenden Abschnitt werden die Auswirkungen auf das kostenminimale Wertschöpfungsnetzwerk analysiert, indem für einzelne Aspekte im Vergleich zum Basisszenario andere Annahmen getroffen werden. In Abschnitt 6.3.1 wird der mögliche Bau von Biomassekraftwerken zur Bereitstellung thermischer und elektrischer Energie an den Produktionsstandorten, in Abschnitt 6.3.2 die Beimischung des produzierten Kraftstoffes zu konventionellem Kraftstoff in einer einzigen Senke, in Abschnitt 6.3.3 unterschiedliche Produktionsmengen für FT-Kraftstoff, in Abschnitt 6.3.4 ausgewählte Szenarien bei dynamischer Modellierung und in Abschnitt 6.3.5 der ausschließliche Einsatz einer Biomasseart angenommen.

6.3.1 Biomassekraftwerke zur Bereitstellung thermischer und elektrischer Energie

Im Basisszenario kann thermische Energie zur Trocknung von Waldrestholz durch Verbrennung eines Teiles der Biomasse in Drehtrommeltrocknern oder durch Nutzung von Niederdruckdampf in Stromtrocknern bereitgestellt werden. In Abschnitt 6.2.3 hat sich gezeigt, dass hohe Bezugspreise für elektrische Energie zu einer zentraleren Lösung mit weniger Anlagenstandorten führen, da dann vergleichsweise weniger elektrische Energie zugekauft werden muss. Als Alternative zum Trocknen in mit Waldrestholz befeuerten Drehtrommeltrocknern wird im vorliegenden Abschnitt der Bau von Biomassekraftwerken, die sowohl thermische Energie zur Biomassetrocknung als auch elektrische Energie zur Versorgung der am Standort installierten Anlagen liefern, untersucht. Es wird angenommen, dass unbehandeltes Waldrestholz als Energieträger im Biomassekraftwerk genutzt werden kann. Die Basisinvestitionen werden mit 12 Mio. € für eine Leistung von 12 MW_{th} geschätzt. Pro t/a TM eingesetztem Waldrestholz werden 53 W_{el} und 215 W_{th} bereitgestellt (Kerdoncuff (2008)).

Unter darüber hinaus unveränderten Annahmen ergibt die Lösung des Modells einen einzigen Anlagenstandort für Waldrestholz in Stuttgart. Die Anlagenstandorte und -kapazitäten für Reststroh werden dagegen wie in der Basislösung gewählt.

In Abschnitt 6.2.3 ergibt sich bei Annahme von um 50 % höheren Preisen für den Kauf und Verkauf von elektrischer Energie im Vergleich zum Basisszenario eine größere Kapazität der

---

[3]Nach aktueller Gesetzeslage werden nur Anlagen bis 20 MW_{el} gefördert. Vgl. Abschnitt 2.2.

Anlagen am zentralen Standort in Stuttgart. Wird jedoch in dem in diesem Abschnitt untersuchten Szenario mit Biomassekraftwerken angenommen, dass die Preise für den Kauf und Verkauf von elektrischer Energie um 50 % höher als im Basisszenario sind, ergibt sich eine deutlich dezentralere Struktur des Wertschöpfungsnetzwerkes für die Verarbeitung von Waldrestholz und damit ein gegenüber dem Basisszenario gegenläufiger Effekt. Dezentrale Anlagen zur Zerkleinerung, Trocknung und Pyrolyse von Waldrestholz werden dabei an insgesamt zehn Standorten errichtet. Darunter sind, mit Ausnahme von Buchen, alle Standorte des Basisszenarios und zusätzliche Anlagen in Künzelsau, Pforzheim, Metzingen, Ehingen (Donau) und Mosbach installiert. Die größte Anlage befindet sich, wie im Basisszenario, in Aalen und verfügt über eine Kapazität von 138 Mt/a (50 % H_2O) (Basisszenario: 97 Mt/a). Die Kapazität zur Vorbereitung von Waldrestholz in Stuttgart ist dagegen mit 279 Mt/a (50 % H_2O) um 53 % geringer als im Basisszenario. Dort wird daher nur eine Pyrolyseanlage mit 168 Mt/a (15 % H_2O) geringfügig unterhalb der Maximalkapazität gebaut.

Tab. 6.5: Deckung elektrischer Energiebedarfe sowie extern benötigte elektrische Leistung an Standorten mit Biomassekraftwerken und Überdeckung in Stuttgart im Szenario mit Biomassekraftwerken

Standort	Deckung el. Energiebedarf durch interne Bereitstellung	Unter-/ (-) Überdeckung (+) [MW_{el}]
Pforzheim	54 %	- 0,27
Stuttgart	100 %	+76,92
Künzelsau	24 %	- 0,83
Rastatt	54 %	- 0,28
Aalen	41 %	- 1,16
Metzingen	54 %	- 0,36
Oberndorf (a.N.)	54 %	- 0,34
Ehingen (Donau)	34 %	- 0,79
Mosbach	54 %	- 0,29
Sinsheim	20 %	- 1,04
Herbertingen	30 %	- 0,92

Das Modell dimensioniert die Biomassekraftwerke so, dass genau so viel thermische Energie geliefert wird, wie für das Trocknen des Waldrestholzes am jeweiligen Standort benötigt wird. Infolgedessen wird in Abhängigkeit der Kapazitäten weiterer Anlagen am gleichen Standort (Vorbereitung und Pyrolyse von Reststroh) zwischen 20 % und 54 % des gesamten elektrischen Energiebedarfes am jeweiligen Standort durch das Biomassekraftwerk gedeckt. Die Anteile der einzelnen Standorte und die elektrische Leistung, die durch Zukauf gedeckt bzw. zum Verkauf von elektrischer Energie vorgehalten wird, sind in Tabelle 6.5 dargestellt.

Durch die vergleichsweise geringere Kapazität zur Trocknung von Waldrestholz am zentralen Standort in Stuttgart können im Vergleich zum Basisszenario größere Mengen des Niederdruckdampfes zur Gewinnung elektrischer Energie eingesetzt werden. Da somit sowohl deutlich mehr elektrische Energie verkauft und aufgrund der Biomassekraftwerke an den dezentralen Standorten weniger elektrische Energie zugekauft wird und zudem um 50 % höhere Strompreise unterstellt werden, steigen die Erlöse aus dem Verkauf elektrischer Energie deutlich an. Durch die dezentralere Struktur werden zudem die Transportkosten reduziert, die Kosten für Waldrestholz steigen durch den Verbrauch in den Biomassekraftwerken dagegen an. Insgesamt reduzieren sich die Gesamtkosten um 0,05 ct/l Dieselkraftstoff gegenüber dem Basisszenario. Die relativen Veränderungen der einzelnen Kostenpositionen sind in Tabelle 6.6 dargestellt.

Die Kapazität zur Zerkleinerung und Pyrolyse von Reststroh in Stuttgart ist dagegen um 37 % höher als im Basisszenario. Ursächlich hierfür ist, dass es günstiger ist, die erzeugte elektrische Energie in Stuttgart zu nutzen, als elektrische Energie an den dezentralen Standorten einzukaufen. Durch die Annahme des höheren Einkaufspreises für elektrische Energie verstärkt sich dieser Effekt gegenüber dem Basisszenario.

Abschließend kann festgestellt werden, dass eine Ausgestaltung der Prozesskette, welche auch an den dezentralen Standorten die Gewinnung von elektrischer Energie und Wärme vorsieht, bei hohen Preisen für elektrische Energie sinnvoll ist.

Tab. 6.6: Änderungen der Kosten und Erlöse gegenüber dem Basisszenario im Szenario mit Biomassekraftwerken und höheren Preisen für elektrische Energie (+50 %)

Biomasse-kosten	WRH	+7,8 %
	RS	-1,1 %
Transport-kosten	WRH	-17,5 %
	RS	+7,4 %
	Slurry	+2,9 %
	Kraftstoff	-
Investitions-abhängige Kosten	Standort Stuttgart	-2,8 %
	Dezentrale Standorte	+23,6 %
El. Energie	Kosten (dezentral)	-15,1 %
	Erlöse (Stuttgart)	+60,8 %
Hilfs- und Reststoffe (Kosten)		-0,2 %
Gesamtkosten		-5,6%

6.3.2 Zentrale Beimischung des FT-Kraftstoffes in Karlsruhe anstelle des Vertriebs über Tankstellen

Im Basisszenario wird angenommen, dass der Kraftstoff an Tankstellen als separate Kraftstoffsorte angeboten wird. Daher wird die Distribution des Kraftstoffs vom Produktionsstandort zu den Tankstellen durch die Modellierung von 153 Senken abgebildet (Abschnitt 5.1.6).

Im Gegensatz dazu wird im vorliegenden Abschnitt angenommen, dass der produzierte Kraftstoff konventionellem Diesel beigemischt wird. In Baden-Württemberg gibt es regionale Lager für Dieselkraftstoff in Karlsruhe, Mannheim, Plochingen, Marbach und Breisach (vgl. UTV (2009)). Da in Karlsruhe vergleichsweise große Kapazitäten vorgehalten werden und sich dort die MiRO-Raffinerie[4] befindet, wird zur Untersuchung der Abhängigkeit des Wertschöpfungsnetzwerkes von der Kraftstoffdistribution Karlsruhe als einzige Senke für den produzierten FT-Kraftstoff angenommen.

Es zeigt sich, dass die Lösung durch die veränderte Annahme nicht beeinflusst wird. Die Kosten für den Kraftstofftransport von Stuttgart nach Karlsruhe sind um 7 % geringer als die Kosten für die Distribution über die gesamte Fläche Baden-Württembergs im Basisszenario. Die möglichen zusätzlichen Einsparungen durch eine Verschiebung des zentralen Standortes (z.B. nach Karlsruhe) können somit die sich dann erhöhenden Kosten für den Transport von Biomasse und Slurry nicht kompensieren. Folglich haben die Kosten für die Distribution des FT-Kraftstoffes innerhalb Baden-Württembergs keine entscheidungsrelevante Bedeutung für das Wertschöpfungsnetzwerk. Stark einschränkend wirkt allerdings, dass das Biomasseangebot über die Landesgrenzen hinausgehend nicht betrachtet wird. Ein entscheidungsrelevanter Einfluss könnte sich darüber hinaus durch Verbundeffekte bei der Integration der Anlagen in die bestehende Mineralölraffinerie ergeben.

6.3.3 Abhängigkeit des Wertschöpfungsnetzwerkes von der Produktionsmenge für FT-Kraftstoff

Im vorliegenden Abschnitt wird die Abhängigkeit des Wertschöpfungsnetzwerkes von der vorgegebenen Menge des zu produzierenden FT-Dieselkraftstoffs dargestellt. Hierzu werden 25 Szenarien mit einer zu produzierenden Kraftstoffmenge zwischen 50.000 t/a und 180.000 t/a ausgewertet.

Die Lage und Anzahl der Produktionsstandorte in den Lösungen der einzelnen Szenarien sind in Tabelle 6.7 dargestellt. Darin bedeutet R bzw. W, dass im zugehörigen Szenario (Zeilen) am jeweiligen Standort (Spalten) eine Vorbereitungs- und Pyrolyseanlage für (R)eststroh bzw. (W)aldrestholz gebaut wird. Das Symbol * kennzeichnet die Lage der Anlagen zur Kraftstoff-

---

[4]Mineralölraffinerie Oberrhein GmbH und Co. KG.

produktion, bestehend aus den Komponenten für die Vergasung, Gasreinigung und -konditionierung, FT-Synthese und Produktaufbereitung. Die nicht in Tabelle 6.7 aufgeführten Standorte werden in keinem Szenario ausgewählt.

Tab. 6.7: Berechnete Anlagenstandorte des Wertschöpfungsnetzwerkes bei Annahme verschiedener FT-Kraftstoffproduktionsmengen

Vorbehandlung+Pyrolyse für (**W**)aldrestholz und (**R**)eststroh / Kraftstoffherstellung mit Vergasung, Gasreinigung und -konditionierung, FT-Synthese (*)

Kraftstoffmenge [1000 t]	Schwenningen	Stuttgart	Mergentheim	Buchen	Künzelsau	Heilbronn	Rastatt	Crailsheim	Schw. Gmünd	Aalen	Metzingen	Rottenburg	Oberndorf	Ehingen	Tuttlingen	Ulm	Mosbach	Sinsheim	Herbertingen
50						R*													
60						R*						R							
65						R*					R	R							
70						R*			R		R	R							
72						R*		R	R		R	R							
75						R*		R	R		R	R	R						
80						R*		R	R	R	R	R	R						
85						R*		R	R	R	R	R	R		R				
90						WR*		R	R	R	R	R	R		R				R
95						WR*		R	R	R	R	R	R		R				R
97	R	WR*	R	R	R			R		R			R					R	R
100	R	WR*	R	R	R			R		R			R					R	R
105	R	WR*	R	R	R			R		R			R	R	R			R	R
110	R	WR*	R	R	R		R	R		R			R	R	R			R	R
120	R	WR*	R	R	R		R	R		R			R	R	R			R	R
130	R	WR*	R	R	R		R	R		R			R	R	R			R	R
140	R	WR*	R	R	R		R	R		WR			R	R	R			R	R
150	R	WR*	R	R	R		R	R		WR		W	R	R	R			R	R
154	R	WR*	R	R	R		R	R		WR		W	R	R	R		W	R	R
156	R	WR*	R	R	R		R	R		WR		W	R	R	R		W	R	R
157	R	WR*	R	WR	R		R	R		WR		W	R	R	R		W	WR	R
160	R	WR*	R	WR	R		WR	R		WR		W	R	R	R		W	WR	R
168	R	WR*	R	WR	R		WR	R		WR		W	R	R	R		W	WR	WR
170	R	WR*	R	WR	R		WR	R		WR		W	WR	R	R		W	WR	WR
175	R	WR*	R	WR	WR		WR	R		WR		W	WR	R	R		W	WR	WR
180	WR	WR*	R	WR	WR		WR	R		WR		W	WR	R	R		W	WR	WR

Bis zu einer Kraftstoffmenge von 85.000 t/a wird ausschließlich Reststroh als Rohstoff eingesetzt. Vorbereitungs-, Pyrolyse-, Vergasungs-, Syntheseanlagen und die benötigten Komponenten zur Gasreinigung, Produktaufbereitung und Energieversorgung werden in Heilbronn errichtet. Bei höheren FT-Kraftstoffmengen werden sukzessive Vorbereitungs- und Pyrolyseanlagen für Reststroh in Rottenburg, Metzingen, Schwäbisch Gmünd, Ehingen, Oberndorf a.N., Ulm und Herbertingen installiert und somit das Einzugsgebiet für Reststroh um Heilbronn ausgedehnt. Der Norden Baden-Württembergs verfügt über die vergleichsweise größten Reststrohpotenziale (Abschnitt 5.1.3).

Im Szenario mit einer zu produzierenden Kraftstoffmenge von 90.000 t/a wird erstmals eine Anlage zur Zerkleinerung, Trocknung und Pyrolyse von Waldrestholz am Standort Heilbronn gebaut. Alle anderen Anlagen werden an den gleichen Standorten wie in den Szenarien mit geringeren Kraftstoffproduktionsmengen errichtet. Theoretisch könnten bei ausschließlicher Nutzung von Reststroh über 100.000 t/a Kraftstoff produziert werden. Reststroh wird somit zunächst zu großen Teilen genutzt. Der Grund hierfür ist, dass die für Waldrestholz erforderliche Trocknung mit Investitionen und Kosten für den Energieträger Waldrestholz bzw. entgangenen Erlösen durch die energetische Nutzung des Niederdruckdampfes einhergeht. Dagegen sind der Heizwert von Waldrestholz bezogen auf die Trockensubstanz etwas höher (6 %), die spezifischen Transportkosten geringer (8 %) und die Slurryausbeute höher (5 %). Dadurch können die Kosten für die Trocknung allerdings nicht kompensiert werden.

Steigt die Gesamtkapazität auf 97.000 t/a Kraftstoff wird Stuttgart als Standort für die Anlagen zur Kraftstoffproduktion gewählt. Infolgedessen finden sich die am nächsten an Stuttgart liegenden Produktionsanlagen für Reststroh in Metzingen, Oberndorf a.N., Rottenburg a.N. und Schwäbisch Gmünd nicht mehr in der Lösung. Reststroh aus deren Einzugsgebiet wird direkt in Stuttgart verarbeitet. Hinzu kommen die im Norden liegenden Standorte Buchen, Sinsheim und Künzelsau und ersetzen damit die in Heilbronn installierten Kapazitäten. Außerdem wird eine Anlage in Aalen installiert. Die einzigen Anlagen zur Vorbereitung, Trocknung und Pyrolyse von Waldrestholz befinden sich in Stuttgart.

Waldrestholz wird in den Szenarien mit Produktionsmengen bis ca. 140.000 t/a nur am zentralen Standort in Stuttgart verarbeitet. Danach werden sukzessive Anlagen in Metzingen, Oberndorf a.N., Mosbach, Buchen, Sinsheim, Ehingen und Künzelsau in die Lösung mit aufgenommen. Mit Ausnahme von Mosbach verbleiben alle einmal berücksichtigten Anlagenstandorte auch bei höheren Produktionsmengen in der Lösung. Die Anlage in Mosbach wird dagegen nur bei Produktionskapazitäten um 155.000 t/a installiert und danach von Anlagen in Künzelsau und Sinsheim verdrängt.

Insgesamt ist jedoch festzustellen, dass sich die Erhöhung der Produktionsmenge fast ausschließlich durch zusätzliche Anlagenstandorte und höhere Kapazitäten bestehender Standorte auswirkt. Somit könnte eine solche Untersuchung als Grundlage für einen sukzessiven Ausbau des Produktionsnetzwerkes verwendet werden. Die vergleichsweise größere Herausforderung liegt im vorliegenden Anwendungsfall allerdings im Bau der zentralen Anlagen zur Kraftstoffproduktion, die den Großteil der Gesamtinvestitionen ausmachen. Für diese Anlagen ist eine

Anpassung der Kapazität vermutlich vergleichsweise schwierig, da die Investitionen beim Bau mehrerer kleinerer Einheiten durch geringere Größendegressionseffekte deutlich höher wären.

In Abbildung 6.4 sind die spezifischen Gesamtkosten für die verschiedenen Produktionskapazitäten dargestellt. Durch Größendegressionseffekte gehen die Herstellkosten von 1,27 €/l Kraftstoff im Szenario mit 50.000 t/a Kraftstoff auf 1,16 € bei 190.000 t/a zurück. Wie in Abbildung 6.5 dargestellt, steigen die spezifischen Transportkosten für den Transport der Biomasse sowie von Slurry und Kraftstoff bezogen auf die produzierte Kraftstoffmenge zunächst an, solange sich der zentrale Anlagenstandort in Heilbronn befindet. Bei zunehmender Gesamtkapazität und Produktion des Kraftstoffes in Stuttgart werden jedoch Lösungen gewählt, die zu einem Rückgang der spezifischen Transportkosten führen. Zunächst liegt das am kostengünstigeren Transport von Waldrestholz im Vergleich zu Reststroh und am steigenden Anteil von Waldrestholz an der jeweils eingesetzten Rohstoffmenge. Ab 130.000 t/a Kraftstoff werden weitere Einsparungen durch die Einrichtung dezentraler Standorte für Waldrestholz und die damit verbundene Verringerung von Biomasse- zugunsten von Slurrytransporten realisiert.

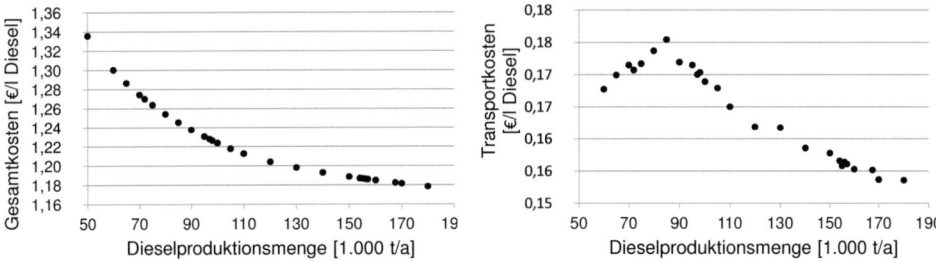

Abb. 6.4: Spezifische (optimale) Gesamtkosten zur
Produktion eines Liters Dieselkraftstoff
in Abhängigkeit der Dieselproduktions-
mengen

Abb. 6.5: Spezifische (optimale) Transportkosten
(Biomasse, Slurry, Kraftstoff) zur Produktion eines Liters Dieselkraftstoff in
Abhängigkeit der Dieselproduktionsmen-
gen

6.3.4 Untersuchung grundsätzlicher Zusammenhänge bei dynamischer Modellierung

Die in Abschnitt 4.7 eingeführte dynamische Version des entwickelten Modells führt bei einer Anwendung auf das Basisszenario mit einer großen Anzahl an Perioden, bspw. einer jährlichen Auflösung mit 20 Perioden, wie in Schattka (2011) verfolgt, zu einer nicht lösbaren Problemgröße. Die Ermittlung einer Lösung, deren Zielfunktionswert maximal 1 % von der optimalen Lösung abweicht, ist auch bei fünf Perioden in mehreren Tagen nicht möglich.

Daher wird die Komplexität des Basisszenarios zur exemplarischen Anwendung des dynamischen Modells reduziert. Hierzu werden die möglichen Produktionsstandorte auf die im Basisszenario genutzten 14 Standorte eingeschränkt. Da sich für das statische Modell zudem keine Abhängigkeit von der Kraftstoffdistribution ergeben hat, wird lediglich eine Senke abgebildet. Die Anzahl der Stützpunkte zur Investitionsschätzung wird auf vier reduziert. Außerdem werden lediglich drei oder vier Perioden betrachtet, die jeweils einen Zeitraum von 3-5 Jahren repräsentieren.

Zwei grundsätzliche Fragen sollen auf Basis dieses Szenarios analysiert werden:

1. Findet bei in jeder Periode beschränkter Verfügbarkeit von Kapital ein sukzessiver Aufbau des Wertschöpfungsnetzwerkes statt?

2. Werden zusätzliche Größendegressionseffekte realisiert, indem bei steigender Nachfrage früher größere Kapazitäten errichtet werden?

Zur Untersuchung der ersten Frage nach dem sukzessiven Aufbau des Wertschöpfungsnetzwerkes bei beschränkter Verfügbarkeit von Kapital werden vier Perioden mit einem jeweils verfügbaren Kapital von 350 Mio. € in den ersten drei Perioden und einem Zinssatz von 8 % p.a. abgebildet. Die ersten drei Perioden repräsentieren jeweils drei Jahre und die vierte Periode bildet mit 10 Jahren einen größeren Nutzungszeitraum nach dem Aufbau des Wertschöpfungsnetzwerkes ab. Es wird vorgegeben, dass bis zur vierten Perioden die zur Befriedigung der Gesamtnachfrage erforderliche Kapazität aufgebaut sein muss. Die Nachfrage pro Periode ist konstant und kann in den ersten drei Perioden durch Zukauf eines Biokraftstoffes ausgeglichen werden.

Es zeigt sich, dass bei Kosten für den Fremdbezug i.H. von 1,25 €, d.h. etwa 5 % über den Herstellkosten des Basisszenarios, in Periode 3 das komplette Wertschöpfungsnetzwerk errichtet und somit maximale Größendegressionseffekte genutzt werden. Werden dagegen um 20 % höhere Fremdbezugskosten angenommen (1,50 €), wird in Periode 2 das gesamte Kapital aus den Perioden 1 und 2 investiert, um ein möglichst großes Netzwerk aufzubauen. In Periode 3 wird dann erneut investiert und alle Produktionsschritte zum Ausgleichen der verbleibenden Restnachfrage werden gebaut. Dabei werden ab Periode 2 die verfügbaren Reststrohpotenziale nahezu vollständig genutzt und hierfür insgesamt 12 Pyrolysestandorte gebaut. Die Vergasung und FT-Synthese befinden sich, wie im Basisszenario, in Stuttgart. Holz wird nur an zwei Standorten pyrolysiert. In Periode 2 können insgesamt 85 % des nachgefragten Kraftstoffes geliefert werden. Die restlichen Mengen werden ab der dritten Periode mit einer FT-Syntheseanlage im Süden Baden-Württembergs produziert. Zwei Pyrolyseanlagen, eine davon direkt am Synthesestandort, beliefern diese Anlage mit Slurry.

Im Hinblick auf die Auswirkungen der Verfügbarkeit von Kapital ist demnach festzustellen, dass Größendegressionseffekte durch die Verlagerung von Investitionen in die Zukunft genutzt werden. In beiden Szenarien werden keine Kapazitäten in der ersten Periode aufgebaut. In Abhängigkeit der Fremdbezugskosten werden entweder möglichst große Kapazitäten in der zweiten oder in der dritten Periode aufgebaut. Dabei werden gegebenenfalls mehrere Synthesestandorte errichtet.

Das zweite Szenario dient der Untersuchung der Frage, ob Größendegressionseffekte realisiert werden, indem bei unbegrenzter Verfügbarkeit von Kapital in frühen Perioden große Kapazitäten gebaut werden, die dann genutzt werden, um die in späteren Perioden steigende Nachfrage zu bedienen. Im Szenario werden drei Perioden betrachtet, wobei die Nachfrage nach synthetischem Dieselkraftstoff von 50.000 t/a in der ersten Periode auf 100.000 t/a in der zweiten und schließlich auf 150.000 t/a in der dritten Periode ansteigt und in jeder Periode vollständig zu befriedigen ist. Die Lösung des Szenarios zeigt, dass in jeder Periode die dazu notwendigen Anlagen zur Vorbereitung, Pyrolyse, Vergasung und FT-Synthese gebaut werden und nicht in einer frühen Periode eine große Anlage zur Kraftstoffproduktion und dann sukzessive dezentrale Pyrolysestandorte eingerichtet werden. Ursächlich hierfür sind die vergleichsweise hohen Investitionen für den Produktionsschritt zur Verarbeitung von Slurry zu Kraftstoff, insbesondere im Verhältnis zu den Investitionen der Produktionsschritte zur Biomassevorbereitung und Pyrolyse. Somit wird in diesem Szenario auf Größendegressionseffekte verzichtet, um hohe Fixkosten nicht ausgelasteter Anlagen zu vermeiden. Die gleichen Ergebnisse werden in einem anderen Szenario erzielt, in dem vier Perioden und jeweils eine Erhöhung der Kraftstoffnachfrage um 25 % gegenüber der Vorperiode betrachtet werden.

Abschließend lässt sich zu den Szenarien, die mit der in Abschnitt 4.7 vorgeschlagenen dynamischen Erweiterung des ECLIPTIC-Modells optimiert werden, feststellen, dass damit grundsätzliche Abhängigkeiten untersucht werden können. Allerdings müssen durch die hohen Rechenzeiten im Vergleich zur statischen Modellierung Vereinfachungen vorgenommen werden. Zudem lassen sich maximal drei oder vier Perioden mit akzeptabler Rechenzeit (einige Stunden bis Tage) darstellen. Für die hier untersuchten Szenarien werden zudem stark vereinfachende Annahmen getroffen und keine Veränderung der Parameter in Abhängigkeit der Perioden vorgenommen.

6.3.5 Unabhängige Betrachtung der Biomassearten Waldrestholz und Reststroh

Im Basisszenario werden die abgebildeten Reststrohpotenziale nahezu vollständig, die Waldrestholzpotenziale dagegen nur zu 55 % genutzt. Um weitere Wechselwirkungen zwischen den beiden Biomassearten darzustellen, werden im vorliegenden Abschnitt zwei Szenarien ausgewertet, in welchen jeweils nur eine Biomasseart zur Verfügung steht.

Für das Basisszenario werden in Abschnitt 5.1 Waldrestholz- und Reststrohpotenziale in Baden-Württemberg abgeleitet, für die eine hohe Sicherheit bezüglich der zukünftigen Verfügbarkeit angenommen werden kann. In den beiden in diesem Abschnitt untersuchten Szenarien werden dagegen optimistischere Prognosen für die Potenziale unterstellt. Hierbei handelt es sich um die in in Tabelle 5.1 für Waldrestholz und in Tabelle 5.3 für Reststroh angegebenen maximalen Prognosen. Bei ausschließlicher Betrachtung von Reststroh kann, im Gegensatz zu Waldrestholz, die in Abschnitt 5.1.6 beschriebene Kraftstoffmenge auch bei Annahme des maximalen Potenzials nicht produziert werden. Daher wird für das Reststrohszenario die zu produzierende Kraftstoffmenge von 167 Mt/a auf 114 Mt/a reduziert. Benötigt werden hierzu 1.000 Mt/a Reststroh, was einer Erhöhung gegenüber der im Basisszenario verwendeten Menge um 14 % entspricht.

Die Ergebnisse der beiden Szenarien sind zweigeteilt. Für Reststroh ergeben sich dieselben Produktionsstandorte wie im Basisszenario mit gemischtem Biomasseangebot, d.h. die Anlagen zur Vergasung und Synthese befinden sich in Stuttgart und die Standorte der dezentralen Vorbereitungs- und Pyrolyseanlagen stimmen überein. Die Kapazitäten der meisten dezentralen Standorte sind um 14 % höher als im Basisszenario. Die Anlagen in Rastatt und Crailsheim werden wie im Basisszenario mit der Minimalkapazität gebaut. Die Kapazität der Anlage in Ehingen ist um 15 % geringer als im Basisszenario. Für diesen Standort haben sich Wechselwirkungen zum nahegelegenen Standort in Herbertingen bereits in den vorangehenden Abschnitten gezeigt. Dessen Kapazität steigt daher um 42 % gegenüber dem Basisszenario. Die Kapazität von Künzelsau wird um 20 % erhöht. Die Kapazität der zentralen Anlage zur Kraftstoffproduktion in Stuttgart mit Vergasung, FT-Synthese und den weiteren Komponenten ist entsprechend der geringeren Gesamtkraftstoffmenge kleiner.

Die Herstellkosten betragen 1,19 €/l Kraftstoff und sind damit etwas höher als im Basisszenario. Dabei werden evtl. höhere spezifische Bezugskosten für die zusätzlich benötigte Biomasse nicht berücksichtigt. Gründe für den Anstieg der Kosten sind die geringeren Größendegressionseffekte der zentralen Anlagen durch die kleinere Gesamtkapazität und der höhere Anteil der Transportkosten an den Gesamtkosten im Vergleich zum Basisszenario durch den teureren Transport von Stroh im Vergleich zu Holz.

Das Wertschöpfungsnetzwerk bei ausschließlicher Betrachtung von Waldrestholz zur Produktion von Kraftstoff ist in Abbildung 6.6 dargestellt. Die zentrale Anlage zur Kraftstoffproduktion wird südlich von Stuttgart in Metzingen gebaut. Ursächlich sind die hohen Waldrestholzpotenziale im Süden Baden-Württembergs. Außerdem werden mit 16 dezentralen Zerkleinerung-, Trocknungs- und Pyrolyseanlagen wesentlich mehr Standorte errichtet als im Basisszenario (siehe Abbildung 6.1). Die kleinen Einzugsgebiete der Anlagen erklären sich durch die relativ größere Gewichtsreduktion bei der Trocknung und Pyrolyse von Waldrestholz im Vergleich zu Reststroh und durch das insgesamt höhere Aufkommen pro Flächeneinheit. Die Herstellkosten für Kraftstoff betragen 1,23 €/l und sind damit, wiederum ohne Annahme höherer Bezugskosten für die zusätzlichen, möglicherweise schwer zugänglichen Waldrestholzmengen, deutlich höher als im Basisszenario. Gründe sind vor allem die höheren spezifischen

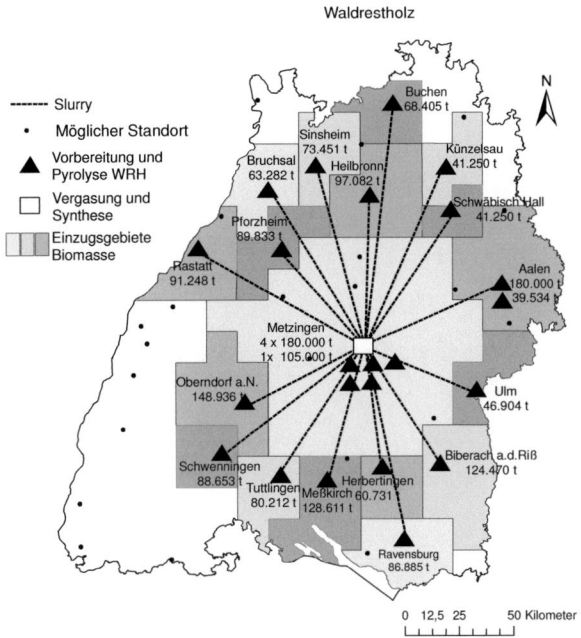

Abb. 6.6: Wertschöpfungsnetzwerk bei ausschließlicher Betrachtung von Waldrestholz unter Annahme eines optimistischen Waldrestholzpotenzials

Erfassungskosten von Waldrestholz pro Tonne Trockensubstanz (77,89 €/t TS) im Vergleich zu Reststroh (62,4 €/t TS) und die bei Waldrestholz erforderliche technische Trocknung[5].

Nicht genutzt werden in diesem Szenario die Potenziale des westlichen Schwarzwaldes, was durch die relativ großen Distanzen zwischen möglichen Pyrolysestandorten und der zentralen Anlage in Stuttgart verursacht wird. In einem weiteren Szenario für Waldrestholz wird die Produktionsmenge auf 200.000 t/a Kraftstoff erhöht. Dies führt dazu, dass die nicht genutzten Restholzpotenziale im Norden Baden-Württembergs in zwei weiteren Anlagen verarbeitet und zusätzliche Mengen aus dem Schwarzwald genutzt werden, was vor allem durch jeweils eine Anlage in Offenburg und Achern erfolgt.

Zusammenfassend kann auf Basis der dargestellten Szenarien festgestellt werden, dass die Struktur mit einer zentralen Anlage zur Kraftstoffproduktion auch bei Nutzung nur einer Biomasseart ökonomisch sinnvoll ist. Bei angenommener hoher Aufkommensdichte der Biomasse ist ein dezentrales Konzept zur Pyrolysierung sinnvoll. Durch Nutzung beider Biomassearten im Basisszenario können die niedrigsten spezifischen Herstellkosten erzielt werden, weil sowohl die Vorteile durch die vergleichsweise günstigere Verarbeitung von Stroh, als auch durch

---

[5]Bei Berücksichtigung der Heizwerte beträgt der Unterschied 15 % statt 20 %. Die Bereitstellungskosten sind in Abschnitt 5.2 für die Feuchtmassen angegeben.

die Größendegressionseffekte aufgrund größerer zentraler Anlagen zur Slurryvergasung und Kraftstoffproduktion genutzt werden können.

7 Schlussfolgerungen und Ausblick

Im vorliegenden Kapitel werden das in dieser Arbeit entwickelte Modell und die ausgearbeitete Fallstudie (Abschnitt 7.1) sowie die damit erzielten Ergebnisse (Abschnitt 7.2) zusammenfassend diskutiert. In Abschnitt 7.3 werden Anknüpfungspunkte für mögliche zukünftige Forschungsarbeiten aufgezeigt.

7.1 Diskussion des entwickelten Modells und der Fallstudie

In dem in der vorliegenden Arbeit entwickelten Modell ECLIPTIC werden mehrere Wertschöpfungsstufen an verschiedenen Standorten, mehrere Rohstoffe, Zwischen- und Endprodukte, Stoffumwandlungsvorgänge sowie kontinuierliche Anlagenkapazitäten, Minimalkapazitäten und Technologieauswahlentscheidungen abgebildet und exemplarisch auf eine Prozesskette zur Produktion von BtL-Kraftstoff angewendet. Derart umfangreiche Standortplanungsmodelle finden sich bislang kaum in der Literatur (vgl. Abschnitt 3.3) und existierende Ansätze mit Biomassebezug bilden nur einen Teil der genannten Aspekte ab (vgl. Abschnitt 3.6). Weitere Einschränkungen bestehender Arbeiten betreffen die Modellierung der Biomassepotenziale, die Abbildung von Transportentfernungen und Prozessen sowie Investitionen im Modell. Insbesondere die Wechselwirkungen zwischen strukturellen Entscheidungen zur Gestaltung des Wertschöpfungsnetzwerkes und technologischen Aspekten, bspw. in Form alternativer Prozesse oder der Energieversorgung der Anlagen, werden nicht berücksichtigt.

Die exemplarisch betrachtete Wertschöpfungskette orientiert sich an dem bioliq-Verfahren des Karlsruher Instituts für Technologie (KIT) und wird im Modell mit drei Produktionsschritten, welche an unterschiedlichen Standorten installiert werden können, abgebildet. Der erste Produktionsschritt dient der Biomassezerkleinerung und, im Fall von Waldrestholz, der Biomassetrocknung. Die vorbehandelte Biomasse wird über eine Schnellpyrolyse in ein pump- und transportfähiges Slurry umgewandelt. Die beiden Produktionsschritte werden im Modell in Abhängigkeit der eingesetzten Biomasseart beschrieben. Der dritte Produktionsschritt umfasst die Vergasung von Slurry, die Reinigung und Konditionierung des Gases, dessen Synthetisierung durch die Fischer-Tropsch (FT)-Synthese und die Aufbereitung der damit gewonnenen Wachse zur Dieselkraftstoff. In Karlsruhe wird eine Pilotanlage zur Pyrolyse mit einer Kapazität von 2 MW$_{th}$ betrieben. Der Vergaser und die Anlagen zur Gasreinigung befinden sich im Bau. Erste Kampagnen sollen in der ersten Jahreshälfte 2012 gefahren werden. Die FT-Synthese ist ein etabliertes Verfahren. Als Alternative zur Pyrolyse wird die Torrefizierung von Biomasse zur Gewinnung eines festen Zwischenproduktes hoher Energiedichte diskutiert. Für Slurry kommen außerdem auch stoffliche Nutzungsmöglichkeiten in der chemischen Industrie, bspw. zur Gewinnung von Zuckern oder Polymeren, in Frage (Meier (2009)).

Für mehrstufige Standort- und Kapazitätsplanungsmodelle mit Technologieauswahlentscheidungen und Stoffumwandlungsvorgängen existiert kein etabliertes, effizientes Lösungsverfahren. In der vorliegenden Arbeit wird ein gemischt-ganzzahliges lineares Modell formuliert und mit einem kommerziellen Solver gelöst. Anhand der Fallstudie wird gezeigt, dass damit ein umfangreiches Szenario optimal gelöst werden kann. Zumindest für den betrachteten Anwendungsfall und ähnliche Probleme ist somit ein spezielles Lösungsverfahren nicht erforderlich.

Mit dem entwickelten Modell soll ein Wertschöpfungsnetzwerk zur Herstellung biomassebasierter Produkte mit minimalen Transport- und Produktionskosten auf allen Wertschöpfungsstufen ermittelt werden. Daher werden die Herstellkosten, bestehend aus den Biomasseerfassungskosten, den Transportkosten für Biomasse, Zwischen- und Endprodukte, investitionsabhängigen Kosten, Kosten für Hilfs- und Reststoffe sowie Kosten für elektrische Energie und Erlöse aus dem möglichen Verkauf elektrischer Energie, abgebildet. Die Transportkosten werden in der Fallstudie für Biomasse, daraus mittels Pyrolyse produziertem Slurry und für synthetischen Kraftstoff mit Lastzügen bzw. Tankaufliegern abgebildet. Die modellierten Entfernungen entsprechen realen Distanzen. Somit werden die regionalen Gegebenheiten im betrachteten Gebiet berücksichtigt.

In der Fallstudie wird die mögliche Produktion von FT-Kraftstoff in Baden-Württemberg betrachtet. Die Einschränkung auf die Landesgrenze ist vor allem dadurch begründet, dass für Baden-Württemberg bereits Studien zu Biomassepotenzialen und Bereitstellungskosten vorliegen (Leible et al. (2007), Kappler (2008), Frommherz (2008)).

Es werden noch nicht genutzte Biomassepotenziale der Biomassearten Waldrestholz und Reststroh betrachtet. Die Nutzung der Biomasse setzt allerdings voraus, dass Landwirte und Waldbesitzer die Mengen bereitstellen. In Zukunft werden wahrscheinlich verschiedene Nutzungsmöglichkeiten um diese Biomasse konkurrieren, z.B. auch die thermische Verwertung oder die Verwendung in der chemischen Industrie. Mit der vorliegenden Arbeit wird ausschließlich ein Beitrag zur Bewertung der Nutzung zur Produktion von FT-Kraftstoff geleistet.

Zur Abbildung der Biomassepotenziale im Modell wird ein Geographisches Informationssystem eingesetzt. Dadurch kann ein Raster mit 176 Zellen mit jeweils 200 km^2 Fläche statt der sonst üblichen Landkreise oder Gemeinden genutzt werden (z.B. Kerdoncuff (2008), Leduc et al. (2008), Schattka (2011)). Die Ermittlung der Potenziale pro Zelle erfolgt auf Basis der Wald- und Ackerflächen in jeder Zelle unter Berücksichtigung regionaler Unterschiede, z.B. der angebauten Getreidearten.

Die Kosten für die Biomasseerfassung beinhalten alle Vorgänge vom Anfall der jeweiligen Biomasse beim Holzeinschlag bzw. der Getreideernte bis zur Bereitstellung der Biomasse an der Waldstraße bzw. Sammelplätzen oder in Feldmieten. Obwohl die tatsächlichen Erfassungskosten von den konkreten Gegebenheiten vor Ort, wie bspw. Hangneigung und eingesetzte Erntemaschinen, abhängen, werden in der vorliegenden Arbeit für jede Biomasseart einheitliche Erfassungskosten in Baden-Württemberg angenommen.

Neben Abschreibungen, Zinsen, Kosten für Reparaturen und Instandhaltung sowie sonstigen Gemeinkosten werden die Löhne in Abhängigkeit der Investitionen geschätzt. Eine detailliertere Abbildung der Lohnkosten könnte z.B. auf Basis des Arbeitszeitbedarfs pro Verfahrensschritt und produzierter Einheit erfolgen und die Anzahl der an einem Standort installierten Produktionsschritte berücksichtigen. Die Modellierung kann mittels weiterer Binärvariablen erfolgen, wobei zu untersuchen ist, ob der geringe Anteil der Personal- an den Gesamtkosten zu Auswirkungen auf die Lösung führt.

Im Modell werden sowohl Stoff- als auch Energieströme bilanziert. Die Bilanzierung thermischer und elektrischer Energie stellt die Grundlage für modellendogene Entscheidungen über die Energieversorgung der Produktionsstandorte und die Abbildung der Wechselwirkungen zwischen diesen und den Standort- und Kapazitätsentscheidungen dar. Die Vorgehensweise ermöglicht außerdem, unterschiedliche Preise für den Verkauf und Zukauf elektrischer Energie abzubilden.

Biomassequellen, potenzielle Anlagenstandorte und Senken für Endprodukte werden im entwickelten Modell getrennt abgebildet. Es werden 40 potenzielle Standorte in Baden-Württemberg vorausgewählt, die über Industriegebiete und einen Zugang zum Bundesstraßennetz verfügen. Die Distribution der Produkte wird ebenfalls abgebildet. Hierzu wird angenommen, dass der produzierte Kraftstoff als Reinsorte getankt werden kann. Dazu werden die 153 Gemeinden mit mehr als 14.000 Einwohnern als Senken und die Nachfrage in Abhängigkeit der zugeordneten Anzahl an Einwohnern abgebildet. Die vorgegebene Produktionsmenge beträgt 4,4 % des für 2015 erwarteten Dieselverbrauchs in Baden-Württemberg und entspricht der gesetzlichen Vorgabe für den Anteil von Biokraftstoffen am Dieselkraftstoff. Selbst bei optimistischer Prognose der zukünftigen Potenziale an Waldrestholz und Reststroh ließe sich der Dieselverbrauch in Baden-Württemberg durch die Nutzung der genannten Potenziale nicht annähernd vollständig kompensieren. Die langfristige Sicherung der Rohstoffbasis erfordert demnach weitergehende Konzepte.

Die Kapazitätsentscheidungen basieren auf der im Modell abgebildeten Investitionsschätzung. In der Fallstudie werden 30 Hauptkomponenten berücksichtigt und deren Investitionen stückweise linear abgebildet. Die Wahl der Stützpunkte, zwischen denen die Investitionen linear unterschätzt werden, erfolgt so, dass der maximale Fehler in jedem Segment gleich groß und minimal ist. Die Abbildung wird mit zwei verschiedenen Ansätzen, dem klassischen Multiple Choice-Modell und auf Basis von Special Ordered Sets of Type 2 untersucht. Es ergeben sich für den letzteren Ansatz im Schnitt bessere Rechenzeiten für den betrachteten Anwendungsfall. In Arbeiten zur integrierten Standort- und Kapazitätsplanung werden teilweise Kapazitätsklassen mit jeweils klassenabhängigen fixen und variablen Kosten angenommen. Die fixen Kosten enthalten unter anderem die Abschreibungen. Damit werden genau eine Kapazität durch die jeweilige Kapazitätsklasse und unterschiedliche Auslastungen abgebildet. In der vorliegenden Arbeit wird die Kapazität auf Basis der Investitionsschätzung kontinuierlich beschrieben, so dass genauere Aussagen bzgl. geeigneter Kapazitäten möglich sind. Dies ist insbesondere sinnvoll, da sich die betrachteten Prozesse in einer frühen Entwicklungsphase befinden und Aussagen über zukünftig verfügbare Kapazitäten einzelner Komponenten nicht möglich sind.

Zur Lösung des Modells, in dem die nichtkonvexen Funktionen zur Investitionsschätzung abgebildet werden, wird in der vorliegenden Arbeit das Verfahren von Soland (1974) eingesetzt. Für die jeweils gemischt-ganzzahligen linearen Programme mit stückweise linearer Approximation der Investitionsfunktionen ergibt sich für kleine Probleme dieselbe Lösung. Größere Probleme können mit dem Verfahren von Soland nicht gelöst werden.

Zur Abbildung alternativer Prozesse zur Verarbeitung von Biomasse oder Zwischenprodukten wird in der vorliegenden Arbeit ein Index für Technologiepfade vorgeschlagen. Jeder Technologiepfad besteht aus einem Produktionsschritt zur Biomassevorbehandlung, bspw. Zerkleinerung und Trocknung, und beliebig vielen Stoffumwandlungs- und/oder -trennungsschritten. Für jeden Produktionsschritt werden Stoffstromverhältnisse in Abhängigkeit möglicher Rohstoffe (Biomasse und Zwischenprodukte) formuliert. Auf Basis dieser Formulierung können Technologieauswahlentscheidungen abgebildet werden. In der Fallstudie bestehen Wahlmöglichkeiten hinsichtlich der verwendeten Biomasseart, der Verwendung von Niederdruckdampf zur Erzeugung elektrischer Energie in einer Dampfturbine oder zur Biomassetrocknung in einem Stromtrockner und der Verbrennung von Waldrestholz zur Trocknung der Biomasse mit einem Drehtrommeltrockner. Außerdem wird in einem weiteren Szenario der mögliche Bau von Biomassekraftwerken zur Bereitstellung thermischer und elektrischer Energie betrachtet. Zur Abbildung der technologischen Zusammenhänge im entwickelten Modell ECLIPTIC werden Literaturdaten und Fließschemasimulationsmodelle eingesetzt.

Mit der vorliegenden Arbeit wird ein umfassendes Modell zur strategischen Planung von Wertschöpfungsnetzwerken zur energetischen und stofflichen Biomassenutzung vorgelegt und auf eine Fallstudie angewendet. Der originäre Beitrag des Modells besteht in der Kombination von Technologiepfaden und Produktionsschritten, der modellendogenen Investitionsschätzung zur Kapazitätsplanung und der Abbildung von Technologieauswahlentscheidungen unter Berücksichtigung der Energiebilanzierung. Es wird außerdem eine dynamische Erweiterung des entwickelten Modells vorgeschlagen. Mit den in der Fallstudie im Modell abgebildeten Entscheidungsmöglichkeiten und deren Wechselwirkungen sowie den Daten zum Biomasseaufkommen, zu den Investitionen und zur benötigten bzw. bereitgestellten elektrischen und thermischen Energie wird eine im Vergleich zu existierenden Arbeiten zur Standortplanung im Biomassebereich umfassende und detaillierte Datenbasis ermittelt. Im folgenden Abschnitt werden die Ergebnisse der Fallstudie zusammenfassend dargestellt und diskutiert.

7.2 Diskussion der Ergebnisse aus der Modellanwendung

Im vorliegenden Abschnitt werden die zentralen Ergebnisse der Modellanwendung zur Planung eines Wertschöpfungsnetzwerkes zur FT-Kraftstoffproduktion in Baden-Württemberg diskutiert.

Im Basisszenario wird ein Wertschöpfungsnetzwerk vorgeschlagen, in dem sich eine zentrale Anlage zur Vergasung, Gasreinigung und -konditionierung, FT-Synthese und Produktaufbereitung in Stuttgart befindet. An diesem Standort werden außerdem mehrere Pyrolyseanlagen für Reststroh und Waldrestholz errichtet. Der durch die thermische Nutzung des Rauchgases aus der Gasturbine und die in der FT-Synthese freigesetzte Wärme verfügbare Niederdruckdampf wird teilweise zur Biomassetrocknung und in einer Niederdruckdampfturbine eingesetzt. Das Wertschöpfungsnetzwerk weist 12 dezentrale Biomassevorbereitungs- und pyrolysestandorte für Reststroh und fünf dezentrale Standorte für Waldrestholz auf. Dort wird mit Drehtrommeltrocknern getrocknet, in denen ein Teil des Waldrestholzes zur Energiebereitstellung verbrannt wird. Im Einzelnen können darüber hinaus folgende Aussagen abgeleitet werden:

- Die Herstellkosten von FT-Kraftstoff betragen auf Basis der getroffenen Annahmen und der erstellten Datenbasis im kostenminimalen Wertschöpfungsnetzwerk in Baden-Württemberg 1,18 €/l Kraftstoff. Bei einem aktuellen Dieselpreis von ca. 1,45 €/l und einem Steueranteil von knapp unter 50 % wäre die Produktion somit bei steuerlicher Gleichbehandlung nicht wettbewerbsfähig. Selbst bei einer Befreiung von der Mineralölsteuer würde sich bei einem Verkaufspreis von 1,45 €/l unter Berücksichtigung der Mehrwertsteuer kein Gewinn ergeben. Demzufolge setzt eine Realisierung des Wertschöpfungsnetzwerkes einen höheren Dieselpreis, steuerliche Begünstigungen und/oder geringere Herstellkosten voraus. Ein möglicher Ansatzpunkt hierfür wäre die Integration von Anlagen in einen bestehenden Chemiepark.

- In den Arbeiten von Kerdoncuff (2008) und Schattka (2011) wird die betrachtete Prozesskette ebenfalls bewertet. Kerdoncuff (2008) ermittelt u.a. bei getrennter Betrachtung der Biomassearten Waldrestholz und Reststroh sowie fest vorgegebener Anzahl und Kapazitäten der Produktionsstandorte Herstellkosten zwischen 1,02 €/l für einen einzigen Anlagenstandort und 1,33 €/l bei 10 Anlagenstandorten. Die vergleichsweise schlechtere Bewertung des dezentralen Konzeptes geht auf andere Annahmen zur Biomassetrocknung, zur Netzwerkstruktur und eine in weiteren Punkten abweichende Datenbasis zurück. Schattka (2011) schließt die Prozesskette im Rahmen einer Vorauswahl aus, da einem alternativen Konzept ohne Pyrolyse eine größere Wirtschaftlichkeit bescheinigt wird.

- Die Gesamtinvestition am zentralen Standort in Stuttgart beträgt nahezu 900 Mio. € und verursacht somit über die investitionsabhängigen Kosten den größten Teil der jährlichen Kosten. Die Transportkosten haben im Basisszenario dagegen nur einen Anteil von 14 % an den Gesamtkosten. Demnach bewegen sich die relativen Einsparungen, welche durch das dezentrale Konzept oder die Verlagerung eines einzelnen Standortes möglich sind, im Bereich von wenigen Prozentpunkten. Werden um 50 % höhere Transportkostensätze angenommen, steigt der Anteil der Transportkosten an den Gesamtkosten bei angepasster Struktur des Wertschöpfungsnetzwerkes auf 22 %.

- Die Produktion elektrischer Energie durch die energetische Nutzung des methanhaltigen Produktgases der Synthese und die Nutzung der Wärme aus der Kühlung des Rauchgases der Gasturbine, des Vergasers und der FT-Synthese leisten einen direkten Beitrag zur Reduktion der Herstellkosten durch Verkaufserlöse in Höhe von über 12 ct/l Kraftstoff und tragen darüber hinaus zur Kostenreduktion bei, da die elektrischen Energiebedarfe am zentralen Standort nicht durch externen Zukauf gedeckt werden müssen. Die Wirtschaftlichkeit des Konzeptes ist demnach durch die gemeinsame Produktion von Kraftstoff und elektrischer Energie deutlich höher und könnte durch verstärkte Anstrengungen zur Wärmeintegration evtl. weiter verbessert werden. Bei Annahme höherer Ein- und Verkaufspreise für elektrische Energie werden in einem entsprechenden Szenario unter Berücksichtigung der Verkaufserlöse für elektrische Energie im Vergleich zum Basisszenario niedrigere Herstellkosten berechnet.

- Bei Verwertung von Reststroh und Waldrestholz wird eine höhere Wirtschaftlichkeit als bei ausschließlicher Verwendung einer der beiden Biomassearten erreicht, selbst wenn für jede einzelne Biomasseart optimistische Prognosen hinsichtlich der Potenziale und vergleichsweise höhere spezifische Erfassungskosten unterstellt werden. Ursächlich sind die Größendegressionseffekte der Anlagen zur Vergasung und Synthese. Bei ausschließlicher Verwendung von einer Biomasseart und identischen Produktionsmengen ist der Einsatz von Reststroh günstiger. Ausschlaggebend ist dabei der hohe Aufwand zur Trocknung des Waldrestholzes. Die vergleichsweise höheren Transportkosten von Reststroh und der geringere Heizwert wirken sich dagegen weniger stark auf das Ergebnis aus.

- Die räumliche Trennung von Biomassezerkleinerung und -trocknung von der Pyrolyse ist nicht wirtschaftlich.

- Aufgrund der hohen Investitionen ergibt sich eine einzige Anlage zur Slurryvergasung und FT-Synthese im Zentrum Baden-Württembergs auch bei Variation der Transport-, investitionsabhängigen und Energiekosten.

- Die dezentrale Herstellung von Slurry und dessen Transport zur zentralen Vergasungsanlage ist in Baden-Württemberg ab einer Transportentfernung von ca. 80 km wirtschaftlich. Die Potenziale innerhalb dieses Radius werden dagegen am Synthesestandort pyrolysiert. Die wesentliche Ursache hierfür liegt in der Nutzung von elektrischer und thermischer Energie, welche durch die dort installierten Anlagen verfügbar ist.

- Der Standort der zentralen Anlage in Stuttgart und das Ergebnis, dass im Basisszenario keine Standorte westlich des Schwarzwaldes gewählt und damit die Waldrestholzpotenziale des Schwarzwaldes nur sehr bedingt genutzt werden, erklären sich durch die Geographie Baden-Württembergs. Die Einschränkung auf dieses Betrachtungsgebiet wirkt sich somit offensichtlich auf die Ergebnisse aus.

- In Regionen in Baden-Württemberg mit einem vergleichsweise hohen Biomasseaufkommen sind größere Kapazitäten dezentraler Pyrolyseanlagen für Waldrestholz bis 60 MW$_{th}$ Biomasseinput sinnvoll. Am zentralen Standort in Stuttgart werden dagegen teilweise Anlagen mit den angenommenen Maximalkapazitäten von 100 MW$_{th}$ und an den Standorten mit geringerem Biomasseaufkommen zwischen 24 MW$_{th}$ und 40 MW$_{th}$ installiert. Für Reststroh führen die höheren Transportkosten und der geringere Heizwert zu maximalen Kapazitäten an den dezentralen Standorten von etwa 45 MW$_{th}$ und ansonsten zu vergleichsweise kleinen Anlagen mit 17-33 MW$_{th}$. Am zentralen Standort werden ebenfalls Reststrohpyrolyseanlagen bis 100 MW$_{th}$ installiert.

  In bisherigen Arbeiten zur Bewertung des bioliq-Pyrolysekonzepts werden dagegen ausschließlich Kapazitäten von 100 MW$_{th}$ (Leible et al. (2007), Schattka (2011), Trippe et al. (2011)) bzw. von ca. 10 MW$_{th}$ (Kerdoncuff (2008)) betrachtet. Die in Karlsruhe betriebene Pilotanlage hat eine Kapazität von 2 MW$_{th}$.

- Die dezentralen Anlagenstandorte des Basisszenarios werden grundsätzlich auch bei Variation ökonomischer Parameter und veränderten Annahmen ausgewählt. Bei Parameteränderungen, die eine größere Kapazität des zentralen Standortes in Stuttgart bewirken, werden Standorte des Basisszenarios teilweise nicht genutzt und bei gegenläufigen Parameteränderungen werden zusätzliche Standorte in der Lösung berücksichtigt. Zudem werden die Kapazitäten einzelner Standorte angepasst. Nur in Einzelfällen kommt es durch eine der betrachteten Parametervariationen zu Standortverlagerungen. Hieraus kann abgeleitet werden, dass einige der abgebildeten Standorte besonders attraktiv sind bzw. dass es eine Rangfolge bzgl. der Standorte gibt. Diese Beobachtung wird durch die Betrachtung verschiedener Produktionskapazitäten bestätigt. Dabei ergibt sich, dass dezentrale Standorte bei Szenarien mit höheren Produktionsmengen grundsätzlich sukzessive zusätzlich berücksichtigt werden.

- Die Kosten für den Zukauf und den möglichen Verkauf von elektrischer Energie sind von großer Bedeutung für das Wertschöpfungsnetzwerk. Dabei führt die Annahme höherer Verkaufspreise zur Veräußerung von mehr elektrischer Energie und einer Lösung mit größeren Kapazitäten an den dezentralen Standorten. Die Erhöhung des Einkaufspreises für elektrische Energie wirkt dagegen entgegengesetzt. Erhöhen sich beide Preise, was einer realistischen Entwicklung entspricht, setzt sich der zentralisierende Effekt des Einkaufspreises durch.

- Wird anstelle der Trocknung des Waldrestholzes in Drehtrommeltrocknern der Bau von Biomassekraftwerken zur Bereitstellung thermischer Energie für die Biomassetrocknung und elektrischer Energie zur Versorgung der am Standort installierten Anlagenkomponenten angenommen, ist bei aktuellen Energiepreisen eine dezentrale Pyrolyse nicht sinnvoll. Steigen die Energiepreise jedoch, werden dezentrale Anlagen im Gegensatz zum Basisszenario zunehmend sinnvoll. Bei einem Anstieg der Preise um 50 % sind bereits mehr dezentrale Pyrolysestandorte in der Lösung enthalten als im Basisszenario. Die Gesamtkosten sind dann durch die Verkaufserlöse für elektrische Energie über 5 % geringer als im Basisszenario.

- Unabhängig davon, ob der produzierte Kraftstoff zu einer Senke (Karlsruhe) oder zu über 150 Senken, verteilt über Baden-Württemberg, geliefert wird, ergibt sich dieselbe optimale Lösung. Die Distributionskosten der Produkte sind demnach im abgebildeten Szenario nicht entscheidungsrelevant. Aufgrund der Einschränkungen durch die Abbildung der Landesgrenze Baden-Württembergs ist dieses Ergebnis allerdings kritisch zu bewerten. Mögliche Verbundeffekte durch die Integration der Anlagen in den Standort der Mineralölraffinerie in Karlsruhe werden nicht berücksichtigt und können die Entscheidung über die Produktions- und investitionsabhängigen Kosten beeinflussen.

Insgesamt ist festzustellen, dass durch die Modellanwendung gezeigt wird, dass die abgebildeten Aspekte der Standort-, Kapazitäts- und Technologieplanung entscheidungsrelevant sind. Die dargestellten Ergebnisse gehen deutlich über die in anderen Studien, in welchen die gleiche bzw. ähnliche Prozessketten betrachtet werden, hinaus. So wird aufgezeigt, unter welchen Rahmenbedingungen die dezentrale Pyrolyse in einem konkreten Gebiet sinnvoll ist. Diese Ergebnisse können nur erzielt werden, da auf Basis der skalierbaren Kapazitäten, der mehrstufigen Modellstruktur und der Abbildung von Technologieauswahlentscheidungen unter Berücksichtigung von Stoff- und Energieströmen, Lösungen gewählt werden, die bisher nicht bewertet wurden. Beispiele sind das vergleichsweise große Einzugsgebiet um die zentrale Anlage und die Installation mehrerer Pyrolyseanlagen in Stuttgart zur Nutzung von Verbundeffekten sowie die kombinierte Nutzung von Waldrestholz und Reststroh.

7.3 Anknüpfungspunkte zukünftiger Forschungsvorhaben

Im Folgenden werden Ansatzpunkte für auf der vorliegenden Arbeit aufbauenden Forschungs-fragen und Erweiterungsmöglichkeiten diskutiert.

Das entwickelte Modell wird derzeit in IBM ILOG OPL Studio (bisher in GAMS) imple-mentiert und die Excel-Datenbasis mit VBA-Schnittstelle in eine Access-Datenbank überführt. Hierbei wird das Ziel verfolgt, die Flexibilität des Modells, die sich bspw. in der möglichen Abbildung mehrerer Biomassearten und Technologien ausdrückt, zukünftig mit einer übersicht-lichen und einfach zu bedienenden graphischen Schnittstelle nutzen zu können.

Unmittelbare Ansatzpunkte zur Abbildung alternativer Produktionsschritte sind z.B. die Tor-refizierung oder die direkte Vergasung von Biomasse. Die Vorbehandlungsschritte und weitere standardisierte Komponenten wie Pumpen oder Wärmeübertrager betreffend, ist es möglich, die Datenbank mit einem Grundgerüst der Daten zur Investitionsschätzung auszustatten. Darüber hinaus können in Zukunft weitere Biomassenutzungspfade abgebildet und Wechselwirkungen untersucht werden. Für die betrachtete Modellanwendung in Baden-Württemberg ist zu unter-suchen, welche Auswirkungen sich bei Berücksichtigung angrenzender Gebiete ergeben.

Das Modell lässt sich außerdem bei vorhandener Datenbasis auf andere Regionen anwenden. Der im Rahmen der vorliegenden Arbeit verwendete Ansatz zur Modellierung der Biomasse-potenziale mit Hilfe eines GIS ist übertragbar. In Schwaderer et al. (2010) wird eine frühere Version des Modells eingesetzt, um die synthetische Kraftstoffproduktion in Chile, Schweden und Deutschland zu vergleichen und die Auswirkungen regionaler Unterschiede hinsichtlich Kosten, Wassergehalt der Biomasse und Straßenverhältnissen zu analysieren. Dabei hat sich ergeben, dass unter bestimmten Voraussetzungen mehrere Synthesestandorte sinnvoll sind. Im Rahmen einer Lehrveranstaltung am Karlsruhe Institut für Technologie (KIT) wurde das Modell außerdem bei der Bearbeitung von Fallstudien zur Biomassennutzung in ausgewählten Regio-nen verwendet.

Darüber hinaus bestehen Erweiterungsmöglichkeiten für das entwickelte Modell. So könnte im Rahmen eines Forschungsvorhabens die Abbildung von Wechselwirkungen zwischen An-lagenkapazitäten und technologischen Aspekten verfolgt werden. Beispielsweise ist der Anla-genwirkungsgrad teilweise nicht unabhängig von der Kapazität. Zumindest für standardisierte Komponenten, wie Gas- und Dampfturbinen, liegen hierzu Daten vor.

Mit der Fischer-Tropsch-Synthese können neben Methan und Wachsen weitere Produkte, bspw. Benzin und Kerosin, gewonnen werden. Im Rahmen der Trennung und Produktaufbereitung werden verschiedene Anlagen eingesetzt. Lauven (2011) betrachtet die Produkte Methan, Olefin, Alkylat, Ethylen, Propylen, Buten, Benzin, Diesel, Wachse und elektrische Energie sowie zehn verschiedene Anlagen zur Aufbereitung. In Abhängigkeit von Größendegressionseffekten und angenommenen Preisen für die einzelnen Produkte hängen die Entscheidungen für die Aufbereitungsverfahren von der Kapazitätsentscheidung ab. Sie könnten daher ebenfalls als weitere Technologieauswahlentscheidungen im entwickelten Modell abgebildet werden.

Weitere Anknüpfungspunkte betreffen eine detailliertere Abbildung der Lohnkosten, multiple Verkehrsträger und Verbundeffekte bei der Installation mehrerer Produktionsschritte an einem Standort oder bei der Integration von Anlagen in bestehende Produktionsstandorte, bspw. der chemischen Industrie. Bei Abbildung von Bahntransporten über größere Distanzen können bspw. Standorte mit Verladebahnhöfen untersucht werden.

Für die in der vorliegenden Arbeit betrachtete dynamische Modellversion ist die Lösung mit einem kommerziellen Solver nur bei Reduktion der Modellkomplexität möglich. Da es kein effizientes Lösungsverfahren für das in dieser Arbeit betrachtete Problem gibt, könnten zukünftige Forschungsvorhaben die Entwicklung einer entsprechenden Methodik verfolgen.

8 Zusammenfassung

Die weltweit steigende Nachfrage bei gleichzeitiger Verknappung des Angebots fossiler Energieträger und die Anstrengungen zur Verminderung von CO_2-Emissionen haben in den vergangenen Jahren zu einer steigenden Bedeutung der energetischen Biomassenutzung geführt. Neben bereits etablierten Nutzungspfaden, bspw. der Biogasproduktion aus Maissilage oder Gülle, der Ethanolgewinnung aus zucker- und stärkehaltiger Biomasse oder der Herstellung von Biodiesel aus ölhaltiger Biomasse, werden vielversprechende Potenziale in der Nutzung lignozellulosehaltiger Biomassearten gesehen. Mögliche Rohstoffe sind Rückstände aus der Landwirtschaft, vor allem Reststroh, und der Forstwirtschaft, z.B. Waldrestholz, sowie Landschaftspflegeholz oder der Anbau von Energiepflanzen, z.B. Pappeln. Die Produktion stellt, wenn Flächen genutzt werden, die zur landwirtschaftlichen Nutzung ungeeignet sind, keine Konkurrenz zur Nahrungsmittelproduktion dar.

Zur energetischen und stofflichen Nutzung lignozellulosehaltiger Biomasse kommen verschiedene Nutzungspfade in Frage, die durch unterschiedliche Prozesse und technologische Ausprägungen charakterisiert sind. Die Bandbreite der möglichen Produkte reicht von elektrischer Energie, Wärme, über synthetische Kraftstoffe, feste und gasförmige Energieträger bis zu Rohstoffen für die chemische Industrie. Viele Prozessketten befinden sich in einer frühen Entwicklungsphase, d.h. bislang noch im Labormaßstab oder in der Pilotphase. Dabei ist die techno-ökonomische Bewertung der Prozessketten von zunehmender Bedeutung, um Entscheidungsträgern aus Forschung, Politik, Industrie und Kapitalgebern Grundlagen für die zukünftige Ausrichtung ihrer Aktivitäten zu geben. Im Hinblick auf eine mögliche Umsetzung spielen bei der Bewertung regionale Faktoren, wie Arten, Mengen, räumliche Verteilung, Zugänglichkeit, Wassergehalt und Bereitstellungskosten der Biomasse sowie Energie- und Transportkosten eine zentrale Rolle. Darüber hinaus werden die Herstellkosten von der Gestaltung eines möglichen regionalen Wertschöpfungsnetzwerkes, d.h. Anzahl, Standorte und Kapazitäten der Produktionsanlagen bestimmt. Über eine szenariobasierte Bewertung hinausgehend stellen strategische Planungsmodelle ein Instrument dar, die mögliche Produktion biomassebasierter Prozesse im regionalen Kontext umfassend zu bewerten und Entscheidungsunterstützung bei der möglichen Implementierung zu leisten.

Die Analyse bisheriger Arbeiten zur Bewertung biomassebasierter Wertschöpfungsketten ergibt, dass im Hinblick auf strategische Modelle Forschungsbedarf insbesondere dahingehend besteht, modellendogene Entscheidungen hinsichtlich der Gestaltung des Wertschöpfungsnetzwerkes abzubilden und hierzu eine adäquate techno-ökonomische Datenbasis bereitzustellen. Bisherige Arbeiten schränken die Freiheitsgrade der Modelle durch Vorentscheidungen bezüglich der Anzahl und Kapazitäten der Standorte, der Anzahl an Wertschöpfungsstufen oder der an einem Standort installierten Produktionsanlagen ein und betrachten bspw. nur eine Biomasseart, wenige mögliche Standorte bzw. basieren auf abstrakten Anwendungen. Insbesondere kontinuierliche Kapazitäten, Investitionen und Wechselwirkungen zwischen der Struktur des Wertschöpfungsnetzwerkes und Technologieauswahlentscheidungen, bspw. in Form alternativer Prozesse oder der Energieversorgung der Anlagen, werden nicht berücksichtigt.

Zielsetzung der vorliegenden Arbeit ist daher die Entwicklung eines Modells zur Planung und Bewertung von Wertschöpfungsnetzwerken zur stofflichen und energetischen Nutzung von Biomasse unter Berücksichtigung regionaler und techno-ökonomischer Rahmenbedingungen und die Anwendung des Modells im Rahmen einer umfassenden exemplarischen Fallstudie.

Hierzu wird ein gemischt-ganzzahliges lineares Modell formuliert, das eine n-stufige Modellstruktur aufweist, Kapazitäten auf Basis der stückweise linearen Abbildung der Investitionsschätzung der einzelnen Anlagenkomponenten bestimmt sowie Stoff- und Energieströme bilanziert. Die vorgeschlagene Modellstruktur umfasst die Abbildung von Technologiepfaden, mit denen die Produktion eines oder mehrerer Produkte mit einer beliebigen Anzahl an Produktionsschritten abgebildet wird. Die Prozesse zur Biomassevorbereitung sowie zur Stoffumwandlung und -trennung und die techno-ökonomische Beschreibung der Produktionsschritte werden in Abhängigkeit der eingesetzten Biomasseart modelliert. Zwischen- bzw. Kuppelprodukte eines Produktionsschrittes eines Technologiepfades können als Rohstoffe anderer Technologiepfade verwendet und somit die energetische Verwertung von Kuppelprodukten und mehrere Alternativen eines Produktionsschrittes abgebildet werden. Die Zielfunktion umfasst die Kosten der Biomasseerfassung, die Transportkosten für die Biomasse, Zwischen- und Endprodukte, investitionsabhängige Kostenarten und entscheidungsrelevante Kosten bzw. Erlöse für elektrische Energie, Hilfsstoffe und die Entsorgung von Reststoffen.

Die Ermittlung der Eingangsparameter zur Anwendung des entwickelten Modells im Rahmen einer Fallstudie zur Planung eines Wertschöpfungsnetzwerkes zur Produktion von BtL-Kraftstoff in Baden-Württemberg stellt einen wesentlichen Bestandteil der vorliegenden Arbeit dar. Dabei wird aufgezeigt, wie die vorgeschlagene Modellstruktur zur Abbildung einer möglichen Prozesskette eingesetzt wird.

Die Biomassearten Waldrestholz und Reststroh werden als geeignete Rohstoffe für die Produktion von BtL-Kraftstoff in Baden-Württemberg identifiziert und deren Potenziale quantifiziert. Darauf aufbauend werden diese einer diskreten Anzahl an Quellen zugeordnet. Hierzu wird ein Geographisches Informationssystem (GIS) eingesetzt, um das Gebiet Baden-Württembergs in ein Raster aufzuteilen und die Biomassepotenziale pro Zelle in Abhängigkeit der Wald-

bzw. Ackerfläche zu berechnen. Außerdem werden regionale Unterschiede wie Hangneigung, Zugänglichkeit und angebaute Getreidearten berücksichtigt. Der Ansatz grenzt sich damit von der üblichen Vorgehensweise ab, politische Einheiten wie Regionen oder Landkreise zur Abbildung der Potenziale in Standortplanungsmodellen zu verwenden.

Die exemplarisch betrachtete Wertschöpfungskette orientiert sich am bioliq-Verfahren des Karlsruher Instituts für Technologie (KIT) und wird im Modell mit drei Produktionsschritten, welche an unterschiedlichen Standorten installiert werden können, abgebildet. Der erste Produktionsschritt dient der Biomassezerkleinerung und, im Falle von Waldrestholz, der Biomassetrocknung. Die vorbehandelte Biomasse wird in einer Schnellpyrolyse in ein pump- und transportfähiges Slurry umgewandelt. Die beiden Produktionsschritte werden im Modell in Abhängigkeit der eingesetzten Biomasseart beschrieben. Der dritte Produktionsschritt umfasst die Vergasung von Slurry, die Reinigung und Konditionierung des Gases, dessen Synthetisierung durch die Fischer-Tropsch (FT)-Synthese sowie die Aufbereitung der damit gewonnenen Wachse zu Dieselkraftstoff. Als Kuppelprodukt fällt unter anderem ein Dampf niederen Druckes und Temperatur an, der entweder zur Waldrestholztrocknung oder in einer Dampfturbine zur Erzeugung elektrischer Energie verwendet werden kann. Zur Trocknung wird als Alternative ein Drehtrommeltrockner abgebildet, in dem durch die Verbrennung von Waldrestholz mit Heißluft getrocknet wird. Entscheidungen hinsichtlich der verwendeten Biomasseart und der eingesetzten Trocknungstechnologie werden im Modell getroffen. Für das methanhaltige, gasförmige Kuppelprodukt der FT-Synthese wird eine energetische Verwertung in einer Gasturbine vorgesehen.

Zur Abbildung der Prozesse werden im Rahmen der Arbeit Literaturdaten und Fließschemasimulationsmodelle eingesetzt, um die erforderlichen spezifischen Stoff- und Energieflüsse zu ermitteln. Neben der Investitionsschätzung für 30 Hauptkomponenten werden die spezifischen elektrischen Energiebedarfe, bzw. für Gas- und Dampfturbinen die bereitgestellte elektrische Energie, im Modell berücksichtigt. Es werden modellendogene Entscheidungen bezüglich der internen Verwendung und Bereitstellung von elektrischer und thermischer Energie bzw. des Zu- und Verkaufs elektrischer Energie abgebildet.

Die Ergebnisse der Fallstudie zeigen, dass die modellierten Aspekte entscheidungsrelevant sind. Auf Basis aktueller Daten werden Herstellkosten für die Produktion von FT-Kraftstoff in Baden-Württemberg in Höhe von 1,18 € ermittelt. Das Wertschöpfungsnetzwerk besteht aus einem zentralen Anlagenstandort in Stuttgart zur Herstellung des Kraftstoffs aus Slurry. Dieses wird zum Teil direkt am zentralen Vergasungs- und Synthesestandort in Stuttgart erzeugt, d.h. Verbundeffekte durch die dort verfügbare thermische und elektrische Energie werden genutzt. Darüber hinaus werden sechs dezentrale Vorbereitungs- und Pyrolysestandorte für Waldrestholz und 13 dezentrale Standorte für Reststroh eingerichtet. Lage und Kapazitäten spiegeln geographische Charakteristika, das Biomasseaufkommen und die Grenzen des betrachteten Gebietes wider. Durch die interne Deckung von Energiebedarfen und den Verkauf elektrischer Energie werden die Herstellkosten deutlich reduziert. Bei einem Anstieg des Preises für elektrische Energie ist die Einrichtung von Biomassekraftwerken an den Pyrolysestandorten zur Bereitstellung thermischer Energie zur Biomassetrocknung sowie elektrischer Energie zur Versorgung der Anlagen sinnvoll.

Durch die Modellanwendung wird weiterhin aufgezeigt, dass eine dezentrale Zerkleinerung von Stroh bzw. Zerkleinerung und Trocknung von Holz ohne Pyrolyse nicht sinnvoll ist. Aufgrund des hohen Aufwandes für die Trocknung von Waldrestholz ergibt sich für Reststroh eine höhere Wirtschaftlichkeit als für Waldrestholz. Durch Größendegressionseffekte werden bei Verwendung beider Biomassearten aber insgesamt die niedrigsten Herstellkosten erzielt. Für die dezentrale Pyrolyse von Reststroh in Baden-Württemberg sind Kapazitäten von 45 MW_{th} bzw. ca. 30 MW_{th} und für Waldrestholz sowohl mittlere Kapazitäten von 60 MW_{th} als auch Kapazitäten unter 40 MW_{th} geeignet.

Die Variation der Parameter für Transport-, Energie- und investitionsabhängige Kosten sowie die Betrachtung unterschiedlicher Produktionsmengen verdeutlichen, dass das ermittelte Wertschöpfungsnetzwerk eine große Stabilität aufweist. Es wird deutlich, dass nur ein Teil der in Frage kommenden dezentralen Pyrolysestandorte ausgewählt wird und einmal in der Lösung berücksichtigte Standorte in den meisten Fällen auch bei größeren Produktionsmengen bzw. variierten Parametern und alternativen Annahmen in die Lösung aufgenommen werden.

Die Ergebnisse zeigen, dass das in der vorliegenden Arbeit entwickelte Standort-, Kapazitäts- und Technologieplanungsmodell ein Werkzeug zur umfassenden Analyse und Bewertung von Wertschöpfungsnetzwerken zur energetischen und stofflichen Nutzung von Biomasse darstellt und Aussagen abgeleitet werden können, die deutlich über die in bereits vorliegenden Arbeiten verfügbaren Analysen hinausgehen. Damit wird erstmals eine umfassende Modellierung mit einer realitätsnahen Anwendung in diesem Bereich vorgelegt.

A Literaturverzeichnis

[Aghezzaf 2005] AGHEZZAF, E.: Capacity planning and warehouse location in supply chains with uncertain demands. In: *Journal of Operational Society* 56 (2005), S. 453–462

[Aikens 1985] AIKENS, C.H.: Facility location models for distribution planning. In: *European Journal of Operational Research* 22 (1985), S. 263–279

[Akinc et al. 1977] AKINC, U. ; BASHEER, M. ; KHUMAWALA, M.: An efficient Branch and Bound Algorithm for the capacitated Warehouse Location Problem. In: *Management Science* 23 (1977), Nr. 6, S. 585–594

[Allen et al. 1998] ALLEN, J. ; BROWNE, M. ; HUNTER, A. ; BOYD, J. ; PALMER, H.: Logistics management and costs of biomass fuel supply. In: *International Journal of Physical Distribution & Logistics Management* 28 (1998), S. 463–477

[Amiri 2006] AMIRI, A.: Designing a distribution network in a supply chain system: Formulation and efficient solution procedure. In: *European Journal of Operational Research* 171 (2006), S. 567–576

[ANP 2009] ANP: *Oil, Natural Gas and Biofuels Statistical Yearbook - 2009*. Rio de Janeiro, Brasilien, 2009. – Ministry of Mining and Energy, National Agency of Petroleum, Natural Gas and Biofuels

[Arnold et al. 2009] ARNOLD, K. ; GEIBLER, J. von ; BIENGE, K. ; STACHURA, C. ; BORBONUS, S. ; KRISTOF, K.: Kaskadennutzung von nachwachsenden Rohstoffen: Ein Konzept zur Verbesserung der Rohstoffeffizienz und Optimierung der Landnutzung / Wuppertal Papers, Wuppertaler Institut für Klima, Umwelt, Energie GmbH. 2009. – Forschungsbericht

[ASPEN 2006] ASPEN: *ASPEN PLUS Reference*. ASPEN Technology, Burlington, USA, 2006

[Ayoub et al. 2007] AYOUB, N. ; MARTINS, R. ; WANG, K. ; HIROYA, S. ; NAKA, Y.: Two levels decision system for efficient planning and implementation of bioenergy production. In: *Energy Conversion and Management* 48 (2007), S. 709–723

[Baker und Lasdon 1985] BAKER, T. E. ; LASDON, L. S.: Successive linear programming at Exxon. In: *Management Science* 31 (1985), S. 264–274

[Balakrishan und Graves 1989] BALAKRISHAN, A. ; GRAVES, S.: A composite algorithm for a concave-cost network flow problem. In: *Networks* 19 (1989), S. 175–202

[Bauen et al. 2009] BAUEN, A. ; BERNDES, G. ; JUNGINGER, M. ; LONDO, M. ; VUILLE, F.: Bioenergy - a sustainable and reliable energy source: a review of status and prospects / International Energy Agency. 2009. – Forschungsbericht

[Beale und Forrest 1976] BEALE, E.M.L. ; FORREST, J.J.H.: Global optimization using special ordered sets. In: *Mathematical programming* 10 (1976), S. 52–69

[Beale und Tomlin 1970] BEALE, E.M.L. ; TOMLIN, A. J: Special facilities in a general mathematical programming system for nonconvex problems using ordered sets of variables. In: LAWRANCE, J. (Hrsg.): *Proceedings of the firth international conference on operational research*. Tavistrock Publications, London, 1970, S. 447–454

[Beckmann 2006] BECKMANN, G.: Regionale Potenziale ausgewählter biogener Reststoffe. In: *Information zur Raumentwicklung* 1 (2006), S. 23–33

[Beiermann 2011] BEIERMANN, D.: *Analyse von thermochemischen Konversionsverfahren zur Herstellung von BtL-Kraftstoffen*, Universität Stuttgart, Dissertation, 2011

[Benders 1962] BENDERS, J.F.: Partitioning procedures for solving mixed-variables programming problems. In: *Numerische Mathematik* 4 (1962), S. 238–252

[BGL 2009] BGL: *Informationen zur LKW-Maut*. http://www.bgl-ev.de/images/downloads/service/mauttabellen/kostenaufschlag.pdf. Zuletzt abgerufen im November 2011, 2009. – Bundesverband Güterkraftverkehr Logistik und Entsorgung e.V.

[Bioliq 2011] BIOLIQ: *bioliq ®- Biomass to Liquid Karlsruhe*. http://www.bioliq.de, zuletzt abgerufen im März 2011, 2011. – Fachagentur nachwachsende Rohstoffe e.V.

[Bloyd 2009] BLOYD, C.: *An update on Ethanol Production and Utilization in Thailand*. National Technical Information Service, Springfield, 2009. – Pacific Nothwest National Laborytory, Batelle, for the United States Department of Energy

[Brandeau und Chiu 1989] BRANDEAU, M.L. ; CHIU, S.S.: An overview of representative problems in location research. In: *Management Science* 35 (1989), Nr. 6, S. 645–674

[Brown et al. 1987] BROWN, G.G. ; GRAVES, G.W. ; HONCZARENKO, M.D.: Design and operation of a multicommodity production/distribution system using primal goal decomposition. In: *Management Science* 33 (1987), Nr. 11, S. 1469–1480

[Burkhard et al. 1992] BURKHARD, R.E. ; NEUMANN, K. ; OHSE, D. ; GAL, T. (Hrsg.): *Grundlagen des Operations Research 2 - Graphen und Netzwerke, Netzplantechnik, Transportproblem, Ganzzahlige Optimierung.* Springer Verlag Berlin Heidelberg, 1992

[Calis et al. 2002] CALIS, H.P.A. ; HAAN, J.P. ; BOERRIGTER, H. ; DRIFT, A. van d. ; PEPPINK, G. ; BROEK, R. van d. ; FAAIJ, A.P.C ; VENDERBOSCH, R.H.: Preliminary techno-economic analysis of large-scale synthesis gas manufactoring from imported biomass. In: *Pyrolysis and Gasification of Biomass and Waste, Expert Meeting, 30 September - 1 October 2002, Strasbourg, France*, 2002

[Camphausen 2007] CAMPHAUSEN, B.: *Strategisches Management. Planung, Entscheidung, Controlling.* Oldenbourg Wissenschaftsverlag GmbH, München, 2007

[Caputo et al. 2005] CAPUTO, A. C. ; PALUMBO, M. ; PELAGAGGE, P. M. ; SCACCHIA, F.: Economics of biomass energy utilization in combustion and gasification plants: effects of logistics variables. In: *Biomass and Bioenergy* 28 (2005), S. 35–51

[Chauvel et al. 2003] CHAUVEL, A. ; FOURNIER, F. ; RAIMBAULT, C.: *Manual of process economic evaluation.* Editions Technip, Paris, 2003

[Cohen und Moon 1991] COHEN, M.A. ; MOON, S.: An integrated plant loading model with economies of scale and scope. In: *European Journal of Operational Research* 50 (1991), S. 266–279

[Cordeau et al. 2006] CORDEAU, J.-F. ; PASIN, F. ; SOLOMON, M.M.: An integrated model for logistics network desgin. In: *Annals of Operations Research* 144 (2006), S. 59–82

[Croxton et al. 2003] CROXTON, K.L. ; GENDRON, B. ; MAGNANTI, T.L.: A comparison of mixed-integer programming models for nonconvex piecewise linear cost minimization problems. In: *Management Science* 49 (2003), S. 1268–1273

[Czernik und Bridgwater 2004] CZERNIK, S. ; BRIDGWATER, A.V.: Overview of applications of biomass fast pyrolysis oil. In: *Energy and Fuels* 18 (2004), S. 590–598

[Dahmen und Dinjus 2010] DAHMEN, N. ; DINJUS, E.: Synthetische Chemieprodukte und Kraftstoff aus Biomasse. In: *Chemie Ingenieur Technik* 82 (2010), Nr. 8, S. 1147–1152

[Dahmen et al. 2006] DAHMEN, N. ; DINJUS, E. ; HENRICH, E.: Das Karlsruher bioliq®-Verfahren - Stand und Entwicklung. In: *Mobil mit Biomasse, Tagung vom 27. September, Stuttgart, Mercedes-Benz Museum*, 2006

[Dahmen et al. 2007] DAHMEN, N. ; DINJUS, E. ; HENRICH, E.: Synthesis Gas from Biomass - Problems and Solutions en route to technical realization. In: *Oil Gas European Magazine* 01 (2007), S. 31–34

[Dantzig 1963] DANTZIG, G.B.: *Linear Programming and extensions*. Princeton University Press, 1963

[Davis 1969] DAVIS, T. L. P. S. ad Ray R. P. S. ad Ray: A branch-bound algorithm for the capacitated facilities location problem. In: *Naval Research Logistics Quarterly* 16 (1969), S. 331–344

[De Mol et al. 1997] DE MOL, R. M. ; JOGEMS, M. A. H. ; BEEK, P. V. ; GIGLER, J. K.: Simulation and optimization of the logistics of biomass fuel collection. In: *Netherlands Journal of Agricultural Science* 45 (1997)

[Dessereault 2009] DESSEREAULT, D.: *Canada Biofuels Annual Report 2009*. GAIN Report Number: CA9037, 2009. – United Stated Department of Agriculture (USDA), Foreign Acriculture Service (FAS), Washington, D.C.

[DESTATIS 2011] DESTATIS: *Statistisches Bundesamt Deutschland, Erzeugerpreise für Dienstleistungen*. www.destatis.de, 2011

[Dieter et al. 2001] DIETER, M. ; ENGLERT, H. ; KLEIN, M.: Schätzung des Rohholzpotentials für die energetische Nutzung in der Bundesrepublik Deutschland / Bundesforschungsanstalt für Forst- und Holzwirtschaft Hamburg, Institut für Ökonomie. 2001. – Forschungsbericht

[Dogan und Goetschalckx 1999] DOGAN, K. ; GOETSCHALCKX, M.: A primal decomposition method for the integrated design of multi-period production-distribution systems. In: *IIE Transactions* 31: 11 (1999), S. 1027–1036

[Domschke und Drexl 1985] DOMSCHKE, W. ; DREXL, A.: Add-heuristics' starting procedures for capacitated plant location models. In: *European Journal of Operational Research* 21 (1985), S. 47–53

[Domschke und Drexl 1990] DOMSCHKE, W. ; DREXL, A.: *Logistik: Standorte*. R. Oldenbourg Verlag GmbH, München, 1990

[Domschke und Krispin 1997] DOMSCHKE, W. ; KRISPIN, G.: Location and layout planning - A survey. In: *OR Spektrum* 19 (1997), S. 181–194

[Domschke und Scholl 2010] DOMSCHKE, W. ; SCHOLL, A.: *Logistik: Rundreisen und Touren*. Oldenbourg Wissenschaftsverlag GmbH, München, 2010

[Dornburg 2004] DORNBURG, V.: *Multi-functional biomass systems*, Universiteit Utrecht, Dissertation, 2004

[Drezner 1995] DREZNER, Z.: *Facility location: a survey of applications and methods.* Springer, 1995

[Dry 2001] DRY, E.M.: High quality diesel via the Fischer-Tropsch process - a review. In: *Journal of Chemical Technology and Biotechnology* 77 (2001), S. 43–50

[Dry 2002] DRY, M.E.: The Fischer-Tropsch process: 1950-2000. In: *Catalysis Today* 71 (2002), S. 227–241

[Drysdale und Sandiford 1969] DRYSDALE, J.K. ; SANDIFORD, P.J.: Heuristic warehouse location - a case history using a new method. In: *INFOR* 7 (1969), S. 45–61

[Dunett et al. 2008] DUNETT, A. ; ADJIMAN, C.S. ; SHAH, N.: A spatially explicit whole-system model of the lignocellulosic bioethanol supply chain: an assessment of decentralised processing potential. In: *Biotechnology for Biofuels* 1 (2008), Nr. 13

[Dupont 2008] DUPONT, L.: Branch and bound algorithm for a facility location problem with concave site dependent costs. In: *International Journal of Production Economics* 112 (2008), S. 245–254

[Efroymson und Ray 1966] EFROYMSON, M. A. ; RAY, T. L.: A Branch-Bound Algorithm for Plant Location. In: *Operations Research* 14 (1966), Nr. 3, S. 361–368

[Eisenführ und Weber 1994] EISENFÜHR, F. ; WEBER, M.: *Rationales Entscheiden, 2. Auflage.* Springer Berlin, 1994

[Elghali et al. 2007] ELGHALI, L. ; CLIFT, R. ; SINCLAIR, P. ; PANOUTSOU, C. ; BAUEN, A.: Developing a sustainability framework for the assessment of bioenergy systems. In: *Energy Policy* 35 (2007), S. 6075–6083

[Ellwein 1970] ELLWEIN, L. B.: *Fixed charge location-allocation problems with capacity and configuration constraints*, Stanford University, Dissertation, 1970

[ENG 2011] ENG: *Typical overall heat transfer coefficients.* http://www.engineeringpage.com/message/aboutus.html. Zuletzt abgerufen im Juni 2011, 2011. – Engineering page

[Eppen et al. 1989] EPPEN, G.D. ; MARTIN, R.K. ; SCHRAGE, L.: A scenario approach to capacity planning. In: *Operations Research* 37 (1989), S. 517–527

[EPURE 2011] EPURE: *Statistics for fuel ethanol: Production data.* http://www.epure.org/statistics/info/Productiondata. Zuletzt abgerufen im März 2011, März 2011. – The European Renewable Ethanol Association (EPURE), Brüssel

[Ericsson und Nilsson 2006] ERICSSON, K. ; NILSSON, L.J.: Assessment of the potential biomass supply in Europe using a resource-focused approach. In: *Biomass and Bioenergy* 30 (2006), S. 1–15

[Falk und Soland 1969] FALK, J. E. ; SOLAND, R. M.: An algorithm for separable nonconvex programming problems. In: *Management Science* 15 (1969), S. 550–569

[Feldmann et al. 1966] FELDMANN, E. ; LEHRER, F.A. ; RAY, T.L.: Warehouse location under continuous economies of scale. In: *Management Science* 12 (1966), Nr. 9, S. 670–684

[Fine 1993] FINE, C.H.: Developments in manufacturing technology and economic evaluation models. In: GRAVES, S.C. (Hrsg.) ; RINNOOY KAN, A. (Hrsg.) ; ZIPKIN, P. (Hrsg.): *Handbooks in Operations Research and Management Science, Volume 4: Logistics of Production and Inventory.* North Holland Series in OR and Management Science, Amsterdam, 1993, S. 711–750

[Fleischmann et al. 2006] FLEISCHMANN, B. ; FERBER, S. ; HENRICH, P.: Strategic planning of BMW's global production networks. In: *Interfaces* 36 (2006), S. 194–208

[FNR 2006] FNR: *Schriftenreihe "Nachwachsende Rohstoffe", Band 29. Analyse und Evaluierung der thermo-chemischen Vergasung von Biomasse.* Landwirtschaftsverlag GmbH Münster, 2006. – Fachagentur nachwachsende Rohstoffe e.V.

[FNR 2007] FNR: *Daten und Fakten zu nachwachsenden Rohstoffen.* Gülzow, 2007. – Fachagentur nachwachsende Rohstoffe e.V.

[FNR 2010] FNR: *Primärkraftstoffverbrauch Deutschland.* 2010. – Fachagentur nachwachsende Rohstoffe e.V.

[Franceschin et al. 2008] FRANCESCHIN, G. ; ZAMBONI, A. ; BEZZO, F. ; BERTUCCO, A.: Ethanol from corn: a technical and economical assessment based on different scenarios. In: *Chemical Engineering Research and Design* 86 (2008), S. 488–498

[Freppaz et al. 2004] FREPPAZ, D. ; MINCIARDI, R. ; ROBBA, M. ; ROVATTI, M. ; SACILE, R. ; TARAMASSO, A.: Optimizing forest biomass exploitation for energy supply at a regional level. In: *Biomass and Bioenergy* 26 (2004), S. 15–25

[Friedl et al. 2009] FRIEDL, A. ; SENN, T. ; GRÖNGRÖFT, A.: Verfahrensschritte der Ethanolerzeugung und -nutzung. In: KALTSCHMIDT, M. (Hrsg.) ; HARTMANN, H. (Hrsg.) ; HOFBAUER, H. (Hrsg.): *Energie aus Biomasse. Grundlagen, Techniken und Verfahren.* Springer Verlag Berlin Heidelberg, 2009, S. 800–835

[Fries 1987] FRIES, H.-P.: *Betriebswirtschaftslehre des Industriebetriebes.* Oldenbourg Verlag GmbH, München, 1987

[Fröhling 2005] FRÖHLING, M.: *Zur taktisch-operativen Planung stoffstrombasierter Produktionssysteme*, Universität Karlsruhe, Dissertation, 2005

[Frombo et al. 2009] FROMBO, F. ; MINCIARDI, R. ; ROBBA, M. ; ROSSO, F. ; SACILE, R.: Planning woody biomass logistics for energy production: A strategic decision model. In: *Biomass and Bioenergy* 33 (2009), S. 372–383

[Frommherz 2008] FROMMHERZ, J.: Wald-Energieholzpotenzial für Baden-Württemberg neu hergeleitet. In: BADEN-WÜRTTEMBERG, Wirtschaftsministerium (Hrsg.): *Holzenergiefibel - Holzenergienutzung, Technik, Planung, Genehmigung.* Scheufele GmbH & Co. KG, Stuttgart, 2008, S. 41–49

[FVB 2010] FVB: *Biogas Branchenzahlen 2010.* 2010. – Fachverband Biogas e.V.

[Geoffrion 1972] GEOFFRION, A.M.: Generalized Benders Decomposition. In: *Journal of Optimization Theory and Applications* 10 (1972), Nr. 4, S. 237–260

[Geoffrion 1974] GEOFFRION, A.M.: Lagrangian relaxation for integer programming. In: *Mathematical programming Studies* 2 (1974), S. 82–114

[Geoffrion und Graves 1974] GEOFFRION, A.M. ; GRAVES, G.W.: Multicommodity Distribution System Design by Benders Decomposition. In: *Management Science* 20 (1974), Nr. 5, S. 822–844

[Günther und Tempelmeier 1997] GÜNTHER, H.O. ; TEMPELMEIER, H.: *Produktion und Logistik.* Springer Verlag Berlin, 1997

[Goetschalckx und Fleischmann 2005] GOETSCHALCKX, M. ; FLEISCHMANN, B.: Strategic Network Planning. In: STADTLER, H. (Hrsg.) ; KILGER, C. (Hrsg.): *Supply Chain Management and Advanced Planning.* Springer, Berlin, Heidelberg. 3. Auflage, 2005, S. 117–137

[Gold und Seuring 2011] GOLD, S. ; SEURING, S.: Supply chain and logistics issues of bioenergy production. In: *Journal of Cleaner Production* 19 (2011), S. 32–42

[Graham et al. 2000] GRAHAM, R.L. ; ENGLISH, B.C. ; NOON, C.E.: A geographic information system-based modeling system for evaluating the cost of delivered energy crop feedstock. In: *Biomass and Bioenergy* 18 (2000), S. 309–329

[Gray 1970] GRAY, P.: Exact solution of the site selection problem by mixed integer programming. In: BEALE, E. M. L. (Hrsg.): *Applications of Mathematical Programming Techniques*. Amercian Elsevier Publishing Co., New York, 1970

[Griffith und Stewart 1961] GRIFFITH, R.E. ; STEWART, R.A.: A nonlinear programming technique for the optimization of continuous processing systems. In: *Management Science* 7 (1961), S. 379–392

[Guillén et al. 2005] GUILLÉN, G. ; MELE, F.D. ; BAGAJEWICZ, M.J. ; ESPUŇA, A. ; PUIG-JANER, L.: Multiobjective supply chain design under uncertainty. In: *Chemical Engineering Science* 60 (2005), S. 1535–1553

[Guillén-Gosálbez et al. 2009] GUILLÉN-GOSÁLBEZ, G. ; MELE, F.D ; GROSSMANN, I.E.: A bi-criterion optimization approach for the design and planning of hydrogen supply chains for vehicle use. In: *AIChE Journal* 56 (2009), S. 650–667

[Haar et al. 1984] HAAR, L. ; GALLAGHER, J.S. ; KELL, J.H.: *NBS/NRC steam tables: thermodynamic and transport properties and computer programs for vapor and liquid states of water in SI units*. Hemisphere Publishing Corporation, Washington, 1984

[Haase 2012] HAASE, M.: *Entwicklung eines Energie- und Stoffstrommodels zur ökonomischen und ökologischen Bewertung der Herstellung chemischer Grundstoffe aus Lignocellulose*, Karlsruhe Institut für Technologie (KIT), Dissertation, 2012

[Hadley 1964] HADLEY, G.: *Nonlinear and dynamic programming*. Addison-Wesley Publishing Company, Inc., 1964

[Hamelinck et al. 2003] HAMELINCK, C. N. ; SUURS, R. A. ; FAAIJ, A. P.: *International bioenergy transport costs and energy balance*. Utrecht University, Science Technology Scociety, August 2003

[Hamelinck et al. 2005] HAMELINCK, C. N. ; SUURS, R. A. ; FAAIJ, A. P.: International bioenergy transport costs and energy balance. In: *Biomass and Bioenergy* 29 (2005), S. 114–134

[Hamelinck et al. 2004] HAMELINCK, C.N. ; FAAIJ, A.P.C. ; UIL, H. den ; BOERRIGTER, H.: Production of FT transportation fuels from biomass; technical options, process analysis and optimisation and development potential. In: *Energy* 29 (2004), S. 1743–1771

[Hammerschmid 1990] HAMMERSCHMID, R.: *Entwicklung technisch-wirtschaftlich optimier-ter regionaler Entsorgungsalternativen - Dargestellt für Reststoffe aus der Rauchgasreini-gung für Baden-Württemberg*, Universität Karlsruhe (TH), Physcia-Verlag, Heidelberg, Dissertation, 1990

[Hansmann 1987] HANSMANN, K.-W.: *Industriebetriebslehre*. R. Oldenbourg Verlag GmbH, München, 1987

[Hartmann 2009a] HARTMANN, H.: Grundlagen der thermo-chemischen Umwandlung biogener Festbrennstoffe: Brennstoffzusammensetzung und -eigenschaften. In: KALTSCHMIDT, M. (Hrsg.) ; HARTMANN, H. (Hrsg.) ; HOFBAUER, H. (Hrsg.): *Energie aus Biomasse. Grundlagen, Techniken und Verfahren*. Springer Verlag Berlin Heidelberg, 2009, S. 333–375

[Hartmann 2009b] HARTMANN, H.: Mechanische Aufbereitung, Transport, Lagerung, Konservierung und Trocknung. In: KALTSCHMIDT, M. (Hrsg.) ; HARTMANN, H. (Hrsg.) ; HOFBAUER, H. (Hrsg.): *Energie aus Biomasse. Grundlagen, Techniken und Verfahren*. Springer Verlag Berlin Heidelberg, 2009, S. 245–333

[Hax und Majluf 1991] HAX, A.C. ; MAJLUF, N.S.: *Strategisches Management: ein integratives Konzept aus dem MIT*. Campus Verlag, 1991

[Hübner 2007] HÜBNER, R.: *Strategic supply chain management in process industries: an application to specialty chemicals production network design*. Springer-Verlag Berlin Heidelberg, 2007

[Henrich et al. 2009] HENRICH, E. ; DAHMEN, N. ; DINJUS, E.: Cost estimate for biosynfuel production via biosyncrude gasification. In: *Biofuels, Bioproducts and Biorefinery* 3 (2009), S. 28–41

[Hirschberg 1999] HIRSCHBERG, H. G.: *Handbuch Verfahrenstechnik und Anlagenbau : Chemie, Technik, Wirtschaftlichkeit*. Springer Berlin, Heiderberg, 1999

[Hofbauer et al. 2009a] HOFBAUER, H. ; MÜLLER-LANGER, F. ; KALTSCHMIDT, K. ; VOGEL, A.: Gasnutzungstechnik. In: KALTSCHMIDT, M. (Hrsg.) ; HARTMANN, H. (Hrsg.) ; HOFBAUER, H. (Hrsg.): *Energie aus Biomasse. Grundlagen, Techniken und Verfahren*. Springer Verlag Berlin Heidelberg, 2009, S. 600–640

[Hofbauer et al. 2009b] HOFBAUER, H. ; VOGEL, A. ; KALTSCHMIDT, K.: Vergasung: Vergasungstechnik und Gasreinigungstechnik. In: KALTSCHMIDT, M. (Hrsg.) ; HARTMANN, H. (Hrsg.) ; HOFBAUER, H. (Hrsg.): *Energie aus Biomasse. Grundlagen, Techniken und Verfahren*. Springer Verlag Berlin Heidelberg, 2009, S. 600–640

[Hong'e 2008] HONG'E, M.: *China's policies and actions for addressing climate change.* 2008. – Information office of the state council of the people's Republic of China. Beijing

[Hotelling 1929] HOTELLING, H.: Stability in competition. In: *Economic Journal* 39 (1929), S. 41–57

[Huchermeier und Cohen 1996] HUCHERMEIER, A. ; COHEN, M.A.: Valuing operational flexibility under exchange rate risk. In: *Operations Research* 44 (1996), S. 100–113

[Hugo und Pistikopoulos 2005] HUGO, A. ; PISTIKOPOULOS, E.N.: Environmentally conscious long-range planning and desgin of supply chain networks. In: *Journal of Cleaner Production* 13 (2005), S. 1471–1491

[Hummeltenberg 1981] HUMMELTENBERG, W. ; BOHR, K. (Hrsg.) et al.: *Optimierungsmethoden zur betrieblichen Standortwahl.* Physcia-Verlag, Würzburg, 1981

[Isard 1956] ISARD, W.: Location and space economy. In: *Technology Press, MIT, Cambridge* (1956)

[Jacob 2005] JACOB, F.: *Quantitative Optimierung dynamischer Produktionsnetzwerke*, Technische Universität Darmstadt, Dissertation, 2005

[Jacobson 1983] JACOBSON, S.K.: Heuristics for the capacitated plant location model. In: *European Journal of Operational Research* 12 (1983), S. 253–261

[Kallrath 2002] KALLRATH, J.: *Gemischt-ganzzahlige Optimierung: Modellierung in der Praxis mit Fallstudien aus Chemie, Energiewirtschaft, Metallgewerbe, Produktion und Logistik.* Friedr. Vieweg & Sohn Verlagsgesellschaft mbH, Braunschweig, Wiesbaden, 2002

[Kaltschmidt und Thrän 2009] KALTSCHMIDT, M. ; THRÄN, D.: Biomasse im Energiesystem. In: KALTSCHMIDT, M. (Hrsg.) ; HARTMANN, H. (Hrsg.) ; HOFBAUER, H. (Hrsg.): *Energie aus Biomasse. Grundlagen, Techniken und Verfahren.* Springer Verlag Berlin Heidelberg, 2009, S. 7–41

[Kamm und Kamm 2005] KAMM, B. ; KAMM, M.: Principles of biorefineries. In: *Applied Microbiology and Biotechnology* 64 (2005), Nr. 2, S. 137–145

[Kanzian et al. 2006] KANZIAN, C. ; HOLZEITNER, F. ; KINDERMANN, G. ; STAMPFER, K.: Regionale Energieholzlogistik Mittelkärnten / Universiät für Bodenkultur Wien, Department für Wald- und Bodenwissenschaften. 2006. – Forschungsbericht

[Kappler 2008] KAPPLER, G.O.: *Systemanalytische Untersuchung zum Aufkommen und zur Bereitstellung von energetisch nutzbarem Reststroh und Waldrestholz in Baden-Württemberg,*

Institut für Technikfolgeabschätzung und Systemanalyse, Forschungszentrum Karlsruhe GmbH, Dissertation, 2008

[Kelly und Khumawala 1982] KELLY, D. K. ; KHUMAWALA, B. M.: Capacitated warehouse location with concave costs. In: *The Journal of the Operational Research Society* 33 (1982), S. 817–826

[Kerdoncuff 2008] KERDONCUFF, P.: *Modellierung und Bewertung von Prozessketten zur Herstellung von Biokraftstoffen der zweiten Generation*, Universität Karlsruhe (TH), Dissertation, 2008

[Khumawala 1972] KHUMAWALA, B. M.: An efficient branch and bound algorithm for the warehouse location problem. In: *Management Science* 9 (1972), S. B718–B731

[Khumawala und Kelly 1974] KHUMAWALA, B. M. ; KELLY, D. L.: Warehouse location with concave costs. In: *Operations Research* 12 (1974), S. 55–65

[Kim et al. 2011] KIM, J. ; REALFF, M.J. ; LEE, J.H. ; WHITTAKER, C. ; FURTNER, L.: Design of biomass processing network for biofuel production using an MILP model. In: *Biomass and Bioenergy* 35 (2011), S. 853–871

[Klibi et al. 2010] KLIBI, W. ; MARTEL, A. ; GUITOUNI, A.: The desgin of robust value-creating supply chain networks: A critical review. In: *European Journal of Operational Research* 203 (2010), S. 283–293

[Klose 2001] KLOSE, A.: *Standortplanung in distributiven Systemen: Modelle, Methoden, Anwendungen*. Physcia-Verlag, Heidelberg, 2001

[Klose und Drexl 2005] KLOSE, A. ; DREXL, A.: Facility location models for distribution system desgin. In: *European Journal of Operational Research* 162 (2005), S. 4–29

[Ko und Evans 2007] KO, H.J. ; EVANS, G.W.: A genetic algorithm-based heuristic for the dynamic integrated forward/reverse logistics network for 3PLs. In: *Computers and Operations research* 34 (2007), S. 346–366

[Koch 2009] KOCH, M.: *Ökologische und ökonomische Bewertung von Co-Vergärungsanlagen und deren Standortwahl*, Universität Karlsruhe (TH), Dissertation, 2009

[Kröll 1989] KRÖLL, K. ; KAST, W. (Hrsg.): *Trocknungstechnik Band 3: Trocknen und Trockner in der Produktion*. Springer-Verlag, Berlin, Heidelberg, 1989

[Kuehn und Hamburger 1963] KUEHN, A.A. ; HAMBURGER, M.J.: A heuristic program for locating warehouses. In: *Management Science* 9 (1963), Nr. 4, S. 643–666

[Kumar und Sokhansanj 2007] KUMAR, A. ; SOKHANSANJ, S.: Switchgrass (Panicum vigratum, L.) delivery to a biorefinery using integrated biomass supply analysis and logistics (ISBAL) model. In: *Bioresource Technology* 98 (2007), S. 1033–1044

[Van der Laan 1999] LAAN, G.P. Van d.: *Kintetics, selectivity and scale up of the Fischer-Tropsch synthesis*, University of Groningen, Dissertation, 1999

[Lamers 2011] LAMERS, P.: Internationale Biodiesel-Märkte: Produktions- und Handelsentwicklungen / Union zur Förderung von Oel- und Proteinpflanzen e. V. (UFOP), Berlin. 2011. – Forschungsbericht

[Lange 2007] LANGE, S.: *Systemanalytische Untersuchung zur Schnellpyrolyse als Prozessschritt bei der Produktion von Synthesekraftstoffen aus Stroh und Waldrestholz*, Universität Karlsruhe, Dissertation, 2007

[Lauven 2011] LAUVEN, L.-P.: *Optimization of Biomass-to-Liquid plant setups and capacity using nonlinear programming*, Georg-August-Universität Göttingen, Dissertation, 2011

[Leduc et al. 2010a] LEDUC, S. ; LUDGREN, J. ; FRANKLIN, O. ; DATZAUER, E.: Location of a biomass based methanol production plant: A dynamic problem in northern Sweden. In: *Applied Energy* 87 (2010), S. 68–75

[Leduc et al. 2008] LEDUC, S. ; SCHWAB, D. ; DOTZAUER, E. ; SCHMID, E. ; OBERSTEINER, M.: Optimal location of wood gasification plants for methanol production with heat recovery. In: *International Journal of Energy Research* 32 (2008), S. 1080–1091

[Leduc et al. 2010b] LEDUC, S. ; STARFELT, E. ; DOTZSAUER, E. ; KINDERMANN, G. ; MC-CALLUM, I. ; OBERSTEINER, M. ; LUNDGREN, J.: Optimal location of lignocellulosic ethanol refineries with polygeneration in Sweden. In: *Energy* 35 (2010), S. 2709–2716. – 7th International Conference on Sustainable Energy Technologies, 7th International Conference on Sustainable Energy Technologies

[Lee 1991] LEE, C.Y.: An optimal algorithm for the multiproduct capacitated facility location problem with a choice of facility type. In: *Computers & Operations Research* 18 (1991), Nr. 2, S. 167–182

[Leible et al. 2007] LEIBLE, L. ; KÄLBER, S. ; KAPPLER, G. ; LANGE, S. ; NIEKE, E. ; PROPLESCH, P. ; WINTZER, D. ; FÜRNISS, B.: *Kraftstoff, Strom und Wärme aus Stroh und Waldrestholz - Eine systemanalytische Untersuchung*. Forschungszentrum Karlsruhe, Wissenschaftliche Berichte, FZKA 7170, 2007

[Lewandowski 2009] LEWANDOWSKI, I.: Biomasseentstehung: Aufbau und Zusammenset-zung. In: KALTSCHMIDT, M. (Hrsg.) ; HARTMANN, H. (Hrsg.) ; HOFBAUER, H. (Hrsg.): *Energie aus Biomasse. Grundlagen, Techniken und Verfahren.* Springer Verlag Berlin Heidelberg, 2009, S. 41–75

[Lieckens und Vandaele 2007] LIECKENS, K. ; VANDAELE, N.: Reverse logistics network design with stochastic lead times. In: *Computers and Operations research* 34 (2007), S. 395–416

[Lohe und Futterer 1995] LOHE, B. ; FUTTERER, E.: Stationäre Flowsheet-Simulation. In: SCHULER, H. (Hrsg.): *Prozesssimulation.* VCH Verlagsgesellschaft mbH, Weinheim, 1995, S. 81–107

[López et al. 2008] LÓPEZ, P.R. ; GALÁN, S.G. ; REYES, N.R. ; JURADO, F.: A method for particle swarm optimization and its application in location of biomass power plants. In: *International Journal of Green Energy* 5 (2008), S. 3,199–211

[LWMBW 2010] LWMBW: *Biomasse-Aktionsplan Baden-Württemberg - Erste Fortschrei-bung.* Stuttgart, 2010. – Wirtschaftsministerium Baden-Württemberg, Abteilung 4: Energie und Wohnungsbau, Referat 42: Regenerative Energien und rationelle Energieanwendung

[Magnanti und Wong 1990] MAGNANTI, T.L. ; WONG, R.T.: Decomposition methods for facility location problems. In: MIRCHANDANI, P.B. (Hrsg.) ; FRANCIS, R.L. (Hrsg.): *Discrete Location Theory.* Wiley Interscience, 1990, S. 209–262

[Marks 1969] MARKS, D. H.: *Facility location and routing models in solid waste collection systems,* The Johns Hopkins University, Dissertation, 1969

[Martel 2005] MARTEL, A.: The design of production-distribution networks: a mathematical programming approach. In: PARDALOS, P. M. (Hrsg.) ; HEARN, D. (Hrsg.) ; GEUNES, J. (Hrsg.) ; PARDALOS, P. M. (Hrsg.): *Supply Chain Optimization* Bd. 98. Springer US, 2005, S. 266–305

[Maschio et al. 1992] MASCHIO, G. ; KOUFOPANOS, C. ; LUCCHESI, A.: Pyrolysis, a promi-sing route for biomass utilization. In: *Bioresource Technology* 42 (1992), S. 219–231

[Matthies et al. 2007] MATTHIES, M. ; GIUPPONI, C. ; OSTENDORF, B.: Environmental deci-sion support systems: Current issues, methods and tools. In: *Environmental Modelling and Software* 22 (2007), S. 123–127

[Mazzola und Neebe 1999] MAZZOLA, J.B. ; NEEBE, A.W.: Lagrangian-relaxation-based solu-tion procedures for a multiperiod capacitated facility location problem with choice of facility type. In: *European Journal of Operational Research* 115 (1999), S. 285–299

[Meier 2009] MEIER, D.: Bereitstellung flüssiger Sekundärenergieträger. In: KALTSCHMIDT, M. (Hrsg.) ; HARTMANN, H. (Hrsg.) ; HOFBAUER, H. (Hrsg.): *Energie aus Biomasse. Grundlagen, Techniken und Verfahren*. Springer Verlag Berlin Heidelberg, 2009, S. 671–690

[Melachrinoudis und Min 2000] MELACHRINOUDIS, E. ; MIN, H.: The dynamic relocation and phase-out of a hybrid, two-echelon plant/warehousing facility: A multiple objective approach. In: *European Journal of Operational Research* 123 (2000), S. 1–15

[Meller und Gau 1996] MELLER, R.D. ; GAU, K.Y.: The facility layout problem: recent and emerging trends and perspectives. In: *Journal of Manufactoring Systems* 15 (1996), Nr. 5, S. 354–366

[Melo et al. 2009] MELO, M.T. ; NICKEL, S. ; GAMA, F. Saldanha-da: Facility location and supply chain management - A review. In: *European Journal of Operations Research* 196 (2009), S. 401–412

[Melo et al. 2005] MELO, M.T. ; NICKEL, S. ; GAMA, F. Saldhana d.: Dynamic multi-commodity capacitated facility location: a mathematical modeling framework for strategic supply chain planning. In: *Computers and Operations research* 33 (2005), S. 181–208

[Mitchell 2000] MITCHELL, C.P.: Development of decision support systems for bioenergy applications. In: *Biomass and Bioenergy* 18 (2000), S. 265–178

[Mohan et al. 2006] MOHAN, D ; PITTMAN, C.U. Jr. ; STEELE, P.H.: Pyrolysis of wood/niomass for Bio-pol: a critical review. In: *Energy & Fuels* 20 (2006), S. 848–889

[Moller 2003] MOLLER, B.: Least-cost allocation strategies for wood fuel supply for distributed generation in Denmark - a geographical study. In: *International Journal of Solar Energy* 23 (2003), S. 187–197

[Moon 1989] MOON, S.: Application of Generalized Benders Decomposition to a nonlinear distribution system design problem. In: *Naval Research Logistics* 36 (1989), S. 283–295

[MWV 2011] MWV: *MWV-Prognose 2025 für die Bundesrepublik Deutschland*. Mineralölwirtschaftsverband e.V., Berlin, 2011

[Nagel 2000] NAGEL, J.: Determination of an economic energy supply structure based on biomass using a mixed-integer linear optimization model. In: *Ecological Engineering* 16 (2000), S. 91–102

[Narasimhan und Pirkul 1992] NARASIMHAN, S. ; PIRKUL, H.: Hierarchical concentrator location problem. In: *Distributed Computing* 15 (1992), S. 185–191

[Nemhauser und Wolsey 1988] NEMHAUSER, G.L. ; WOLSEY, L.A.: *Integer and combinatorial optimization*. John Wiley and Sons, USA, 1988

[Neumann und Morlock 2002] NEUMANN, K. ; MORLOCK, M.: *Operations Research*. Hanser, 2002

[Nguyen und Prince 1996] NGUYEN, M.H. ; PRINCE, R.G.H.: A simple rule for bioenergy conversion plant size optimisation: bioethanol from sugar cane and sweet sorghum. In: *Biomass and Bioenergy* 10 (1996), S. 361–365

[Nguyen und Gheewala 2010] NGUYEN, T.L.T. ; GHEEWALA, S.H.: Greenhouse gas savings potential of sugar cane bio-energy systems. In: *Journal of Cleaner Production* 18 (2010), S. 412–418

[Noon und Daly 1996] NOON, CE. ; DALY, MJ.: GIS-based resource assessment with BRAVO. In: *Biomass and Bioenergy* 10 (1996), S. 101–109

[Nord-Lassen und Talbot 2004] NORD-LASSEN, T ; TALBOT, B.: Assessment of forest-fuel resources in Denmark: technical and economic availability. In: *Biomass and Bioenergy* 27 (2004), S. 97–109

[Palacios-Gomez et al. 1982] PALACIOS-GOMEZ, F. ; LASDON, L. ; ENGQUIST, M.: Nonlinear optimization by successive linear programming. In: *Management Science* 28 (1982), S. 1106–1120

[Panichelli und Gnansounou 2008] PANICHELLI, L. ; GNANSOUNOU, E.: GIS-based approach for defining bioenergy facilities location: A case study in Northern Spain based on marginal delivery and resources competition between facilities. In: *Biomass and Bioenergy* 32 (2008), S. 289–300

[Papageorgiou et al. 2001] PAPAGEORGIOU, L.G. ; ROTSTEIN, G.E. ; SHAH, N.: Strategic supply chain optimization for the pharmaceutical industries. In: *Industrial Engineering Chemistry Research* 40 (2001), S. 275–286

[Paquet et al. 2004] PAQUET, M. ; MARTEL, A. ; DESAULNIERS, G.: Including technolgy selection decisions in manufactoring network design models. In: *International Journal of Computer Integrated Manufactoring* 17 (2004), Nr. 2, S. 117–125

[Paraschis 1989] PARASCHIS, I.N.: *Optimale Gestaltung von Mehrprodukt-Distributionssystemen - Modelle - Methoden - Anwendungen*. Physcia-Verlag, Heidelberg, 1989

[Penkuhn 1997] PENKUHN, T.: *Umweltintegriertes Stoffstrommanagement in der Prozessindustrie - dargestellt am Beispiel der Ammoniaksynthese*, Universität Karlsruhe (TH), Dissertation, 1997

[Peters et al. 2004] PETERS, M.S. ; TIMMERHAUS, K.D. ; WEST, R.E.: *Plant Design and Economics for Chemical Engineers*. McGraw-Hill chemical engineering series, 2004

[Petrou und Pappis 2009] PETROU, E. C. ; PAPPIS, C. P.: Biofuels: a survey on pros and cons. In: *Energy and Fuels* 23 (2009), S. 1055–1066

[Porter 1999] PORTER, M. E.: *Wettbewerbsstrategie - Methoden zur Analyse von Branchen und Konkurrenten 10. Auflage*. Campus Verlag, Frankfurt, 1999

[Püchert 1995] PÜCHERT, H.: *Ein Ansatz zur strategischen Planung von Kreislaufwirtschaftssystemen*, Universität Karlsruhe (TH), Dissertation, 1995

[Ranta 2005] RANTA, T.: Logging residues from regeneration fellings for biofuel production - a GIS-based availability analysis in Finnland. In: *Biomass and Bioenergy* 28 (2005), S. 171–182

[Rausch 2006] RAUSCH, A.: *Strategische Standortplanung unter Unsicherheit: Robuste Distributionsstruktur für einen Automobilzulieferer in GUS*, Universität Karlsruhe (TH), Dissertation, 2006

[Remmers 1991] REMMERS, J.: *Zur Ex-ante-Bestimmung von Investitionen bzw. Kosten für Emissionsminderungstechniken und den Auswirkungen der Datenqualität in meso-skaligen Energie-Umwelt-Modellen*, Universität Karlsruhe (TH), Dissertation, 1991

[Rentizelas und Tatsiopoulos 2009] RENTIZELAS, A.A. ; TATSIOPOULOS, A.T.: An optimization model for multi-biomass tri-generation energy supply. In: *Biomass and Bioenergy* 33 (2009), S. 223–233

[Rentz 1979] RENTZ, O.: *Techno-Ökonomie betrieblicher Emissionsminderungsmaßnahmen*. Berlin : Schmidt, 1979

[RFA 2010] RFA: *2010 Ehtanol industry outlook - climate of opportunity*. Washington DC : Washington D.C., USA, 2010. – Renewable Fuels Association (RFA)

[Sá 1969] SÁ, G.: Branch-and-bound and approximate solutions to the capacitated plant-location problem. In: *Operations research* 17 (1969), S. 1005–1016

[Sahin und Süral 2007] SAHIN, G. ; SÜRAL, H.: A review of hierarchical facility location models. In: *Computers & Operations Research* 34 (2007), S. 2310–2331

[Sankaran und Raghavan 1997] SANKARAN, J.K. ; RAGHAVAN, N.R.S.: Locating and sizing plants for bottling propane in South India. In: *Interfaces* 27 (1997), S. 1–15

[Santoso et al. 2005] SANTOSO, T. ; SHABBIR, A. ; GOETSCHALCKX, M. ; SHAPIRO, A.: A stochastic programming approach for supply chain network desgin under uncertainty. In: *European Journal of Operational Research* 167 (2005), S. 96–115

[Schattka 2011] SCHATTKA, A.: *Strategische Netzwerkgestaltung in der Prozessindustrie - Eine Untersuchung am Beispiel der Produktion von synthethischen Biokraftstoffen*, Technische Universität Braunschweig, Dissertation, 2011

[Schildt 1994] SCHILDT, B.: *Strategische Produktions- und Distributionsplanung. Betriebliche Standortoptimierung bei degressiv verlaufenden Produktionskosten*, Technische Hochschule Darmstadt, Dissertation, 1994

[Schneeweiß 1991] SCHNEEWEISS, Ch.: *Planung 1.* Springer Berlin, 1991

[Schultmann et al. 2003] SCHULTMANN, F. ; ENGELS, B. ; RENTZ, O.: Closed loop supply chains for spent batteries. In: *Interfaces* 33 (2003), Nr. 6, S. 57–71

[Schwaderer et al. 2010] SCHWADERER, F. ; BREUN, B. ; FROEHLING, M. ; SCHULTMANN, F.: Model based investigation of biomass utilization paths for different regions in Germany, Sweden and Chile. In: *Proceedings of The 3rd International Scientific Conference on Energy and Climate Change, October 7-8, 2010, Athens, Greece* (2010), S. 170–182

[Senn und Friedl 2009] SENN, T. ; FRIEDL, A.: Bio-chemische Grundlagen der Ethanolerzeugung und -nutzung. In: KALTSCHMIDT, M. (Hrsg.) ; HARTMANN, H. (Hrsg.) ; HOFBAUER, H. (Hrsg.): *Energie aus Biomasse. Grundlagen, Techniken und Verfahren.* Springer Verlag Berlin Heidelberg, 2009, S. 793–800

[Shen 2005] SHEN, Z.-J. M.: A multi-commodity supply chain desgin problem. In: *IIE Transactions* 37 (2005), Nr. 8, S. 753–762

[Shulmann 1991] SHULMANN, A.: An algorithm for solving dynamic capacitated plant location problems with discrete expansion sizes. In: *Operations Research* 39 (1991), S. 423–436

[Sieverdingbeck 2001] SIEVERDINGBECK, A.: *Zur Planung einer emissionsarmen Produktion in der Eisen- und Stahlindustrie*, Universität Karlsruhe. Fortschr.-Ber. VDI Reihe 16, Nr.126. Düsseldorf: VDI Verlag, Dissertation, 2001

[Singh et al. 2010] SINGH, V. ; JOHNSTON, D.B. ; RAUSCH, K.D. ; TUMBLESON, M.E.: Improvements in corn to ethanol production technology using saccharomyces cerevisiae. In: VETRÈS, A.A. (Hrsg.) ; QURESHI, N. (Hrsg.) ; BLASCHEK, H.P. (Hrsg.) ; YUKAWA, H.

(Hrsg.): *Biomass to biofuels : Strategies for global industries.* John Wiley & Sons, UK, 2010, S. 187–198

[Smithies 1941] SMITHIES, A.: Optimum location in spatial competition. In: *The Journal of Political Eonomy* 49 (1941), S. 423–492

[Sokhansanj et al. 2006] SOKHANSANJ, S. ; KUMAR, A. ; TURHOLLOW, A.F.: Development and implementation of integrated biomass supply analysis and logistics model (ISBAL). In: *Biomass and Bioenergy* 30 (2006), S. 838–847

[Soland 1974] SOLAND, R. M.: Optimal facility location with concave costs. In: *Operations research* 22 (1974), S. 373–382

[Spengler et al. 1997] SPENGLER, T. ; PÜCHERT, H. ; PEHNKUHN, T. ; RENTZ, O.: Environmental integrated production and recycling management. In: *European Journal of Operational Research* 97 (1997), S. 308–326

[Spielberg 1969a] SPIELBERG, K.: Algorithms for the simple plant-location problem with some side conditions. In: *Operations Research* 17 (1969), Nr. 1, S. 85–111

[Spielberg 1969b] SPIELBERG, K.: Plant location with generalized search origin. In: *Management Science* 16 (1969), S. 165–178

[Stahl et al. 2004] STAHL, M. ; GRANSTRÖM, K. ; BERGHEL, J. ; RENSTRÖM, R.: Industrial processes for biomass drying and their effects on the quality properties of wood pellets. In: *Biomass and Bioenergy* 27 (2004), S. 621–628

[Stanley und Hahn-Hägeral 2010] STANLEY, G. ; HAHN-HÄGERAL, B.: Fuel ethanol production from lignocellulosic raw materials using recombinant yeasts. In: VETRÈS, A.A. (Hrsg.) ; QURESHI, N. (Hrsg.) ; BLASCHEK, H.P. (Hrsg.) ; YUKAWA, H. (Hrsg.): *Biomass to biofuels: Strategies for global industries.* John Wiley & Sons, UK, 2010, S. 261–291

[StatBW 2011] STATBW: *Statistisches Landesamt Baden-Württemberg, Struktur- und Regionaldatenbank.* www.statistik.baden-wuerttemberg.de, zuletzt aufgerufen im Juli 2011, 2011

[Stevens 1961] STEVENS, B. H.: An application of game theory to a problem in location strategy. In: *Papers in Regional Science* 7 (1961), S. 143–157

[Strauß 2009] STRAUSS, k.: *Kraftwerkstechnik zur Nutzung fossiler, nuklearer und regenerativer Energiequellen.* 6. Auflage. Springer Heidelberg u.a., 2009

[Suurs 2002] SUURS, R.: *Long distance bioenergy transport - An assessment of costs and energy consumptions for various biomass energy transport chains*, Universiteit Utrecht, Dissertation, 2002

[Tatsiopoulos und Tolis 2003] TATSIOPOULOS, I.P. ; TOLIS, A.J.: Economic aspects of the cotton-stalk biomass logistics and comparison of supply chain methods. In: *Biomass and Bioenergy* 24 (2003), S. 199–214

[Tepper 2005] TEPPER, H.: *Zur Vergasung von Rest- und Abfallholz in Wirbelschichtreaktoren für dezentrale Energieversorungsunternehmen*, Otto-von-Guericke-Universität Magdeburg, Dissertation, 2005

[Tijmensen 2000] TIJMENSEN, M. J.: *The production of Fischer Tropsch liquids and power through biomass gasification*, University of Utrecht, Netherlands, Dissertation, 2000

[Titirici et al. 2007] TITIRICI, M.-M. ; THOMAS, A. ; ANTONIETTI, M.: Back to the black: hydrothermal carbonization of plant material as an efficient chemical process to treat the CO_2 problem? In: *New Journal of Chemistry* 31 (2007), S. 787–789

[Trän und Kaltschmidt 2009] TRÄN, D. ; KALTSCHMIDT, K.: Bereitstellungskonzepte. In: KALTSCHMIDT, M. (Hrsg.) ; HARTMANN, H. (Hrsg.) ; HOFBAUER, H. (Hrsg.): *Energie aus Biomasse. Grundlagen, Techniken und Verfahren*. Springer Verlag Berlin Heidelberg, 2009, S. 171–216

[Trippe et al. 2010] TRIPPE, F. ; FRÖHLING, M. ; SCHULTMANN, F. ; STAHL, R. ; HENRICH, E.: Techno-economic analysis of fast pyrolysis as a process step within Biomass-to-Liquid fuel production. In: *Waste Biomass Valor* 1 (2010), S. 415–430

[Trippe et al. 2011] TRIPPE, F. ; FRÖHLING, M. ; SCHULTMANN, F. ; STAHL, R. ; HENRICH, E.: Techno-economic assessment of gasification as a process step within biomass-to-liquid (BtL) flue and chemicals production. In: *Fuel Processing Technology* 92 (2011), S. 2169–2184

[Tyll 1989] TYLL, Á.: *Forschung und Entwicklung im strategischen Management industrieller Unternehmen*. Erich Schmidt Verlag Berlin, 1989

[Ulstein et al. 2006] ULSTEIN, L.N. ; CHRISTIANSEN, M. ; GRØNHAUG ; MAGNUSSEN, N. ; SOLOMON, M.M.: Elkem uses optimization in redesigning its supply chain. In: *Interfaces* 36 (2006), Nr. 4, S. 314–325

[UTV 2009] UTV: *Standorte und Kapazitäten Tanklager in Deutschland, Stand 1. Februar 2009*. http://www.tanklagerverband.de/mitglieder/kapazitaeten09.html, zuletzt aufgerufen im Dezemberg 2011, 2009. – Unabhängiger Tanklagerverband e.V.

[Van Ree et al. 1994] VAN REE, R. ; OUDHUIS, A.B.J. ; FAAIJ, A. ; CURVERS, A.P.W.M.: Modelling of a biomass-integrated-gasifier/combined-cicle (BIG/CC) system with the flowsheet simulation programme ASPEN PLUS / Report-No. ENC-C–95-041, Netherlands Energy Research Foundation and Department of Science Technology and Society, Utrecht University. 1994. – Forschungsbericht

[Van Roy 1983] VAN ROY, T.J.: Cross Decomposition for mixed integer programming. In: *Mathematical programming* 25 (1983), S. 46–63

[Van Roy 1986] VAN ROY, T.J.: A cross decomposition algorithm for capacitated facility location. In: *Operations Research* 34 (1986), Nr. 1, S. 145–163

[VCI 2010] VCI: *Chemiewirtschaft in Zahlen 2010.* Frankfurt, 53. Auflage, 2010. – Verband der Chemischen Industrie e. V.

[Verter 2011] VERTER, V.: Uncapacitated and capacitated facility location problems. In: EISELT, H.A. (Hrsg.) ; MARIANOV, V. (Hrsg.): *Foundations of Location Analysis.* Springer Science+Business Media, 2011, S. 25–37

[Verter und Dasci 2002] VERTER, V. ; DASCI, A.: The plant location and flexible technology aquisition problem. In: *European Journal of Operational Research* 136 (2002), S. 366–382

[Verter und Dincer 1992] VERTER, V. ; DINCER, M.C.: An integrated evaluation of facility location, capacity acquisition and technology selection for designing global manufactoring strategies. In: *European Journal of Operational Research* 60 (1992), S. 1–18

[Verter und Dincer 1995] VERTER, V. ; DINCER, M.C.: Facility location and capacity aquisition: An integrated approach. In: *Naval Research Logistics* 42 (1995), S. 1141–1160

[Vidal und Goetschalckx 1997] VIDAL, C.J. ; GOETSCHALCKX, M.: Strategic production-distribution models: A critical review with emphasis on global supply chain models. In: *European Journal of Operational Research* 98 (1997), S. 1–18

[Vila et al. 2006] VILA, D. ; MARTEL, A. ; BEAUREGARD, R.: Designing logistics networks in divergent process industries: A methodology and its application to the lumber industry. In: *International Journal of Production Economics* 102 (2006), S. 358–378

[Voivontas et al. 2001] VOIVONTAS, D. ; ASSIMACOPOULOS, D. ; KOUKIOS, EG.: Assessment of biomass potential for power production: a GIS-based method. In: *Biomass and Bioenergy* 20 (2001), S. 102–112

[Warszawski 1973] WARSZAWSKI, A.: Multidimensional location problems. In: *Operational Research Quarterly* 24 (1973), S. 165–179

[Warszawski und Peer 1973] WARSZAWSKI, A. ; PEER, S.: Optimizing the location of facilities on a building site. In: *Operational Research Quarterly* 24 (1973), S. 35–44

[Weber 1909] WEBER, A.: *Über den Standort der Industrien.* J. C. B. Mohr, 1909

[Welling und Wosnitza 2009] WELLING, J. ; WOSNITZA, B.: Bereitstellung fester Sekundär-energieträger. In: KALTSCHMIDT, M. (Hrsg.) ; HARTMANN, H. (Hrsg.) ; HOFBAUER, H. (Hrsg.): *Energie aus Biomasse. Grundlagen, Techniken und Verfahren.* Springer Verlag Berlin Heidelberg, 2009, S. 690–711

[Werner 2010] WERNER, H.: *Supply Chain Management. Grundlagen, Strategien, Instrumente und Controlling. 4., aktualisierte und überarbeitete Auflage.* Gabler Verlag, Wiesbaden, 2010

[Whitaker 1985] WHITAKER, R.A.: Some Add-Drop and Drop-Add interchange heuristics for non-linear warehouse locations. In: *The Journal of the Operational Research Society* 36 (1985), Nr. 1, S. 61–70

[Widmann et al. 2009] WIDMANN, B. ; KALTSCHMITT, M. ; MÜNCH, E.W. ; MÜLLER-LANGER, F. ; REMMELE, E. ; THUNEKE, K.: Produktion und Nutzung von Pflanzenkraftstoffen. In: KALTSCHMITT, M. (Hrsg.) ; HARTMANN, H. (Hrsg.) ; HOFBAUER, H. (Hrsg.): *Energie aus Biomasse. Grundlagen, Techniken und Verfahren.* Springer Verlag Berlin Heidelberg, 2009, S. 711–768

[Wollenweber 2008] WOLLENWEBER, J.: A multi-stage facility location problem with staircase costs and splitting of commodities: model, heuristic approach and application. In: *OR Spectrum* 30 (2008), S. 655–673

[Wright et al. 2008] WRIGHT, M. M. ; BROWN, C. R. ; BOATENG, A. A.: Distributed processing of biomass to bio-oil for subsequent production of Fisher-Tropsch liquids. In: *Biofuels, Bioproducts and Biorefinery* 2 (2008), S. 229–238

[Yaman 2004] YAMAN, S.: Pyrolysis of biomass to produce fuels and chemical feedstocks. In: *Energy Conversion and Management* 45 (2004), S. 651–671

[Zamboni et al. 2009] ZAMBONI, A. ; SHAH, N. ; BEZZO, F.: Spatially explicit model for the strategic design of future bioethanol production systems. 1. Cost Minimization. In: *Energy Fuels* 23 (2009), S. 5121–5133

[Zäpfel 1989] ZÄPFEL, G.: *Strategisches Produktionsmanagement.* de Gruyter, 1989

[Zhang et al. 1985] ZHANG, J. ; KIM, N.-H. ; L., Lasdon: An improved successive linear programming algorithm. In: *Management Science* 31 (1985), S. 1312–1331